U0527634

国家社会科学基金教育学一般课题
"近十年我国农村教师队伍建设政策执行情况研究"（BHA200137）主要研究成果

浙江省哲学社会科学重点培育研究基地
"浙江师范大学高质量教育发展研究院"成果

我国乡村教师政策执行研究

林一钢　王换芳　等◎著

Research on the Implementation of the Policy on Rural Teachers in China

浙江大学出版社

·杭州·

图书在版编目(CIP)数据

我国乡村教师政策执行研究 / 林一钢等著. --杭州：浙江大学出版社，2025.1. -- ISBN 978-7-308-25728-2

Ⅰ．G525.1

中国国家版本馆 CIP 数据核字第 2024N4G183 号

我国乡村教师政策执行研究
WOGUO XIANGCUN JIAOSHI ZHENGCE ZHIXING YANJIU

林一钢　王换芳　等著

策划编辑	吴伟伟
责任编辑	吴伟伟
文字编辑	梅　雪
责任校对	马一萍
封面设计	雷建军
出版发行	浙江大学出版社
	(杭州市天目山路148号　邮政编码310007)
	(网址：http://www.zjupress.com)
排　　版	浙江大千时代文化传媒有限公司
印　　刷	广东虎彩云印刷有限公司绍兴分公司
开　　本	710mm×1000mm　1/16
印　　张	18.5
字　　数	294千
版 印 次	2025年1月第1版　2025年1月第1次印刷
书　　号	ISBN 978-7-308-25728-2
定　　价	88.00元

版权所有　侵权必究　　印装差错　负责调换

浙江大学出版社市场运营中心联系方式：0571-88925591；http://zjdxcbs.tmall.com

目 录

第一章 导 论 1
    第一节 研究背景 1
    第二节 研究问题 9
    第三节 研究意义与价值 10

第二章 乡村教师政策执行相关研究 12
    第一节 乡村教师政策文本研究 14
    第二节 乡村教师政策执行现状 34
    第三节 乡村教师政策执行阻滞因素 41
    第四节 乡村教师政策执行对策建议 44

第三章 乡村教师政策执行的理论解释 50
    第一节 自上而下的解释与评价 51
    第二节 自下而上的解释与评价 61
    第三节 整合视角的解释与评价 70

第四章 乡村教师补充政策执行的案例分析 89
    第一节 研究设计 90
    第二节 乡村教师补充政策执行的现状考察 106
    第三节 乡村教师补充政策执行的抑制因素 117

第四节　乡村教师补充政策执行的优化路径 …………………… 123

第五章　乡村教师待遇政策执行的案例分析 …………………………… 133

　　第一节　研究设计 …………………………………………………… 135
　　第二节　乡村教师待遇政策执行的现状考察 …………………… 154
　　第三节　乡村教师待遇政策执行问题的归因分析 ……………… 168
　　第四节　乡村教师待遇政策执行的优化路径 …………………… 179

第六章　城乡教师交流轮岗政策执行的案例分析 ……………………… 189

　　第一节　研究设计 …………………………………………………… 192
　　第二节　城乡教师交流轮岗政策执行现状 ……………………… 224
　　第三节　城乡教师交流轮岗政策执行的影响因素 ……………… 230
　　第四节　城乡教师交流轮岗政策执行的优化路径 ……………… 234

第七章　乡村教师政策执行的经验与反思 ……………………………… 239

　　第一节　乡村教师政策执行成效 …………………………………… 239
　　第二节　乡村教师政策执行反思 …………………………………… 249
　　第三节　乡村教师政策执行建议 …………………………………… 253

参考文献 ……………………………………………………………………… 257

附　录 ………………………………………………………………………… 274

后　记 ………………………………………………………………………… 293

第一章 导 论

第一节 研究背景

一、共同富裕离不开乡村教师队伍的强力支撑

党的二十大报告明确指出:"中国式现代化是全体人民共同富裕的现代化。共同富裕是中国特色社会主义的本质要求,也是一个长期的历史过程。我们坚持把实现人民对美好生活的向往作为现代化建设的出发点和落脚点,着力维护和促进社会公平正义,着力促进全体人民共同富裕,坚决防止两极分化。"[1]党的二十大报告深刻阐述了"中国式现代化"的基本格局与实现机制,深度解析了坚持以人民为中心、走向共同富裕的发展思路与发展方案,深刻诠释了人类社会发展进程中实现现代化的中国模式与中国道路。从人的成长与社会发展的角度来看,中国特色社会主义现代化的发展进程正是"依靠教育实现人力资源全面开发支撑下的共享发展的现代化模式"[2]。本质上,"共同富裕,是马克思主义的一个基本目标,也是自古以来我国人民的一个基本理想"[3]。

---

[1] 高举中国特色社会主义伟大旗帜 为全面建设社会主义现代化国家而团结奋斗——在中国共产党第二十次全国代表大会上的报告[N].人民日报,2022-10-26(1).
[2] 刘复兴.教育与共同富裕——建设促进共同富裕的高质量教育体系[J].教育研究,2022(8):149-159.
[3] 习近平.在省部级主要领导干部学习贯彻党的十八届五中全会精神专题研讨班上的讲话[N].人民日报,2016-05-10(2).

作为第二个百年奋斗目标的核心,实现共同富裕正成为中国共产党矢志不渝的发展目标,引领着国家经济社会发展全局。实现共同富裕,不仅要进一步解放和发展生产力,还要积极回应人民群众对于美好生活的新期待。① 这就要求新时代的共同富裕既要注重物质生活的极大丰富,又要实现民生保障能力、公共服务水平、教育治理水平等多方面的有效提高。② 也就是说,共同富裕不仅包括物质层面的满足,还要求精神层面的富足。

教育,尤其是基础教育与实现共同富裕同频共振,二者具有高度统一的内生逻辑。基础教育作为一项关乎民生的兜底性、普惠性工程,其覆盖面更广、关涉力度更大,能够以其自身的深度变革回应人民群众对更高水平、更高质量的现实需求,具有实现共同富裕的责任与义务。通过基础教育促进共同富裕,既是基础教育高质量发展的本体诉求,也是实现共同富裕的内在要求。正如有研究者指出的那样,基础教育不仅承担面向成长中的青少年进行科学阐释、引导其认同共同富裕的社会责任,还需要借助其广阔的覆盖面深度推动共同富裕的有效实现。同时,基础教育在培养面向未来社会发展所需的时代新人的过程中,从更深层次体现共同富裕的迭代性特征,在追求教育高质量发展的过程中为实现高质量共同富裕提供保障与支撑。③

虽然我国已经消灭绝对贫困,人民生活愈加富足,但是"三农"问题的解决依然面临复杂形势和挑战,城乡二元结构带来的问题没有得到有效破解。尽管农民收入逐年稳步增加,但非农收入占比较大,"靠天吃饭"的收入极不稳定。同时,农民的社会保障水平偏低,养老金微薄,大病医疗体系有待健全;农村空心化现象较为普遍,空巢老人和留守儿童问题愈加突出,农田荒芜也成为不可避免的现实问题。要想实现共同富裕,最要紧的便是解决乡村问题。另外,城乡教育两极分化导致的差距问题也十分严峻。本质上,乡村基础教育根植于本乡、发轫于本土,是一种独特的文化建构过程,同时也天然地带有乡村

---

① 刘培林,钱滔,黄先海,等.共同富裕的内涵、实现路径与测度方法[J].管理世界,2021(8):117-129.
② 李景治.共同富裕是中国特色社会主义现代化建设的根本奋斗目标[J].党政研究,2021(1):5-13.
③ 张聪.基础教育促进共同富裕:内涵诠释、价值意蕴与作用机制[J].中国教育学刊,2023(1):1-6,19.

文化的泥土气息,多维度折射出本土的乡村生活。乡村学校镶嵌在乡村生活之中,而乡村生活的文化传统深刻地影响着乡村教育。乡村生活与乡村学校共同建构起的"实践共同体"是实现共同富裕过程中一笔宝贵的文化财富。在这种情况下,大力加强乡村教师队伍建设,提升乡村教育整体水平,让乡村教师成为乡村治理和经济发展的中坚力量,有利于加快实现全体人民共同富裕的步伐。[①]

回顾历史,乡村教师曾为我国基础教育事业发展做出了巨大贡献,共同创造了"穷国大国办大教育"的辉煌成绩。中华人民共和国成立之初,为了改变广大农村贫穷落后的面貌,乡村教师撑起了我国的乡村教育事业,扛起了扫盲教育的重任,为社会主义建设培养了大量人才。在我国实现了基本普及九年义务教育和基本扫除青壮年文盲的战略目标后,乡村教师致力于解决乡村儿童"有学上""有书读"甚至是"上好学"的问题,为乡村教育事业发展做出了巨大贡献。近年来,乡村教师在脱贫攻坚事业中同样勇于担当,精准脱贫离不开每一位乡村教师的奉献与付出,他们成为决胜全面建成小康社会、全面建设社会主义现代化国家的重要推动力量。[②]展望未来,共同富裕的建设同样也离不开乡村教师。乡村教师不仅承担人才培养的主体责任,还是乡村的文化代表,也是乡村治理的智囊参谋,更是乡村新生劳动力的培养者。可以说,乡村教师对于将乡村潜在的劳动力转化为现实的生产力,助力农村经济、政治、文化和社会等方面的建设,推动共同富裕的实现,具有重要作用。

二、乡村教师队伍建设得到国家大力支持

我国是农业大国,乡村所处的地理位置交通不便,使其自身发展存在天然短板。同时,长期以来形成的城乡二元结构根深蒂固,极大地束缚了乡村的发展脚步,导致其在城市化进程中一步慢、步步慢。乡村问题是影响我国社会主义建设的根本性问题,始终是党和国家关注的重点议题。如果不尽快改变乡

---

① 张聪.基础教育促进共同富裕:内涵诠释、价值意蕴与作用机制[J].中国教育学刊,2023(1):1-6,19.
② 周晔,徐好好.乡村教师在乡村振兴中的应为与可为[J].苏州大学学报(教育科学版),2022(1):10-19.

村地区贫穷落后的面貌、不尽快摆脱城乡发展不平衡的困境,将不利于我国社会主义强国建设。2017年10月,党的十九大报告提出中国特色社会主义已经进入新时代的重要论断,做出了实施乡村振兴战略的重大决策。中共中央、国务院连续发布中央一号文件,为全面推进乡村振兴指明方向。例如,2018年1月2日发布《中共中央、国务院关于实施乡村振兴战略的意见》,2019年1月3日发布《中共中央、国务院关于坚持农业农村优先发展做好"三农"工作的若干意见》,2020年1月2日发布《中共中央、国务院关于抓好"三农"领域重点工作确保如期实现全面小康的意见》,以及2021年1月4日发布《中共中央、国务院关于全面推进乡村振兴加快农业农村现代化的意见》,并正式挂牌成立国家乡村振兴局。

面对城乡发展的悬殊状态,乡村教育作为乡村社会的有机组成部分,理应对乡村振兴做出积极回应。那么,乡村教育能为乡村振兴做些什么?从乡村教育自身发展逻辑来看,其作为一项思想改造工作,承载着培养人才的重任,"是管长远的事业"。众所周知,乡村振兴的关键在于人才。那么,发展乡村教育便是实现乡村振兴的硬道理。从当前我国社会主要矛盾在教育上的表征[①]出发,应重点推动城乡教育均衡,优先满足乡村教育发展需要,培养乡村振兴发展所需人才。

既然发展乡村教育对于乡村振兴、实现共同富裕意义重大,那么首先就要思考如何解决城乡教育发展不均衡的问题。国之大计,教育为本;教育大计,教师为本。城乡教育发展不均衡的重要表现是师资的不均衡,具体表现为乡村优质教师数量少、教学理念落后、教育质量差等,而城镇学校优质教师数量多、教师队伍素质优良、教育质量较高等。因此,要想解决城乡教育发展不平衡、不充分的矛盾,办好乡村教育,最关键和最根本的在于建设一支高质量的乡村教师队伍。近年来,国家及地方对乡村学校教师队伍建设工作高度重视,

---

① 教育的主要矛盾主要表现为"人民群众接受优质教育的需求与教育发展不平衡不充分之间的矛盾"。参见,范国睿,孙闻泽.改革开放40年教育体制机制改革的历史与逻辑分析[J].教育研究,2018(7):15-23,48.就教育发展"不平衡"来看,存在地区间发展不平衡问题,更突出表现为城乡教育发展不平衡。参见,于珍.主要矛盾转化教育如何适应[EB/OL].(2017-10-23)[2024-05-20]. http://www.moc.gov.cn/jyb_xwfb/xw_zt/moe_357/jyzt_2017nztzl/2017_zt11/17zt11_bd/201710/t2017 1023_317181.html.

相继出台了一系列重要举措,全力提升乡村教师队伍水平,持续优化乡村教师队伍结构。例如,2010年,中共中央、国务院印发《国家中长期教育改革和发展规划纲要(2010—2020年)》,体现了国家对教师队伍建设前所未有的重视,乡村教师队伍建设也成为政策关注的核心议题。该纲要明确提出要"以农村教师为重点,提高中小学教师队伍整体素质。创新农村教师补充机制,完善制度政策,吸引更多优秀人才从教"[①]。近年来,国家对乡村教师队伍建设日益关注,在各项教育政策中提及乡村教师,比如教育部、财政部与人力资源和社会保障部于2014年8月印发的《关于推进县(区)域内义务教育学校校长教师交流轮岗的意见》强调"推进校长教师优质资源的合理配置,重点引导优秀校长和骨干教师向农村学校、薄弱学校流动"[②];教育部等五部门于2018年3月印发的《教师教育振兴行动计划(2018—2022年)》将"乡村教师素质提高行动"列为专门板块,提出"为乡村小学培养补充全科教师,为乡村初中培养补充'一专多能'教师……加强县区乡村教师专业发展支持服务体系建设,强化县级教师发展机构在培训乡村教师方面的作用……推进乡村教师到城镇学校跟岗学习,鼓励引导师范生到乡村学校进行教育实践"[③]等重要内容;教育部等八部门于2022年4月印发的《新时代基础教育强师计划》强调"实施银龄讲学计划,鼓励支持乐于奉献、身体健康的退休优秀校长教师到乡村和基层学校支教讲学。加强乡村教师周转宿舍建设……落实好乡村教师生活补助政策,着力提高乡村教师地位待遇"[④]。针对乡村教师队伍建设问题,国家也出台了两项专门性政策,分别是2015年6月国务院办公厅印发的《乡村教师支持计划(2015—2020年)》和2020年7月教育部等六部门发布的《关于加强新时代乡村教师队伍建设的意见》。从这一系列政策可以看出,国家为乡村教师队伍建

---

① 国家中长期教育改革和发展规划纲要(2010—2020年)[EB/OL].(2010-07-29)[2024-02-03]. https://www.gov.cn/jrzg/2010-07/29/content_1667143.htm.
② 教育部、财政部、人力资源和社会保障部关于推进县(区)域内义务教育学校校长教师交流轮岗的意见[EB/OL].(2014-08-15)[2024-01-26]. http://www.moe.gov.cn/srcsite/A10/s7151/201408/t20140815_174493.html.
③ 教育部等五部门关于印发《教师教育振兴行动计划(2018—2022年)》的通知[EB/OL].(2018-03-22)[2024-01-24]. http://www.moe.gov.cn/srcsite/A10/s7034/201803/t20180323_331063.html.
④ 教育部等八部门关于印发《新时代基础教育强师计划》的通知[EB/OL].(2022-04-02)[2024-01-24]. http://www.moe.gov.cn/srcsite/A10/s7034/202204/t20220413_616644.html.

设提供了政策依据与战略支撑,乡村教师队伍建设的重要性得到了国家层面的确证与肯定。

三、乡村教师政策执行存在多重困境

一系列的政策足以彰显国家对于乡村教师队伍建设的重视程度。然而,虽然"有了正确的理论,只是把它空谈一阵,束之高阁,并不实行,那末,这种理论再好也是没有意义的"[①]。所以说,要想真正促进乡村教师队伍建设,解决乡村教师队伍建设中存在的问题,关键在于将政策付诸实践。那么,在乡村教师队伍建设过程中,政策执行为何起着至关重要的作用?有何作用?

首先,政策执行是实现政策目标的主要手段。政策出台后,只有通过有效执行,才能保证政策目标的实现,否则,再好的政策也只能是一纸空文。著名公共行政学者艾利森(Allison)指出:"在实现政策目标的过程中,方案的功能只占10%,其余的90%则取决于政策执行。"[②]在政策执行中,学界普遍达成了自上而下、自下而上、整合执行的共识。在早期理性主义的影响下,人们普遍认为,政策制定出来就可以有效执行,一项政策的效果取决于政策本身的质量。然而,随着社会发展的复杂化以及人们对政策执行现象认识的深入,发现政策执行并非简单上行下效的过程,其不仅受政策本身的影响,还在很大程度上受执行机构、执行者、执行对象、执行环境等的影响。所以,政策制定出来并不代表问题的解决,政策目标能否实现以及在多大程度上实现,取决于政策执行的效果。对于乡村教师队伍建设来讲,虽然国家对此高度重视,出台一系列政策,打出"组合拳"以优化乡村教师队伍,但是,乡村教师队伍建设中存在的问题是否得到解决、解决的程度如何,关键要靠相关政策的有效执行。

其次,政策执行是检验政策质量的有效途径。"执行政策就是实践,在实践中间调查研究,在实践中间认识客观世界,在实践中间发现我们的错误,在实践中间发现新的问题,制定新的政策。所以,重要的问题在于执行,在于实

---

① 毛泽东选集(第一卷)[M].北京:人民出版社,1991:292.
② Allison G. Essence of Decision: Explaining the Cuban Missile Crisis[M]. Boston: Little Brown and Company, 1971:267.

践。"①人们判断一项政策的好坏,不是单纯凭借政策制定者口头和书面的声明,主要看政策主体采取的实际行动。正如马克思所说:"一步实际运动比一打纲领更重要。"②政策执行是沟通理论与实践的桥梁,它将政策文本所呈现的内容以操作化的形式作用于现实情境,并对社会产生影响。一项政策通过贯彻执行,若促进了社会的进步和生产力的发展,就是正确的,否则就是不正确的,或者是错误的。如果在执行中发现问题,就应及时进行调整,以保证政策问题的最终解决。③通过近些年乡村教师政策的执行情况可以看出,作为战略性目标极强的社会公共政策,其极大地促进了乡村教师"下得去、留得住、教得好"目标的实现,推动了乡村教师队伍的良性发展,无疑是国家做出的正确决策。同时,乡村教师政策执行过程也存在诸多问题,其中多涉及执行者、执行对象、执行环境等因素,还包括政策本身的缺陷,比如政策工具分配不合理、政策内容不够完善等。总之,我们可以通过乡村政策执行情况检视乡村政策问题,在政策执行的基础上完善乡村教师政策顶层设计,提高政策质量。

最后,政策执行是政策制定或修订的依据所在。任何政策都不可能一经制定就尽善尽美,政策本身需要在贯彻执行过程中不断修正、补充、完善和发展,而政策制定或修订都是在评估前续政策执行对社会产生的影响的基础上进行的。因为政策执行过程中所反馈的各种信息可以为政策决策者提供客观依据,使政策决策者根据实际情况的变化修正和完善政策,以提高政策的可行性和有效性。一项政策的执行情况不论好坏,无论是否达到政策目标的要求,都会造成一定的政策后果。从某种意义上讲,我们面临的社会现状,就是过去无数政策和现行政策实际发挥影响所形成的结果。在前一项政策后果的基础上制定和执行新的政策,可以说是政策制定过程的一个基本原则。④乡村教师队伍建设是一个长期的、递进的过程,具有内容丰富性和动态生成性,这个过程要求不断修订乡村教师政策。前面提到,政策执行是检验政策质量的有效途径。正是因为政策执行可以检验政策质量,故而可以发现政策存在的问题,

---

① 刘少奇选集(下卷)[M].北京:人民出版社,1985:457-458.
② 中共中央马克思恩格斯列宁斯大林著作编译局.马克思恩格斯选集(第三卷)[M].北京:人民出版社,1995:296.
③ 王国红.政策执行中的政策规避研究[D].北京:中共中央党校,2004:19.
④ 王国红.政策执行中的政策规避研究[D].北京:中共中央党校,2004:19-20.

为政策修订或新政策的制定提供依据。

政策是对价值的权威性分配,很难周全照顾各方利益,因此政策本身带有一定的冲突性。同时,这种价值分配并非在理想化的环境中按照预期目标顺利展开,需要经历冗长的政策执行环节。所以,有人指出,政策制定往往只是博弈的开始,执行才是真正的难点所在。[①] 那么,执行究竟难在哪里?众多研究表明,政策执行过程会受错综复杂的变量影响,任何一个因素的变化都可能引发政策执行过程和结果的改变。也就是说,将蕴含政策观念的政策文本转化为现实行动,绝不是理性行政决策的单纯结果,存在诸多复杂性和不确定性。随着政策所关联的问题日益复杂、牵涉面越来越广,不仅其内部构成了各种错综复杂的关系,而且外部也必定形成方方面面彼此羁绊的联系。政策执行系统内外元素之间会产生非线性相互作用,政策执行表现出众多因素相互缠绕的状态[②],为政策执行失真提供了缝隙。一般来说,国家有关部门在制定政策时,主要从方向和大局上进行整体把控,具体的执行与操作主要由地方政府或教育行政部门负责。因此,从乡村教师队伍建设政策的出台到落地实施的过程中,容易出现因为信息不对称、理解偏差以及意外事件等造成的政策异化,政策实际执行效果与政策目标之间可能并不完全一致,进而影响政策本身的效果与质量。比如,当前乡村教师培训"向城性"倾向明显,与乡村教师的教学实际结合度较弱[③];在职称评审方面,虽然国家提出要对乡村教师的职称评聘实行"倾斜"政策,但村庄小学、教学点任教的教师、新入职教师和青年教师在政策落实过程中容易被忽视[④];城乡教师交流政策的出发点是应对农村师资匮乏现象,缩小城乡教育差距,但在实际执行过程中,城市选派到农村的教师不够优秀、部分城市教师存在将交流视为"贬抑"或"流放"的观念、教师的自愿性和自主性不足等原因使理想的城乡教师交流制度设计在遭到各种利益群体或显性或隐性的抵抗后,很难实现城乡教师交流政策的预期目的[⑤]。可以看

---

① 陈家建,边慧敏,邓湘树.科层结构与政策执行[J].社会学研究,2013(6):1-20,242.
② 蒋园园.复杂理论视阈下的教育政策执行研究[D].上海:华东师范大学,2010:3.
③ 江宏,江楠,李志辉.乡村教师专业发展政策支持困境调查研究——以重庆市乡村教师支持计划实施为例[J].教育理论与实践,2021(13):51-54.
④ 王红,邬志辉.乡村教师职称改革的政策创新与实践检视[J].中国教育学刊,2019(2):42-47.
⑤ 周险峰,彭礼,吴泽峰,等.农村教师政策执行绩效问题研究[M].武汉:华中科技大学出版社,2020:54.

出,虽然国家对乡村教师队伍建设非常重视,出台了一系列保障政策,但是在政策执行中很难充分发挥政策的积极效用。

乡村教师队伍建设不仅事关乡村教育发展质量,更是实现乡村振兴、共同富裕的重要基础。近年来,国家陆续颁布了一系列促进乡村教师队伍建设的政策文件,政策架构和治理体系已基本确立,乡村教师队伍建设治理体系和治理能力现代化水平明显提升。然而,长期积累形成的乡村教师队伍建设和发展的顽疾,依然是现阶段必须认真面对并切实加以解决的现实问题。为实现乡村教师队伍建设政策的积极效应,充分发挥乡村教师队伍建设政策在解决社会问题方面的重要作用,需要深入分析近些年我国乡村教师政策执行取得的成效,精准把握乡村教师政策执行中存在的突出问题,在全面审视乡村教师政策执行样态的基础上,制定针对性方案,推动乡村教师队伍建设。

第二节 研究问题

提出可供研究的问题是整个研究的起点,我们要回答的问题是什么、属于何种类型往往是决定我们应采取何种研究方法的第一个条件,也是最重要的条件。[①] 乡村教师队伍建设作为促进城乡教育均衡发展的重要举措,国家出台相关政策、推行试点改革等积极行为是毋庸置疑的,而为何当政策落实到地方时却出现了各种问题? 为此,本书提出以下几个研究问题:

第一,乡村教师队伍建设政策执行取得哪些成效? 存在哪些问题与偏差?

第二,乡村教师队伍建设政策执行遭遇困境的根源何在? 政策执行作为复杂的活动,必然受多方面因素的影响,比如政策本身、政策执行者、执行组织、制度环境、目标群体等。那么,上述因素是如何影响城乡教师交流轮岗政策执行的?

第三,如何完善乡村教师队伍建设政策执行? 有没有一套相对完整的解释机制可以找到乡村教师队伍建设政策执行偏差的始动因素并形成适合我国

---

① 殷.案例研究:设计与方法[M].3版.周海涛,李永贤,张蘅,译.重庆:重庆大学出版社,2004:9.

国情的解决方式和路径？

第三节　研究意义与价值

一、理论意义：丰富与完善乡村教师政策执行研究

乡村教师队伍建设不仅是重要的教育实践活动，也是学界一直关注的研究热点，研究乡村教师队伍建设中至关重要的执行问题具有深刻的理论意义。首先，本研究既是政策执行研究在教育研究领域的拓展，也是对乡村教师队伍建设研究内容的丰富与深化。在越来越关注政策执行的社会背景下，本研究拓展了政策执行概念与框架在教育研究中的应用，在关注乡村教师队伍建设政策执行议题的同时也可深化对乡村教师队伍建设的进一步思考。其次，提供理解乡村教师队伍建设政策执行新的视角与框架。近年来，关于乡村教师队伍建设政策的研究数量呈明显增加趋势。但已有研究多局限于从教育学、管理学、经济学等视角展开，关注文本内容分析与理论建构，较少从基层执行者的视角出发，综合考虑政策本身、政策执行的主客体、政策环境等因素以论证乡村教师队伍建设政策的科学性与合理性。本研究从现实角度出发，以政策执行相关理论为指导，通过实证研究的方式对乡村教师队伍建设政策的设计与执行进行深度剖析与挖掘，从实际的政策执行情况反思政策设计的不足，进而为乡村教师队伍建设政策研究提供新视角、新思路。

二、实践价值：提供乡村教师政策执行的优化路径

"大发展、大变革的时代，注定是实践走在理论前面的时代，要想跟上时代的步伐，就必须走到社会现实中去……理论研究并非仅仅研究理论，而首先是研究实践，应用研究是理论研究的基础。"[①]2010年以来，乡村教师队伍建设迅猛发展，国家密集地出台了一系列乡村教师队伍建设政策。如今，乡村教师队

---

① 曲一琳，房宁．足音中的家国情[N]．光明日报，2015-06-25(16)．

伍建设政策的执行情况怎么样？存在什么问题？有什么解决办法？面对乡村教师队伍建设过程中存在的问题与困境，无论是政策实践者还是学术研究者都不能视而不见，应深入探究政策运行逻辑，尽最大努力探寻促进乡村教师队伍建设的良性发展路径，促进政策效能的有效发挥。从这个角度来讲，本研究是对乡村教师队伍建设的制度化目标做出的现实回应，通过对系列问题的探究，为推动乡村教师队伍建设政策更加科学、顺利地实施提供可借鉴的方法与路径，具有极强的现实意义。

第二章 乡村教师政策执行相关研究

"好"研究的基本特征是能够发展人类的集体认知（collective understanding）。为了完成一项好的研究，在开展研究之前，研究者需要对已有成果进行全面系统的梳理，明确现存研究所达到的程度，确立后续研究的起点与方向，这是顺利开展研究工作的前提。[①] 所以，为了较为规范地开展研究，本研究需要对已有乡村教师政策执行的相关成果进行相对全面的了解。

研究者以CNKI数据库为文献检索渠道，以"乡村教师 and 政策执行"or "农村教师 and 政策执行"为主题字段进行检索（截至2023年7月31日），得到280篇文献，其中包括期刊论文78篇，学位论文189篇（博士论文27篇），其他类型的文献13篇。基于文献检索结果，绘制如图2-1所示的乡村教师政策执行研究发展趋势。从图2-1可以看出，我国乡村教师政策执行研究最早出现于2005年，从2011年开始研究数量明显增多，且2014年以后基本呈现增长状态。总体来看，乡村教师政策执行研究呈上升发展趋势。

同时，研究者进一步统计了乡村教师政策执行研究的主要发文单位和重要研究者的分布情况，分别如表2-1和表2-2所示。从表2-1可以看出，乡村教师政策执行的研究主体基本为师范大学。其中，东北师范大学的发文数量最多。

---

① 袁顶国.从两极取向到有机整合：主题式教学研究[D].重庆：西南大学,2008：5.

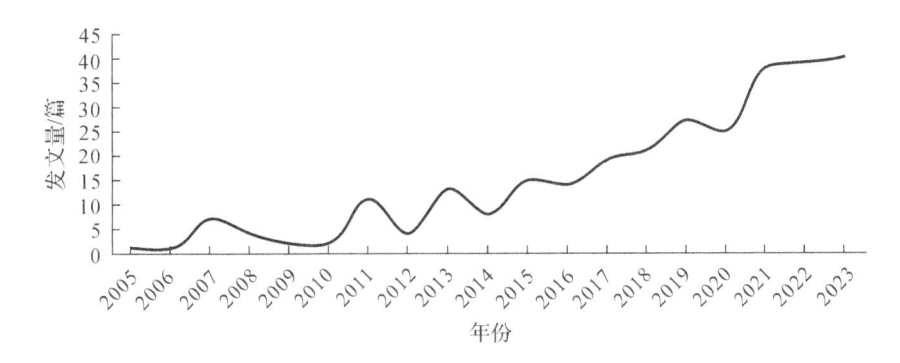

图 2-1　乡村教师政策执行研究发展趋势

表 2-1　乡村教师政策执行研究发文单位分布情况　　　　单位：篇

序号	单位名称	发文数量(≥5)	序号	单位名称	发文数量(≥5)
1	东北师范大学	21	8	山西师范大学	8
2	华中师范大学	17	9	西北师范大学	6
3	华东师范大学	13	10	浙江师范大学	6
4	广西师范大学	12	11	宁夏师范学院	5
5	西南大学	12	12	中南民族大学	5
6	南京师范大学	10	13	贵州师范大学	5
7	云南师范大学	10	14	辽宁师范大学	5

表 2-2　乡村教师政策执行研究发文作者分布情况　　　　单位：篇

序号	作者姓名	发文数量(≥2)	序号	作者姓名	发文数量(≥2)
1	蒋亦华	4	10	唐智松	2
2	薛正斌	4	11	胡伶	2
3	杨润勇	3	12	李廷洲	2
4	刘亚荣	3	13	乔晖	2
5	姚翔	3	14	王爽	2
6	付卫东	2	15	姜超	2
7	刘善槐	2	16	王正惠	2
8	李宁	2	17	李钊	2
9	刘家秀	2	18	彭士洁	2

此外，本研究利用中国国家图书馆平台，检索到 17 本有关乡村教师政策的著作，其中与乡村教师政策执行直接相关的有 10 本（见表 2-3）。可以看出，目前我国有关乡村教师政策执行的著作在近几年才密集问世，乡村教师支持政策和乡村教师补充政策是这些著作重点关切的内容。

表 2-3 乡村教师政策执行研究著作

序号	作者	著作名称及出版年份
1	周丽华	《广西乡村教师支持政策研究》（2022 年）
2	姜超	《乡村教师政策的理论与实践研究——以"定向培养""教师交流""县管校聘"为政策案例》（2022 年）
3	李宁	《乡村教师生活待遇政策执行研究》（2021 年）
4	薛正斌	《乡村教师支持计划政策研究》（2021 年）
5	卢锦珍	《美国农村教师补充政策研究》（2020 年）
6	汪曦	《农村教师补充政策有效性研究》（2020 年）
7	周险峰等	《农村教师政策执行绩效问题研究》（2020 年）
8	付卫东等	《农村义务教育教师补充政策研究》（2020 年）
9	蒋亦华等	《评价与改进：新世纪我国乡村教师政策研究》（2022 年）
10	金礼久	《聚焦乡村教师成长：农村教师培训政策研究》（2020 年）

第一节 乡村教师政策文本研究

政策文本是政策内容、政策目标和任务的主要载体[1]，政策文本运用于实践的过程，是一个"进入情境"的过程，它要面对"其他的真实"和其他的情境[2]。在乡村教师政策执行过程中，地方教育行政部门往往会根据相关情境、自身利益等，对政策文本进行理解、阐释，把抽象的文本内容转化成日常的具体工作。考虑到乡村教师政策文本在政策执行过程中的重要地位，在政策执行研究中

---

[1] 胡春梅.教育政策的行政执行过程之偏差分析[J].教育理论与实践,2009(13):24-26.
[2] 王晓芳.教育政策执行过程中的偏差现象及其原因分析——以"禁止公办高中举办复读班"为例[J].上海教育科研,2014(1):16-19.

少不了对政策文本的分析。

一、乡村教师政策演进历程

目前,对乡村教师政策的演进阶段研究主要有以下几种起点:一是以中国共产党成立为起点[1];二是以中华人民共和国成立为起点[2];三是以改革开放为起点[3];四是以进入21世纪为起点[4]。为了全面回顾与分析乡村教师政策演进历程,本研究参考、借鉴并综合已有研究的划分方式,依据中国共产党成立以来的重大政策颁布时间,将我国乡村教师政策分为以下几个发展阶段。

(一)1921—1949年:萌芽与艰难摸索期

1921—1949年,是中国共产党通过武装斗争和土地革命夺取新民主主义革命胜利的时期。这一时期处于革命斗争最艰难的阶段,同样也是乡村教师政策发展的艰难时期。"乡村教师"的独立性从政策出现时便被忽视,通常包含于"小学教员"的意义中。[5] 为了适应革命形势,中国共产党领导下的乡村教师政策以革命老区为主阵地,主张既要培养无产阶级的知识分子,又要用革命氛围改造旧的知识分子。面对教师队伍数量不足的现实问题,中国共产党采取了由中国共产党领导、教育与生产劳动结合、坚持群众路线的工作方针,积极吸收农村知识分子参与教育工作。[6] 在中国共产党的领导下,乡村教师队伍逐渐壮大,一部分由原本村庄的文化人担任,另一部分由根据地设立的师范学校和其他各级各类学校培养。[7] 这些举措不仅促进了乡村教师队伍建设,而且

---

[1] 何茜,顾静.建党百年乡村教师队伍政策演进的逻辑与启示[J].教育研究,2022(2):44-56;孙刚成,徐艺心.百年乡村教师政策演进:历程、逻辑与取向[J].现代教育论丛,2023(1):54-66.

[2] 何菊玲,赵小刚.新中国乡村教师队伍建设政策演进的历史逻辑与优化策略——基于政策文本的分析[J].陕西师范大学学报(哲学社会科学版),2021(4):71-91;赵垣可,刘善槐.新中国70年农村教师政策的演变与审思——基于1949—2019年农村教师政策文本的分析[J].西南大学学报(社会科学版),2019(5):14-23.

[3] 吕银芳,李威,祁占勇.改革开放40年乡村教师政策的变迁逻辑与未来走向[J].现代基础教育研究,2018(3):21-27.

[4] 蒋亦华.新世纪我国乡村教师政策文本的多维审视[J].教育发展研究,2019(20):53-60.

[5] 何茜,顾静.建党百年乡村教师队伍政策演进的逻辑与启示[J].教育研究,2022(2):44-56.

[6] 陕西师范大学教育研究所.陕甘宁边区教育资料(小学教育部分上册)[M].北京:教育科学出版社,1981:71-72.

[7] 肖云岭,陈钢.井冈山革命根据地文化建设史[M].南昌:江西人民出版社,2007:93.

对巩固、壮大和建设革命根据地,争取民族独立和人民解放具有重要意义。

抗日战争爆发后,为增强教育功能、适应抗战形势、应对教师人数不足问题,诸多措施与规定出台,甚至在晋察冀边区实施"小先生制"。乡村教师人数不断增加,尤其在晋察冀和陕甘宁边区,教员数量突破了9000人。但由于乡村教师队伍建设相对复杂,学生素质也普遍不高,再加上战争的影响,政策落实受到限制,很多措施难以持续、彻底地实施。然而,这些举措为解放区普及义务教育、提高群众文化水平和政治觉悟起到了铺垫作用。

到了1946年,南京政府教育部发布了《实施国民教育第二次五年计划》,加强了乡村教育的普及,乡村教师队伍建设得到进一步加强。当年全国小学在校学生快速增至23683492人,比1929年增加168.4%,教职员人数达到1921年以来的最高峰878053人。[1] 中国共产党在根据地创办了许多师范学校和培训班,留学生也回国下乡对乡村教师进行知识和技能培训。政策的发展逐渐强调对教师的素质要求,并注重教师的聘任管理,为解放区的教育事业发展奠定了基础。[2]

总的来看,乡村教师政策在这一时期尚未在政策体系中取得独立地位,表现出短暂性与分散性的特点,但是出于乡村教师对革命事业重要性的考量,中国共产党非常重视乡村教师队伍建设工作,出台的一系列举措取得了明显成效。

(二)1950—1976年:过渡与初步发展期

中华人民共和国成立之初,百废待兴,各项社会事业亟须调整与发展,因此对教育事业的重新规划与改造迫在眉睫。这一时期专门针对乡村教师出台的政策寥寥无几,主要掺杂在相关的教师政策之中。这个阶段,中国共产党提出"教育做到为工农服务、为生产建设服务"[3]的教育方针,通过调整师范教育政策、加大乡村教师队伍供给、壮大民办教师队伍、加强在职教师培训等措施

---

[1] 刘英杰.中国教育大事典(1840—1949)[M].杭州:浙江教育出版社,2001:133.
[2] 何茜,顾静.建党百年乡村教师队伍政策演进的逻辑与启示[J].教育研究,2022(2):44-56.
[3] 钱俊瑞.当前教育建设的方针[J].人民教育,1950(1):10-16;钱俊瑞.当前教育建设的方针(下)[J].人民教育,1950(2):8-11.

对乡村教师队伍建设进行了积极探索。

为加强教师队伍的有效培养和供给,中共中央确立了"为培养百万人民教师而奋斗"的目标。当时的乡村教师政策致力于扩充数量,重点对旧教员进行思想改造。1951年,钱俊瑞在《用革命办法办好人民教育——在第一次全国初等教育与师范教育工作会议上的总结报告》中提出,要尽可能吸收和动员城乡失业知识分子和家庭知识妇女受训。[1] 因此,民办教师、城乡失业知识分子、家庭知识妇女等群体也被作为乡村教师的来源。为保证在职教师符合乡村教育教学的新需求,政策不仅强调扩大教师补充的渠道,而且非常重视考察乡村教师的政治背景、文化素质基础等。为了增强乡村教师的职业吸引力,从乡村教师每月最低工资标准、子女入学和医疗保障等问题着手,以外在政策强制性和内在条件保障性共同促进乡村教师数量增加。1953年,教育部召开第一次全国高等师范教育会议,随后发布的《中央人民政府政务院关于改进和发展高等师范教育的指示》明确了高等师范教育是办好和发展中等教育的关键[2],确立了独立的师范教育体系,为之后的基础教育特别是农村基础教育配备了大量师资。

为满足社会经济建设对人才的需求,国家在这个时期加快了扩充乡村教师队伍和提高教师素养的步伐,加速了民办教师数量的增长。到了20世纪70年代,民办教师成为乡村小学教师的补充主体。1977年,民办教师数量达到顶峰,乡村小学教师总数为456.62万人,其中,民办教师占73.2%。[3] 虽然民办教师的来源复杂、乡村教师队伍质量参差不齐、教师队伍管理混乱低效,但是群众教育的开展切实促进了乡村小学教育的普及和乡村人民文化水平的提高。

为了提高普及教育的质量,提高教师队伍素质,这个阶段,我国十分重视对在职中小学教师的培训工作。1951年,教育部下发《关于中小学教师进修问题的通报》,对各级政府筹办教师进修学院、教师业余学校、函授学校等进行了

---

[1] 何东昌.中华人民共和国重要教育文献(1949—1975)[M].海口:海南出版社,1998:115.
[2] 曲铁华,姜涛.高等师范教育改革70年:演进、成就与展望[J].教育研究,2019(8):24-32.
[3] 孙刚成,徐艺心.百年乡村教师政策演进:历程、逻辑与取向[J].现代教育论丛,2023(1):54-66.

制度部署。[①] 1960年,师范教育改革座谈会提出,在职教师培训必须遵循统一性与多样性相结合的原则,采取长期培养和短期培训并举、校内校外并举、政治学习与文化业务并举等措施[②],其中也包括加强对乡村中小学在职教师的培训。1977年,教育部印发的《关于加强中小学在职教师培训工作的意见》指出,要采取强有力的措施,尽快地、切实地抓好在职教师培训工作,提升教师队伍质量。[③]

总体而言,这一时期的乡村教师政策强调乡村教师队伍的规模扩张和素质提升,虽然在落实的过程中可能存在一些问题,但这些政策为乡村教育的普及和提升乡村教育质量做出了积极贡献。

(三)1977—1992年:恢复与调整改革期

1977年高考制度恢复,对教育秩序进行了全面的拨乱反正。以科学的指导方针解决前期遗留的乡村教师问题,比如乡村学校教学秩序混乱、合格教师严重缺乏、教学质量普遍低下等[④],成为这一阶段的主要任务。

1978年,国务院批转教育部《关于加强中小学教师队伍管理工作的意见》,提出加强对民办教师的管理,规定公办教师的自然减员由教育部门从民办(或代课)教师中选择补充[⑤],激发了民办教师"转正"的热情。经过整顿,1985年,全国小学教师中民办教师的占比下降到1.3%,全国中学教师中民办教师的占比下降到15.7%,公办教师开始成为我国基础教育的主体。[⑥] "转正"政策在一定程度上优化了乡村教师队伍结构,也为21世纪民办教师基本退出历史舞台奠定了基础。

同时,为了摆脱乡村教师队伍学历低、质量不高的现实困境,这一时期强调大力发展中等师范教育和高等师范专科教育,为农村中小学培养合格师

[①] 陈永明.教师教育研究[M].上海:华东师范大学出版社,2003:132.
[②] 何东昌.中华人民共和国重要教育文献(1949—1975)[M].海口:海南出版社,1998:985.
[③] 何东昌.中华人民共和国重要教育文献(1976—1990)[M].海口:海南出版社,2003:998.
[④] 张乐天.我国农村教育政策30年的演进与变迁[J].南京师大学报(社会科学版),2008(6):80-85,146.
[⑤] 何东昌.中华人民共和国重要教育文献(1949—1997)[M].海口:海南出版社,1998:1590.
[⑥] 《中国教育年鉴》编辑部.中国教育年鉴(1985—1986)[M].长沙:湖南教育出版社,1988:8-9.

资。① 1980年6月,教育部召开的第四次全国师范教育会议重申中等师范教育的使命,即面向乡村地区培养合格教师,要求建立健全师范学院、师范专科学校、中等师范学校的师范教育体系,建立具有中国特色的三级师范教育体系。1986年,《中华人民共和国义务教育法》的颁布,标志着我国第一次以法律的形式明确对教师的任职学历条件做出了规定——"小学教师具有中等师范学校毕业以上水平,初级中等学校的教师具有高等师范专科学校毕业以上水平"②。1989年12月23日,时任国家教育委员会主任李铁映在第七届全国人民代表大会常务委员会上作《关于我国教育工作若干问题的汇报》,该汇报指出,1979—1988年,全国普通高等师范院校和中等师范学校为中小学培养了280多万名毕业生,其中大多补充为乡村基础教育的乡村教师,同期全国有240万名在职教师参加了广播电视大学、教师进修学院(校)、函授、夜大的进修学习,乡村教师的学历条件和任教资格提高,教师的业务水平也大幅提高。③ 1990年,国家教委印发的《关于当前师范专科学校工作的几点意见》强调,师范专科学校应主动适应农村教育改革的需要,努力培养合格的初中教师,进一步倡导全国师范专科学校为农村义务教育发展提供更好的服务。④ 1991年12月,国家教委印发的《关于开展小学教师继续教育的意见》指出,党的十一届三中全会以来,经过诸多的调整、补充与培训,我国小学教师达到国家规定合格学历的比例"已由1977年的47.1%上升到1990年的73.9%",为了进一步提高包括农村教师在内的中小学教师的整体学历达标率和专业素养,务必不断对在岗教师进行多项培训,提高其政治觉悟水平、综合素质以及教育知识水平与能力。⑤

这一时期,乡村教师政策力图恢复旧有三级培养模式,教师质量明显提高,国家开始以教育立法的形式推进乡村教师队伍建设,为相关政策可以制度化、规范化地实行提供了支持与保障。但是,这一阶段的乡村教师政策仍不够成熟,政策条目大多宽泛模糊,涉及面较窄,存在很大的优化空间。

---

① 张乐天.新中国农村教育发展的政策经验[J].南京师大学报(社会科学版),2012(5):45-50.
② 何东昌.中华人民共和国重要教育文献(1949—1997)[M].海口:海南出版社,1998:2415.
③ 何东昌.中华人民共和国重要教育文献(1949—1997)[M].海口:海南出版社,1998:1878.
④ 何东昌.中华人民共和国重要教育文献(1949—1997)[M].海口:海南出版社,1998:998.
⑤ 何东昌.中华人民共和国重要教育文献(1949—1997)[M].海口:海南出版社,1998:3243.

(四)1993—2005年:巩固与完善发展期

1993年,中共中央、国务院印发《中国教育改革和发展纲要》,指出"振兴民族的希望在教育,振兴教育的希望在教师。建设一支具有良好政治业务素质、结构合理、相对稳定的教师队伍,是教育改革和发展的根本大计",在对乡村教师委以重任的同时也对其提出了新的、更高的要求,开启了乡村教师队伍建设的新征程。这一时期,乡村教师队伍呈现专业化、开放化等特点,乡村教师政策重点在于巩固前期建设成效和提高教师的专业化程度,促进城乡教育均衡发展逐步进入政策视野。

1993年颁布的《中华人民共和国教师法》(简称《教师法》)是国家首次对教师职业进行立法,其在《中华人民共和国义务教育法》的基础上更加细致地对教师的权利、任用条件、福利待遇等做出明确规定,标志着我国教师政策的稳定、成熟与定型,为后续乡村教师政策制定提供了政策总纲。《教师法》明确规定"教师是履行教育教学职责的专业人员",从法律上确认了教师作为专业人员的地位。此后,教育部在1999年印发的《中小学教师继续教育规定》中强调乡村教师培训与考核的制度化管理[①],在2000年颁布的《〈教师资格条例〉实施办法》、2001年印发的《关于首次认定教师资格工作若干问题的意见》等文件中明确强调教师资格认证制度对教师教育机构运行质量的约束作用,加强了对包含乡村教师在内的教师队伍专业化建设的统一规划。这些政策法规对提高乡村教师的专业化程度具有重要作用。

这一时期的乡村教师队伍建设开始由封闭走向开放。1993年,中共中央、国务院印发的《中国教育改革和发展纲要》提出,"其他高等院校也要积极承担培养中小学和职业技术学校师资的任务",标志着我国乡村教师队伍建设开始走向开放包容。1993年颁布的《教师法》第十五条第二款明确提出"国家鼓励非师范高等学校毕业生到中小学或者职业学校任教",为乡村教师队伍建设开放化提供了法律支持。1996年,《国家教育委员会关于师范教育改革和发展的若干意见》明确指出,要"健全和完善以独立设置的各级各类师范院校为主体,

---

① 何东昌.中华人民共和国重要教育文献(1998—2002)[M].海口:海南出版社,2003:371.

非师范类院校共同参与,培养和培训相沟通的师范教育体系",为乡村中小学教师队伍输送源源不断的新鲜血液。一系列法律法规的出台构成了乡村教师队伍建设开放化的合法性基础,打破了"对外封闭,对内绝缘"的旧格局。[①]

此外,国家在这一时期意识到城乡教育发展差距过大的现实问题,在乡村教师队伍建设方面采取了一些倾斜政策。1999年6月,《中共中央、国务院关于深化教育改革全面推进素质教育的决定》指出,"加强农村与薄弱学校教师队伍建设。城镇中小学教师原则上要有一年以上在薄弱学校或农村学校任教经历,才可聘为高级教师职称"。2003年,《共青团中央、教育部、财政部、人事部关于实施大学生志愿服务西部计划的通知》规定,从2003年开始实施大学生志愿服务西部计划,该项政策加强了农村贫困地区的教师队伍建设。2004年,教育部启动实施"农村学校教育硕士师资培养计划"(简称"硕师计划"),创新了农村教师培养模式,吸引了高素质、高学历人才进入农村教师队伍。2005年,人事部发布《事业单位公开招聘人员暂行规定》,教育部研究起草中小学新任教师公开招聘文件,确立中小学教师公开招聘"凡进必考"制度,乡村小学教师补充从以中等师范学校学生毕业分配为主转向了统一招考补充的政策体系。[②] 同时,将乡村教师工资的管理权由基层乡镇调整至县一级政府,建立乡村教师工资制度,提高乡村和边远地区教师的津贴和补助。

总体来看,这一时期的乡村教师队伍建设从封闭走向开放,乡村教师政策基于教师政策、乡村教育政策的推进,逐步落脚到自身政策体系,更加切实地回应了乡村教师队伍建设的现实问题,乡村教师综合素质得到提高,培养体系逐步健全。

(五)2006—2014年:探索与深化改革期

随着城镇化进程的迅猛发展,城乡发展差距越来越大,乡村教育发展步履艰难,乡村教师在专业发展、岗位设置、福利待遇等方面均落后于城市教师。这一时期,教育公平与基础教育质量受到极大重视,尤其是如何提高乡村教育

[①] 檀慧玲,王晶晶.近十年我国教师教育政策的调整及未来发展趋势[J].湖南社会科学,2012(4):204-208.
[②] 杨卫安.乡村小学教师补充政策演变:70年回顾与展望[J].教育研究,2019(7):16-25.

质量受到了空前的关注。① 这一阶段,全面拓宽乡村教师来源渠道与重点培养并举,教师质量从基本合格向高质量发展,从提升基本业务能力向师德师风建设拓展,从整体规划向批次、个体教师多维度自我发展迈进,乡村教师数量、质量以及工资待遇在这一阶段有了较大的改善。

国家陆续出台了多项乡村教师补充政策,极大地拓宽了乡村教师来源渠道。2006年,在《教育部关于大力推进城镇教师支援农村教育工作的意见》的政策号召下,全国各地开始积极开展城镇教师支援乡村教育的工作。同年,《中共中央组织部、人事部、教育部、财政部、农业部、卫生部、国务院扶贫开发领导小组办公室、共青团中央关于组织开展高校毕业生到农村基层从事支教、支农、支医和扶贫工作的通知》对支援乡村建设、缓解大学生就业压力起到了重要作用,也在很大程度上补充了乡村教师数量,壮大了乡村教师队伍。2006年5月,教育部、财政部、人事部以及中央机构编制委员会办公室发布了《关于实施农村义务教育阶段学校教师特设岗位计划的通知》(简称"特岗计划"),2009年国家再次扩大"特岗计划"的实施范围和规模,这一举措创新了乡村教师的补充渠道,在培养高水平、高质量的乡村教师方面发挥了积极作用。2010年,我国相关部门提出将"特岗计划"与"硕师计划"结合,目的在于提高乡村教师培养质量。国家在这一时期创造性地提出在教育部直属的六所师范院校实行师范生免费教育政策,在很大程度上弥补了乡村教师数量不足这一缺陷,也促进了"尊师重教"社会氛围的进一步形成。2012年,《教育部、中央编办、国家发展改革委、财政部、人力资源社会保障部关于大力推进农村义务教育教师队伍建设的意见》提出"建立健全城乡教师校长轮岗交流制度",并规定"城镇中小学教师在评聘高级职务(职称)时,要有一年以上在农村学校或薄弱学校任教的经历"。2014年,《教育部、财政部、人力资源和社会保障部关于推进县(区)域内义务教育学校校长教师交流轮岗的意见》进一步指出,校长教师交流轮岗是加强农村学校、薄弱学校校长教师补充配备,破解择校难题,促进教育公平,推进义务教育均衡发展的重要举措,"力争用3至5年时间实现县(区)域内校长教师交流轮岗的制度化、常态化"。这些政策有力地推动了城镇教师

---

① 任胜洪,黄欢.乡村教师政策70年:历程回顾与问题反思[J].吉首大学学报(社会科学版),2019(6):41-50.

支援乡村教育工作,提高了乡村教师的教学水平,优化了师资的合理配置,有效解决了乡村教师来源单一、教师队伍不稳定、后备教师补充渠道不畅通等难题。

为了增强乡村教师的职业吸引力,乡村教师待遇政策和各项补贴政策也成为这一时期国家重点关注的内容。2009年起实施的《关于义务教育学校实施绩效工资的指导意见》率先对义务教育学校绩效工资制度进行改革,规定义务教育阶段教师的津贴补助平均水平确定的原则是不低于当地公务员平均工资水平。2010年,《国家中长期教育改革和发展规划纲要(2010—2020年)》进一步要求提高教师地位待遇。2013年,《中共中央、国务院关于加快发展现代农业进一步增强农村发展活力的若干意见》明确规定,"设立专项资金,对在连片特困地区乡、村学校和教学点工作的教师给予生活补助",这是乡村教师生活补助第一次正式出现在政策文件中。

此外,为了快速提高乡村中小学教师专业化水平、解决乡村教师业务能力总体滞后问题,国家在这一时期也开展了多种形式的教师培训。2010年,教育部、财政部发布《关于实施"中小学教师国家级培训计划"的通知》,标志着"国培计划"在全国范围开始实施。2011年发布的《教育部关于大力加强中小学教师培训工作的意见》对"国培计划"进行详细部署,将中西部农村教师也纳入"国培计划"范围。2012年9月,《教育部、国家发展改革委、财政部关于深化教师教育改革的意见》提出实行教师全员培训制度,周期为五年一次,时长不少于360学时,极大地创新了教师培训模式。此外,2014年发布的《教育部关于实施卓越教师培养计划的意见》第一次将"师德、自我发展"等要素纳入教师应有素养,乡村教师队伍建设目标指向教师个体多维度发展,为教师质量由合格向全面提升提供了政策依据。[1]

总的来看,这一时期社会各界对乡村教师队伍建设的关注热度较高,国家出台了大量关于乡村教师队伍建设的政策,对高质量乡村教师的培养与培训进行了相对详尽的部署。但是,相关政策内容仍然内含于其他教育政策,直到2015年才打破了这一状况。

---

[1] 孙刚成,徐艺心.百年乡村教师政策演进:历程、逻辑与取向[J].现代教育论丛,2023(1):54-66.

(六)2015年至今:优化与全面提升期

为了全面建成小康社会,进一步缩小城乡师资水平差距,2015年6月1日,国务院办公厅印发了关于乡村教师的纲领性文件——《乡村教师支持计划(2015—2020年)》,这是我国首次面向乡村教师出台的聚焦性、针对性和综合性国家级政策。2015年以后,国家相关部门不断出台与该支持计划相适应的政策,形成了以城乡统筹并向乡村倾斜为方向和目标的政策建构。[①]

《乡村教师支持计划(2015—2020年)》明确指出,要培养适应乡村教育所需的"一专多能"的乡村教师,对完善乡村教师生活待遇也做出重点强调。2016年7月2日,《国务院关于统筹推进县域内城乡义务教育一体化改革发展的若干意见》进一步对乡村教师待遇保障机制改革做出指示。2018年,《中共中央、国务院关于全面深化新时代教师队伍建设改革的意见》对新时代教师队伍建设做了全方位的顶层设计,是我国目前有关教师队伍建设最系统全面并具有里程碑意义的文件。2020年,《教育部等六部门关于加强新时代乡村教师队伍建设的意见》出台,明确提出"努力造就一支热爱乡村、数量充足、素质优良、充满活力的乡村教师队伍"。这一系列政策文件突破性地从创新能力、人文情怀、职业认同、教师品质等方面提出培养骨干型、卓越型和教育家型的乡村教师,采用点面结合的方法提高乡村教师的整体素质。乡村教师的补充源采用内、外结合的方式,既要求地方政府和师范院校加强对乡村教师的本土化和在地化培养,又通过支持退休老教师到乡村支教讲学、定向师范生、专项项目等进行落实。[②] 2021年2月,中共中央办公厅、国务院办公厅印发的《关于加快推进乡村人才振兴的意见》指出,"乡村振兴,关键在人",要加大培养乡村骨干教师的力度,"精准培养本土化优秀教师"[③]。同年,教育部等九部门印发的《中西部欠发达地区优秀教师定向培养计划》(简称"优师计划")将加强欠发

---

① 蒋亦华.乡村教师政策供给评价尺度论要[J].教育发展研究,2021(8):61-68.
② 孙刚成,汶莎莎.乡村小学全科教师定向的现实需求与在地化培养策略[J].现代教育论丛,2020(6):2-10.
③ 中共中央办公厅、国务院办公厅印发《关于加快推进乡村人才振兴的意见》[EB/OL].(2021-02-23)[2024-01-26].https://www.gov.cn/xinwen/2021-02/23/content_5588496.htm?eqid=bcec1548001992d9000000026468dd13.

达地区教师定向培养作为推动基础教育优质均衡发展的重要内容,"造就一批有理想信念、有道德情操、有扎实学识、有仁爱之心的'四有'好老师"[①],巩固教育脱贫攻坚成果,实现乡村教育振兴。2022年,教育部等八部门印发的《新时代基础教育强师计划》,进一步强调"优师计划"的建设内容与意义,同时强调"各地要继续落实好乡村教师生活补助政策,着力提高乡村教师地位待遇,形成'学校越边远、条件越艰苦、从教时间越长、教师待遇越高'的格局"[②]。

虽然当前我国乡村教师队伍建设中还有诸多问题有待解决,但这一时期乡村教师政策的密集出台,体现了国家对乡村教师队伍建设的支持力度之大。总的来看,乡村教师政策已基本形成独立的、相对完善的政策体系,政策内容极大丰富,更加注重对乡村教师的个体关怀,政策价值越来越受到国家与社会的肯定。

二、乡村教师政策内容分析

(一)乡村教师政策主要内容

一直以来,"下不去、教不好、留不住"是困扰我国乡村教师队伍建设已久的问题。"下不去"指乡村教师职业吸引力不足,难以将优秀人才补充进乡村教师队伍;"教不好"指乡村教师的教育理论素养不高和教育教学实践能力不强;"留不住"指乡村教师的职业归属感和认同感不强,缺乏完善的生活和工作保障机制。因而,解决这三个问题成为乡村教师政策的主要目的,与之相应的"乡村教师补充""乡村教师发展""乡村教师保障"也构成乡村教师政策的主要内容。本部分将从乡村教师补充、乡村教师发展、乡村教师保障这三方面阐述乡村教师政策内容。

1. 完善乡村教师补充渠道

乡村教师为乡村教育事业的发展提供了人力资源保障,为补齐教育短板

---

① 教育部等九部门关于印发《中西部欠发达地区优秀教师定向培养计划》的通知[EB/OL].(2021-08-02)[2024-01-26].http://www.moc.gov.cn/srcsite/A10/s7011/202108/t20210803_548644.html.
② 教育部等八部门关于印发《新时代基础教育强师计划》的通知[EB/OL].(2022-04-02)[2024-01-26].https://www.gov.cn/zhengce/zhengceku/2022-04-14/content_5685205.htm.

明确了底线要求。从政策文本可以看出,20世纪我国乡村教师的主要补充来源比较复杂,既有民办教师,又有城乡失业知识分子,还有家庭知识妇女。为保证在职教师符合乡村教育教学新需求,后来也吸收了"上山下乡"知识青年作为乡村教师的补充来源。虽然乡村教师群体质量参差不齐,但其在乡村地区普及教育中的重要作用不容忽视。改革开放以后,我国教育体系逐渐恢复并步入正轨,乡村教师的补充渠道也得到规范,乡村教师主要源自以下两类群体:一是民办转正的教师;二是中等师范学校毕业生。进入21世纪,随着民办教师与"中等师范学校毕业生"淡出历史舞台,乡村师资缺口扩大,补充渠道发生了新的变化,包含"特岗""支教""交流"等专项计划在政策文本中的高频出现,意味着专项计划已成为补充乡村师资的重要途径。2006年,乡村教师专项计划政策呈"井喷式"涌现,《关于组织开展高校毕业生到农村基层从事支教、支农、支医和扶贫工作的通知》《关于大力推进城镇教师支援农村教育工作的意见》《关于实施农村义务教育阶段学校教师特设岗位计划的通知》等文件相继发布,"特岗计划""三支一扶""智力支教"等新词大量出现。专项计划的大幅增加,源于乡村在市场化竞争中的劣势处境迫使人们思考:仅靠公开招聘能否满足乡村师资需求?如果不能,还需要从什么渠道着手为乡村配置足额教师?在大学生就业压力的外在驱动和乡村师资需求的内在拉动等多重作用下,政府确立了多项专项计划,拓宽了多元化补充渠道。与此同时,"两基"攻坚战打响,有力地推动了西部地区乡村师资的大规模补充。

随着《国家中长期教育改革和发展规划纲要(2010—2020年)》《关于大力推进农村义务教育教师队伍建设的意见》等政策的出台,国家更加聚焦对乡村教师的扶持,乡村教师专项计划得以进一步巩固与完善,范围与规模向纵深发展,持续推进乡村师资的补充。比如,国家"特岗计划"深入更贫困边远的地区,并带动省级政府探索地方"特岗计划";"支教讲学"充分利用优秀退休教师资源,调动其继续投身乡村教学工作,"银龄讲学计划"招募以65岁以下校长、教研员、特级教师、骨干教师为主的退休教师进行支教讲学;义务教育学校校长教师交流轮岗政策提出推进校长教师优质资源的合理配置,重点引导优秀校长和骨干教师向乡村学校、薄弱学校流动,城镇学校、优质学校每学年教师交流轮岗的比例不低于符合交流条件教师总数的10%,其中骨干教师交流轮岗应不低于交流总数的20%,并进一步通过"县管校聘"管理改革,打破城乡教师交流壁垒,为乡村教师补充增添活力。①

2.关注乡村教师专业素质提升

我国乡村教师政策从宏观关注乡村教师发展逐步向微观具体领域深入,从为乡村教育"输血"逐步转变成为乡村教育"造血",总体上凸显了促进乡村教师发展的理念。从20世纪50年代开始,我国乡村教师可以通过参加教师进修学校、函授、夜大等形式提升自身专业素质。后来,随着广播电视大学、自学考试等培训模式的出现,乡村教师发展机会逐渐多元化。进入21世纪,乡村教师发展的要求与内容更加具体。比如,2002年教育部出台的《关于"十五"期间教师教育改革与发展的意见》要求加大对西部地区教师教育的支持力度,从宏观层面对乡村教师发展予以指导,但并未说明具体从哪些方面给予支持、如何支持、支持多久等。2004年,国务院转批教育部《2003—2007年教育振兴行动计划》,拉开了乡村教师专业素质提升纵深发展的序幕,此后出台的政策对乡村教师职前职后发展给予了更有针对性和全方位的关注。

同时,乡村教师从"输血"式发展转变为"造血"式发展。为了切实提高乡村教师专业素质,近年来,国家大力实施县(区)域内教师和校长交流制度,促进城乡教师双向流动,相互学习。加之各类国家计划项目的有效落实,乡村教师的内在发展动力得到极大激发。② 此外,通过保障经费投入、优化资源配置、建强做优教师教育等,构建乡村教师专业发展的支持服务体系;把培训作为乡村教师专业发展的主要路径,在实施中小学教师全员培训制度、构建"国家—省—地级市—县—校"五级培训体系的同时,有针对性地向乡村教师倾斜;启动中西部乡村中小学首席教师岗位计划,为中西部乡村学校造就一批基础教育领军人才,带动当地乡村教师提升教育教学水平。③

3.构建乡村教师待遇保障机制

研究表明,当今世界多数国家的教师平均工资都高于类似或同等资格的

---

① 林一钢,张书宁.进入21世纪以来我国乡村教师政策文本的话语分析[J].现代教育管理,2022(1):66-74.
② 石娟.新世纪以来我国乡村教师政策的审思[J].教师教育学报,2022(2):39-45.
③ 蒋亦华.新世纪我国乡村教师政策文本的多维审视[J].教育发展研究,2019(20):53-60.

其他职业的平均工资。例如,日本的中小学教师平均工资比同期毕业的其他行业职员平均工资高16%;英国中小学教师的平均工资比一般职员的平均工资高35%;法国中小学教师平均工资比高级熟练工平均工资高出近一倍。[1]对于中小学教师,尤其是乡村教师,其待遇保障机制的建立,是提高乡村教师地位的重要前提条件。

  21世纪初期,"以县为主"的农村义务教育管理体制建立,乡村教师生活待遇供给的责任主体和基本任务得到确认,"从严从紧适当增加编制""提高教师待遇""确保按时足额统一发放教职工工资"等政策话语随之出现。但政策多聚焦底线性的教师生活待遇保障,"按时足额""基本相同"等程度副词的使用,揭示了待遇保障正处于保障"编制""工资"等"保基本"的基础阶段,乡村教师待遇保障范畴有限。2005年,政策中出现"逐步提高农村中小学教师在高级专业职务聘任和表彰奖励中的比例"[2]的表述,这是乡村教师政策关注"职务"和"表彰"的重要起点,主要得益于社会主义新农村建设背景下"明确各级责任、中央地方共担、加大财政投入、提高保障水平、分步组织实施"的农村义务教育经费保障机制改革,在中央财政的大力支持下,乡村教师的职务评聘和荣誉等得以保障。2013年,《中共中央、国务院关于加快发展现代农业进一步增强农村发展活力的若干意见》提出,要"设立专项资金,对在连片特困地区乡、村学校和教学点工作的教师给予生活补助";2015年脱贫攻坚战打响,要求通过精准扶贫、教育脱贫等形式,实现乡村贫困地区人口的基本生活保障;2017年全面推进乡村振兴战略,要求提高扶贫保障的针对性和有效性,乡村教师待遇保障政策体系逐渐形成,待遇保障涵盖范围拓宽,生活补助、医疗、养老等社会保障逐渐纳入其中。自此以后,乡村教师待遇保障相关词汇在政策文本中频频出现,从"按时足额发放工资"到"实行差别化的补助标准""缴纳住房公积金和各项社会保险费""做好重大疾病救助工作""加快教师周转宿舍建设",从"保基本"到"全覆盖",国家政策话语推进乡村教师待遇保障愈加全面化、体系化。[3]

---

  [1] 朱永新.切实提高地位待遇 增强教师职业吸引力[J].中国教育学刊,2018(4):1-4.
  [2] 教育部关于进一步推进义务教育均衡发展的若干意见[EB/OL].(2005-05-25)[2024-01-27]. http://www.moe.gov.cn/srcsite/A06/s3321/200505/t20050525_81809.html.
  [3] 林一钢,张书宁.进入21世纪以来我国乡村教师政策文本的话语分析[J].现代教育管理,2022(1):66-74.

(二)乡村教师政策特征

1.政策内容从单一走向多元

从中华人民共和国成立到20世纪90年代,国家出台的乡村教师政策内容主要聚焦解决现状问题,前瞻性尚显不足,存在明显的"头痛医头、脚痛医脚"的特征。随着社会经济的发展,乡村教师政策逐渐无法满足社会对专业化教师的需求,也难以满足乡村教师全方位的发展诉求。20世纪90年代末,我国步入新的历史发展阶段,乡村教育综合改革也进入深化推进时期,国家出台的乡村教师政策逐渐增多。鉴于以往"单条腿"走路的政策方式在某种程度上已经不能有效缩小城乡师资差距,国家注重"多方齐抓共管"[①],丰富乡村教师政策内容,建立并不断完善乡村教师政策体系,推动乡村教师政策有效落实。

纵观百年乡村教师政策变迁可以发现,我国乡村教师政策从散落于教育类、教师类政策到形成专门的政策体系,经历了从无到有、从零散到系统、由片面到全面的过程,呈现出多元化、体系化特征。乡村教师政策不再仅仅着眼于眼前问题,而是注重寻找乡村教师队伍建设问题的内在根源,关注乡村教师"选、育、用、留"全过程,将诸如师资培养培训、教师工资制度改革、教师聘任、师德建设等内容都包含在内,形成了相对完整的乡村教师政策体系。同时,政策内容由关注部分人向关注所有人过渡,主要表现为政策逐步覆盖不同区域、不同学科、不同年龄的乡村教师。[②] 21世纪前十余年的乡村教师政策,侧重关注中西部老少边穷岛等边远贫困地区乡村教师的补充、骨干教师的培养等问题,所涉及的只是部分乡村教师。党的十八大以后,乡村教师政策不仅重视稳定和扩大乡村教师队伍规模,提升乡村教师的教学水平与能力,而且关注改善教师工作与生活的环境,使每一位乡村教师都成为政策红利的获得者。

2.政策重点从数量转为质量

中华人民共和国成立初期,广大群众的知识水平较低,为了快速提高国民受教育水平,国家相继发布了多项政策,允许多种形式办学。20世纪80年代前,乡村教师政策以发展民办教师队伍为主要方向,希望通过增加民办教师数

---

① 檀慧玲,刘艳.乡村教师政策发展的特点、问题及建议[J].教学与管理,2016(16):13-15.
② 蒋亦华.新世纪我国乡村教师政策文本的多维审视[J].教育发展研究,2019(20):53-60.

量补充师资,推动乡村教育的发展。乡村教师数量迅速增加,民办教师一跃成为乡村师资队伍的主力军。此后,随着师范院校扩招和乡村教师数量不足问题的基本解决,国家逐步取消民办教师,关注乡村教师队伍质量和素质提升。

1986年颁布的《中华人民共和国义务教育法》强调,建立质量合格、结构合理、相对稳定的教师队伍是实施义务教育的关键。1993年颁布的《教师法》首次在法律中明确教师的专业地位,对教师的权利、义务、资格、培训等方面进行规定。这些法律法规的出台表明国家对乡村教师"专业合格"和乡村教师社会地位等问题的重视。进入21世纪,随着知识文化成果的涌现和生活水平的提高,人们强烈渴望更高质量的教育。乡村教师政策也由单一强调数量增加转变为全方位注重素质提升。2012年,《教育部、中央编办、国家发展改革委、财政部、人力资源社会保障部关于大力推进农村义务教育教师队伍建设的意见》提出"造就一支师德高尚、数量充足、配置均衡、城乡一体、结构合理、乐教善教、稳定而充满活力的高素质农村教师队伍"。2018年,《中共中央、国务院关于全面深化新时代教师队伍建设改革的意见》再次强调全面提高中小学教师质量,提出"造就党和人民满意的高素质专业化创新型教师队伍……到2035年,教师综合素质、专业化水平和创新能力大幅提升,培养造就数以百万计的骨干教师、数以十万计的卓越教师、数以万计的教育家型教师"的政策目标。总的来看,乡村教师政策从初期着重增加数量、发展民办教师队伍,逐渐转向提升队伍质量,再到现阶段注重全方位提升乡村教师素质,政策目标体现出从单一数量增加转变为追求高素质发展的显著特点。

3.政策地位由"幕后"走向"台前"

中华人民共和国成立之后的很长一段时间,国家并没有颁布关于乡村教师的专项政策或文件,相关政策内容"隐藏"在宏观的教育政策或教师政策中。比如,1958年《中共中央、国务院关于教育工作的指示》中的"广大的知识分子"、1978年《教育部关于加强中小学教师队伍管理工作的意见》中的"中小学公办教师"、1983年《中共中央、国务院关于加强和改革农村学校教育若干问题的通知》中的"合格的教师队伍"等说法,将乡村教师"隐藏"在教师政策或乡村教育政策中。进入21世纪,随着全世界公平正义力量不断增强,社会各行业对区域间公平发展的呼声日益高涨。在我国,缩小东西部地区之间和城乡之间的差距、促进区域间均衡发展的声音也越发响亮。在此背景下,国家出台了一系列明显倾斜乡村教育的政策,乡村教师政策也逐渐形成专门的体系。比如,1999年《中共中央、国务院关于深化教育改革全面推进素质教育的决定》提出"加强农村与薄弱学校教师队伍建设"、2003年《国务院关于进一步加强农村教育工作的决定》中的"农村教师素质提高工程"等明显指向乡村教师,再到2015年《乡村教师支持计划(2015—2020年)》这一乡村教师专项政策的出台,表明乡村教师在政策中的地位完全从"幕后"走向"台前"。

三、乡村教师政策发展取向

1.彰显乡村立场,厚植乡村教师乡土情怀

乡村与城市是不同的区域,乡村固有的文化以及特定的教育情境,意味着应把乡村教师队伍建设置于乡村振兴、乡村文化建设、乡村教育现代化的大背景下进行思考或谋划,努力寻求彰显城乡教师发展共性和乡村教师发展个性的建设路径。长期以来,乡村教师队伍建设习惯性地以城市为参照对象,视城市教师为乡村教师专业发展的标杆。这种做法不仅容易导致政策设计以外部援助或"输血"为取向,无法体现政策的可持续特征,而且客观上也将乡村教师视为弱势群体、被照顾对象,使乡村教师始终处于几乎没有终点的、追赶城市教师的文化苦旅中。[1] 然而,在推动乡村振兴、促进共同富裕的大背景下,城乡对立已不能适应社会发展需求,彰显各自特色、实现城乡有机融合才是发展趋势。传统的乡村教师角色主要以教师的基本定位为依据,但在乡村地区仅仅扮演政策规定的角色并不能解决乡村教师队伍建设的突出问题,反而会淡化教师的乡土色彩。[2] 虽然乡村教师政策越来越注重乡村教师的本土化,认识到乡村教师不仅是知识传递者,更是乡村文化传承者,但是乡村教师的角色依旧是被动的。究其原因,可以将引起乡村教师问题的根源归结于文化的冲突。[3] 因此,乡村教师政策设计要重视将视角转向中华民族的"根"——乡村,重构乡

---

[1] 唐松林.理想的寂灭与复燃:重新发现乡村教师[J].中国教育学刊,2012(7):28-31.
[2] 王宇珍,程良宏,韩光明.从知识传递者走向文化建设者:新时代乡村教师的角色审思[J].当代教育科学,2022(4):88-95.
[3] 孙刚成,徐艺心.百年乡村教师政策演进:历程、逻辑与取向[J].现代教育论丛,2023(1):54-66.

村文化在乡村发展中的意义,充分发挥乡村、乡村教师在守望中华优秀传统文化、促进社会全面发展等方面的积极作用。① 乡村教师政策需要进一步复归乡村教师作为乡村知识分子的尊严,强化乡村教师的社会功能,使乡村教师成为乡村学校建设的主人翁和乡村文化建设的引路者,而不是成为村落生活的"异乡人"、乡土社会的"陌生人"、村落事务的"边缘人"。② 具体而言,既要重视加强师范教育中乡土情怀教育、完善乡土文化知识课程、加强乡土课程开发能力培育等,也要以"特岗计划""国培计划"等为抓手,加大乡村教师"乡土性"特质的职后培训;乡村学校应积极挖掘乡村教师专业发展的本土资源,并与乡村其他参与主体积极合作,帮助乡村教师消除其与乡土文化、乡村成员的隔离,强化乡村教师的情感依恋,提升其内在归属感。③ 在乡村教师教育课程设置、课程标准制定、乡村教师资格准入、教师培养制度、培训模式等方面都要以乡村的实际需求和现实状况为依据,加入乡土性元素,在提高乡村教师专业能力的同时,结合乡土文化习俗,培养教师正确的"乡村观"和"乡土观念"。④

2.优化政策体系,形成乡村教师良性发展格局

目前,我国乡村教师政策结构体系相对完善,涵盖的范围比较广,教师福利待遇、进修培养、选拔招聘等内容均包含其中,形成了相对稳定的体系结构。但是,乡村教师队伍建设是一个长期的系统过程,具有复杂性和动态性的特点,不可能一蹴而就或一成不变。在这种情况下,乡村教师政策自然需要做出动态调整,审视与优化政策体系,增强政策的针对性,建立更具中国特色的乡村教师政策体系,更加有效地服务乡村教师队伍建设。

第一,优化政策内容,增强政策针对性。一是完善乡村教师编制与职称制度。针对教师编制存在的问题,有研究者提出,乡村教师政策应综合考虑乡村学校所处地域和学校性质因素,采用"基本编+机动编"的方式配置乡村教

---

① 石娟.新世纪以来我国乡村教师政策的审思[J].教师教育学报,2022(2):39-45.
② 周岷.关于以教育领域供给侧改革助推乡村教师专业发展的思考[J].课程·教材·教法,2017(12):91-96.
③ 任胜洪,黄欢.乡村教师政策 70 年:历程回顾与问题反思[J].吉首大学学报(社会科学版),2019(6):41-50.
④ 段伟丽,汪安冉.回顾与展望:新中国成立 70 年来乡村教师教育政策变迁[J].中国成人教育,2020(5):90-96.

师[①],建立一定比例的周转编制和编制的动态调整机制[②]。为提高乡村教师的工作积极性,应加大职称评审向乡村教师倾斜的力度,在中高级职称的分配名额上,对乡村教师实行专设比例,建立专轨专用制度。[③] 二是提高对乡村教师精神文化建设的重视程度。物质激励对乡村教师固然重要,但是精神文化作为一种内在关怀,其所发挥的作用更为持久。乡村教师政策在强调工资待遇、津贴补助、社会保险、住房保障等内容的同时,需要提高对教师人文关怀、荣誉奖励、文化激励等方面的重视程度。三是乡村教师政策可适当提高对乡村学前教育教师、成人教育教师以及职业教育教师的关注度,弥补政策数量和政策内容的不足,注意适当平衡乡村教师政策内容。乡村学前教育、职业教育以及成人教育是我国乡村教育的重要组成部分,其师资队伍的质量直接影响相应的教育成效,进而影响乡村教育的整体发展。针对乡村教育长期存在的不平衡、不充分发展的问题,必须尽快提高对各个教育领域的重视程度,使乡村教师队伍整体上形成协调有序的发展格局,呈现良好的发展态势。

第二,注意政策之间的衔接,提高政策协同。国家在颁布政策、开展项目的过程中应统筹考虑各方面因素,兼顾乡村教师职前、职中、职后等各阶段,整体考量乡村教师培养、培训全过程,注意不同政策之间的关系。[④] 比如,目前乡村学校音体美教师紧缺,远不能满足学生的实际需求,该现象既与教师招聘机制不健全有关,又与相关专业教师职前培养规模较小有关。因此,特岗教师、公费师范生等政策可与"全科教师培养政策"建立有机联系,加强紧缺学科教师的培养,并在招聘制度上设定相应的优惠条件和激励措施,从整体上提高政策衔接的流畅度。

3.完善监督机制,健全乡村教师政策保障体系

我国乡村教师政策已形成相对完善的体系架构,要想有效发挥政策效用,必须重视对政策过程的监督与反馈,为乡村教师政策提供必要的保障机制。首先,加大监督力度,设立专门的乡村教师政策监督机构,将政策执行部门和

[①] 张妍,曲铁华.中国共产党百年农村教师政策回眸与前瞻[J].现代教育管理,2021(6):10-17.
[②] 庞丽娟.统筹推进城乡义务教育一体化发展[J].教育研究,2020(5):16-19.
[③] 张妍,曲铁华.中国共产党百年农村教师政策回眸与前瞻[J].现代教育管理,2021(6):10-17.
[④] 王国明.农村教师队伍建设支持性政策的现状与问题研究[J].教师教育学报,2019(2):77-83.

督导部门分开,监督机构按照相关标准对政策执行的整体过程进行长期追踪和评估。[1] 其次,扩大监督主体范围,纳入第三方监督。对乡村教师政策的监管应突破以往局限于政府内部的自闭性,当政府在主导政策落实时,需要其他主体监督政府行为,而当教师培养的具体任务由学校或其他培训组织承担时,政府或其他机构便成为监管主体。[2] 增加第三方机构进行专业、科学的外部政策监管,可以促进政策监管主体的多元化,有利于提高政策制定与执行的民主化水平[3],提高政策执行及督导过程的透明度,集思广益为政策调整改进建言献策[4]。最后,倾听和收集乡村教师的声音,通过信息化政策评估反馈手段及时收集广大乡村教师的建议,建立即时反馈机制,保障乡村教师的合法权益。[5] 乡村教师政策的根本目的是提高乡村教育教学质量、满足乡村教师的生存发展需要,而乡村教师需要什么、缺乏什么,只有乡村教师自己最清楚。[6] 我们不能忽略广大乡村教师群体自身对政策的反馈,他们是乡村教师政策最直接的受益者,其直接切身感受能够为后续政策调整提供高效的修改建议。所以,在构建乡村教师政策保障体系的过程中,务必要重视作为政策对象与主体的乡村教师的切身感受与建议,将自下而上与自上而下的方式结合起来,保证乡村教师政策的科学性与民主性。

第二节 乡村教师政策执行现状

近些年,国家出台并实施了一系列旨在进一步加强乡村教师队伍建设的政策,在很大程度上缓解了长期困扰乡村教师队伍建设"下不去、留不住、教不

---

[1] 王慧,刘睿.新中国乡村教师政策的变革、实践困境及优化策略[J].河北师范大学学报(教育科学版),2023(5):35-45.
[2] 孙刚成,徐艺心.百年乡村教师政策演进:历程、逻辑与取向[J].现代教育论丛,2023(1):54-66.
[3] 王慧,刘睿.新中国乡村教师政策的变革、实践困境及优化策略[J].河北师范大学学报(教育科学版),2023(5):35-45.
[4] 檀慧玲,刘艳.乡村教师政策发展的特点、问题及建议[J].教学与管理,2016(16):13-15.
[5] 秦文雨.我国农村教师支持政策变迁研究(1978—2022)[D].长春:东北师范大学,2023:100.
[6] 龙奕帆.新中国成立以来农村教师政策演进研究[D].长春:东北师范大学,2021:57.

好"的状况,对优化乡村教师队伍发挥了积极的引领作用。比如,有研究显示,74.4%的被调查者认为,政策对乡村教师队伍建设和乡村教育发展产生了重大影响或一定影响,充分说明近年来的乡村教师政策起到了促进教师队伍建设和改善乡村教育的作用。① 但是,受内外因素的影响,乡村教师政策的落实仍然存在一些问题。

一、乡村教师数量得到补充,但师资流失与配置不均问题仍然突出

解决乡村教师数量短缺、质量不高的问题,合理调配、补充优质师资是乡村教师政策的重要关注点。近年来,国家通过推行一系列政策不断优化乡村教师资源配置。第一,形成了城乡统筹、向乡村倾斜的中小学教职工编制标准,为补充乡村教师畅通道路,有效解决有编不补和长期使用临聘人员问题,确保乡村学校开齐国家课程,保证音、体、美和信息技术教师岗位得到补充完善。② 第二,在初次分配中吸引高校优秀毕业生到乡村学校任教,为乡村学校提供稳定的、优质的专业人才储备,满足乡村教师队伍建设的数量需求。例如,从2006年颁布《农村义务教育阶段学校教师特设岗位计划实施方案》到2020年9月,国家已累计招聘95万名特岗教师,覆盖中西部1000多个县、3万多所农村学校③,"特岗计划"的实施有效缓解了乡村学校师资总量不足的压力,改善了中西部乡村教师队伍的学历、年龄和学科结构。再如,公费师范生政策已经成为很多地方中小学及幼儿教师培养和补充的主要方式,在补充乡村学校师资数量方面取得了明显的成效。2007—2018年,全国累计招收公费师范生超过11万人,其中90%的毕业生到中西部省份中小学校任教。④ 这一政策带动了28个省(区、市)实施地方师范生公费教育,每年吸引约4.1万名

---

① 刘毅玮,张云晶,封文波.乡村教师队伍建设中的困境与突破——基于乡村教师对政策感知与态度的调查[J].中国教育学刊,2020(6):95-100.
② 王丽娟,唐智松.乡村教师缘何屡补屡缺——基于编制政策执行偏差的分析[J].中国教育学刊,2021(11):55-60.
③ 人民网.教育部:15年来累计招聘95万特岗教师 覆盖3万多所中西部农村学校[EB/OL].(2020-09-04)[2024-01-29].http://edu.people.com.cn/n1/2020/0904/c1006-31849757.html.
④ 朱旭东,赵英.为建设教育强国提供"第一资源"[N].中国教育报,2019-11-21(6).

师范生和高校毕业生到农村中小学任教。① 又如,"三支一扶"为乡村输送了一批优秀高校毕业生,开拓了新的乡村教师补充渠道;乡村学校编制改革有效缓解了乡村教师缺乏的压力。② 第三,在师资再分配中向乡村学校有目的性地输送了一批优质师资。例如,自 2014 年教育部等部门出台《关于推进县(区)域内义务教育学校校长教师交流轮岗的意见》以来,县(区)域内校长教师交流轮岗逐步推进,盘活了县域内优质师资在乡村学校的流动,有效促进了城乡义务教育的均衡发展。截至 2018 年,全国有 23 个省份明确了"县管校聘"的实施路径。③ 再如,教育部、财政部于 2018 年研究制定《银龄讲学计划实施方案》,面向社会公开招募优秀退休校长、教研员、特级教师、高级教师等到农村义务教育学校讲学。"校长教师交流制度""银龄讲学计划"等国家专项计划的实施,有效地缓解了乡村教师短缺和师资配置不合理的状况。④

虽然近些年乡村教师数量得到大力补充,但是乡村教师稳定性差、优质师资流失率高依旧是长期困扰乡村教育的难题。2019 年,某调研组对东部省份某县乡村教师队伍的调研发现,该县 2010—2018 年共招聘义务教育学段乡村中小学教师 806 人,现在仍坚持在乡村任教的只有 493 人,其中流入县城的教师达 187 人。⑤ 还有研究者对西部贫困地区 15 所师范院校进行调查,发现超过半数的师范生愿意选择去乡村从教,但只有少数愿意在乡村从教 3 年以上。⑥ 由此可以窥见,乡村教师的流动性依然很大,稳定性较差,优质师资长期从事乡村教育工作的人数较少。公费师范生、"特岗计划"等专项政策的实施,虽然在一定程度上缓解了乡村教师缺乏的状况,但是依然无法在短期内有效

---

① 李廷洲,陆莎,尚伟伟,等.社会网络建构下的乡村教师政策执行研究[J].中国教育学刊,2020(7):50-55.
② 石连海,田晓苗.我国乡村教师队伍建设政策的发展与创新[J].教育研究,2018(9):149-153.
③ 教育部:23 省份已明确"县管校聘"实施路径 要做到"五个坚持"[EB/OL].(2019-11-29)[2024-01-29]. http://www.moe.gov.cn/fbh/live/2019/51594/mtbd/201912/t20191203_410640.html.
④ 李兴洲,唐文秀.乡村教师政策靶向瞄准优化策略研究[J].国家教育行政学院学报,2020(6):35-42.
⑤ 李兴洲,唐文秀.乡村教师政策靶向瞄准优化策略研究[J].国家教育行政学院学报,2020(6):35-42.
⑥ 姜金秋,陈祥梅.《乡村教师生活补助政策》实施背景下师范生乡村从教意愿及影响因素分析——基于西部贫困地区 15 所院校的调查[J].教师教育研究,2019(1):43-50.

解决乡村教师稳定性差的问题。

同时,乡村学校师资结构不合理问题仍然突出。有研究显示,小规模村小和教学点的小学科教师,如英语、信息技术、音体美教师严重不足,缺少专任教师、由大科教师兼教的现象普遍,这会带来很多问题。一方面,兼课教师普遍集中精力于大学科教学,不重视对学生综合素质影响深远的小学科,甚至产生"主科"挤占"副科"课时的现象;另一方面,小学科课程的专业化程度普遍较高,教师如果没有经过专业化训练,通常很难达到胜任的水平,会使小学科教学处于一种低水平状态,从而影响学生综合素养的发展。[①] 同时,乡村教师年龄和性别结构不合理,老龄化严重,缺少年轻教师,师资多样化水平较低。[②] 有研究显示,乡村学校50岁以上的教师居多,30岁以下的教师很少,偏远地区的乡村学校教师平均年龄达到50岁以上[③],尤其在乡村学校低年级学段和偏远薄弱地区乡村学校,教师老龄化程度更为严重。乡村教师年龄结构偏向老龄化,加之学历背景较低、培训发展资源较少等原因,导致乡村教师专业素质处于较低水平。[④]

二、乡村教师培训体系不断健全,但专业素质仍有较大提升空间

针对乡村教师基础偏弱、"教不好"的问题,政策集中于完善与创新教师职后培训形式与内容。从各地实施情况看,相应的实施细则陆续出台,相关的职后培训制度逐步完善,切实推动乡村教师的专业发展,对乡村教师更新知识产生了巨大的促进作用。[⑤] 自2010年"国培计划"实施以来,国家陆续出台了一系列政策加强乡村教师培训,如2015年出台的《乡村教师支持计划(2015—2020年)》从政策层面细化乡村教师培训工作的经费保障、责任主体、培训形式等方面,为乡村教师培训提供保障;2018年,《中共中央、国务院关于全面深化

---

① 赵忠平,秦玉友.农村小规模学校的师资建设困境与治理思路[J].教师教育研究,2015(11):33,34-38.

② 姚翔,刘亚荣.优化乡村小规模学校师资队伍结构的路径分析[J].湖南师范大学教育科学学报,2017(4):23-27.

③ 范先佐.乡村教育发展的根本问题[J].华中师范大学学报(人文社会科学版),2015(5):146-154.

④ 庞丽娟,金志峰,杨小敏.新时期乡村教师队伍建设政策研究[J].中国行政管理,2017(5):109-113.

⑤ 石连海,田晓苗.我国乡村教师队伍建设政策的发展与创新[J].教育研究,2018(9):149-153.

新时代教师队伍建设改革的意见》又从改进培训内容、进行学分管理、推进培训机构建设、实施"国培计划"、鼓励海外研修等方面对教师培训工作进行顶层设计,提升了教师培训工作的针对性和有效性。据不完全统计,2012年以来,"国培计划"累计投入经费135亿元,培训各级各类教师超过1400万人次。[1] 各级政府针对不同层次不同类型的乡村教师专业化问题组织实施了一系列培训项目,采取多种办法和措施助力乡村教师专业提升,有力助推了乡村教师专业发展,如河北省实施的"深度贫困县'国培计划'全覆盖"、海南省实施的"边远乡村教学点小学教师培训计划"等,为乡村教师参与专业培训提供了更多机会。[2]

但是,乡村教师培训存在重理论轻实践、忽视对实际教育教学能力的指导与训练等问题,很难提高教师专业素质。目前,很多培训以线上学习为主,缺乏一线教师的现场示范与指导,不利于及时解答乡村教师的困惑,更无法有效监督乡村教师认真学习,导致培训内容适切性低,效果不佳。[3] 有研究者通过对西部某县150名在2016年参加过培训的乡村教师调查发现,多数乡村教师认为培训效果"一般",对他们的帮助不是很大。[4] 李新翠对全国11076名教师的调研发现,多数区县级教师培训机构存在很大问题:很少有机构制定明确的教师培训规划,通过自主研发健全培训课程体系的机构少之又少,很多教师认为区县教师培训课程体系效果一般,乡村教师培训课程的实施效果也不理想。[5] 还有课题组在调研过程中发现,乡村教师参加培训的机会虽然较以前有所增多,但低层次培训占比较大,以县级培训为主,市级和省级培训覆盖面较小,尤其是对广大乡村教师来说,很少有机会接受高层次培训。[6] 此外,部分远程培训由于形式单一、内容缺乏对乡村教学工作的针对性,对教师工作没有实

---

[1] 朱旭东,赵英.为建设教育强国提供"第一资源"[N].中国教育报,2019-11-21(6).
[2] 李兴洲,唐文秀.乡村教师政策靶向瞄准优化策略研究[J].国家教育行政学院学报,2020(6):35-42.
[3] 王慧,刘睿.新中国乡村教师政策的变革、时间困境及优化策略[J].河北师范大学学报(教育科学版),2023(5):35-45.
[4] 王吉康,吉标."乡村教师支持计划"实施现状及对策研究——基于甘肃省G县的调查分析[J].广西社会科学,2019(6):179-184.
[5] 李新翠.区县教师培训课程体系现状及反思[J].中国教育学刊,2019(2):76-81.
[6] 李兴洲,唐文秀.乡村教师政策靶向瞄准优化策略研究[J].国家教育行政学院学报,2020(6):35-42.

质的帮助,使培训流于形式。① 乡村教师培训无法切实满足教师的实际需要可能导致教师专业发展受阻的问题,比如,乡村教师大多采用传统的讲授式教学模式,很少将现代信息教育技术、师生交流合作运用到教学实践之中等,以致教学技术难以满足时代发展的需要,无法培养创造性思维人才,加大了城乡教师教学成效差距。②

三、乡村教师待遇保障不断完善,但职业吸引力仍然不足

目前,乡村教师待遇保障不断得到完善,成为鼓励人们到乡村任教、改善乡村教师生活现状、增强乡村教师岗位吸引力的重要补充手段,为推动乡村教师队伍建设发挥了积极作用。③ 为了更好地带动地方政府加大对乡村教师队伍建设的资金投入,中央财政对实施义务教育乡村教师生活补助政策的地方给予奖补,乡村教师生活补助的财政投入力度不断加大,生活补助标准逐年提升。2013—2019年,国家累计安排奖补资金198.2亿元,实现连片特困地区乡村教师生活补助政策全覆盖,每年惠及约127万名乡村教师;落实教师艰苦边远地区津贴政策,并多次提高津贴标准,使乡村教师更加有尊严地工作和生活,增强乡村教师的职业认同和职业获得感。④ 同时,乡村教师在工资、职务(职称)等方面享受倾斜政策,医疗、养老等社会保障不断完善,乡村艰苦边远地区学校也建设配套了教师周转宿舍等。事业绩效工资制度的实施使教师工资大幅提高,教师的经济保障得到较大改善;乡村教师支持计划有效提高了乡村教师的地位,改善了其物质生活条件和职业发展前景。⑤ 这些政策有力地推动了地方政府将教育财政投入的重心转向提高乡村教师待遇水平、改善乡村教师生活条件,使乡村教师相较于城市教师在住房、津贴等政策方面享受一定

---

① 李廷洲,陆莎,尚伟伟,等.社会网络建构下的乡村教师政策执行研究[J].中国教育学刊,2020(7):50-55.
② 王中华,余莎.义务教育教师资源配置建设的成就、问题及建议[J].现代中小学教育,2023(11):47-50,62.
③ 石连海,田晓苗.我国乡村教师队伍建设政策的发展与创新[J].教育研究,2018(9):149-153.
④ 李兴洲,唐文秀.乡村教师政策靶向瞄准优化策略研究[J].国家教育行政学院学报,2020(6):35-42.
⑤ 王红蕾,吕武.改革开放以来我国农村教师政策的演进与改革路径[J].现代教育管理,2017(5):81-87.

的倾斜和照顾,更多边远艰苦地区的乡村教师因此受益。"越往基层、越是艰苦、地位待遇越高"的逆差序化待遇格局初步形成,有效增强了乡村教师的实际获得感,使边远艰苦地区教师岗位吸引力不断增强。①

虽然国家要求提高乡村教师的工资待遇,但由于地方财力和投入意愿的限制,不少地方在实施乡村教师相关政策的过程中还存在补助标准低、补助不及时等诸多现实问题,不能很好地满足乡村教师体面生活和安心工作的愿望,这种情况在某些贫困地区表现尤为突出。有研究者通过对贫困县的调研发现,乡村教师生活补助政策实施以后,乡村教师平均获得了每月约200元的生活补助,但超过半数的教师对生活补助水平并不满意,与期望每月获得500—1000元的补助水平之间有一定差距。② 这种情况不仅发生在中西部连片贫困地区,在东部较为发达的省份也存在类似情况。研究者对东部某省份的调研发现,多数地区实行省定标准,即乡村教师生活补贴标准为每人每月约200元,此后每增加1年,月增发标准提高10元;部分地区根据地理位置标准,对偏远乡镇地区教师每人每月发放300元,每增加1年,提高15元。这些生活补贴标准虽然贯彻落实了相关乡村教师政策,但由于标准偏低,很难吸引优秀教师服务乡村教育。③ 同时,目前的政策目标群体主要为在集中连片特困地区乡、村学校和教学点工作的教师,尚未覆盖所有边远艰苦地区的乡村教师,不少地方生活补助的分档方式未能充分体现学校边远艰苦程度,难以弥补教师到乡村学校任教所承担的交通费等额外经济成本。如果生活补助无法弥补乡村教师到边远艰苦地区任教而产生的心理落差,则必然会削弱生活补助政策的实际效用,降低乡村教师的实际获得感等。④

---

① 王爽,刘善槐.乡村教师生活补助政策评估与优化——基于东中西部8省8县的调查分析[J].华中师范大学学报(人文社会科学版),2019(4):178-184.
② 姜金秋,田明泽.乡村教师生活补助政策对教师留任意愿的影响——基于连片贫困地区三个县的实证研究[J].教育科学研究,2019(4):28-34.
③ 李兴洲,唐文秀.乡村教师政策靶向瞄准优化策略研究[J].国家教育行政学院学报,2020(6):35-42.
④ 王爽,刘善槐.乡村教师生活补助政策评估与优化——基于东中西部8省8县的调查分析[J].华中师范大学学报(人文社会科学版),2019(4):178-184.

第三节 乡村教师政策执行阻滞因素

我国乡村教师队伍建设在补充渠道、生活待遇、职称评聘、素质提升等方面得到了积极改善,取得了令人鼓舞的成就。但就目前状况来说,乡村教师政策执行陷入困境,难以发挥乡村教师政策的激励、引领和促进作用。通过对相关文献的梳理与分析,发现造成乡村教师政策执行困境的原因通常包括以下几方面。

一、乡村教师政策文本存在模糊性与滞后性

政策文本是政策执行的主要影响因素,其科学性与理性化关系到政策能否顺利执行。马特兰德(Matland)认为,政策具有模糊性与冲突性的特性,这是政策作为现代社会政治产品的特有属性,但也为政策执行偏差创造了条件。统揽全国的宏观政策主要是发挥全局性、整体性的指导作用,不可能对地方性、具体性的执行做出"事无巨细"的安排。由于信息的不完全性与不对称性,党和政府部门很难及时且准确地掌握基层组织的所有信息,难以从"需求侧"对乡村教师队伍建设进行精准施策,从而出现"政策供给"与"政策需求"的失衡。因此,从兼顾国家政策的统一性和地方执行的灵活性出发,政策本身就允许地方政府在遵守国家宏观政策的原则下做出地方性的理解及执行。如此情形下,自然会出现地方政府对国家宏观政策文本理解上的"偏差"。因此,国家也只能对乡村教师政策做出宏观指导,不可能对各地执行提出精确的、具体的要求。各地依据政策理解、利弊权衡及条件支持依令执行,出现相应的偏差也是可以理解的。

同时,不断变化的新情况也让"自上而下"的乡村教师政策相对滞后。美国学者诺斯(North)认为:"在制度变迁中存在政策供给滞后现象,即某一段时间的需求变化所产生的供给反应是在较后的时间区段里做出的。"[1]例如,20

---

[1] 科斯,阿尔钦,诺斯.财产权利与制度变迁:产权学派与新制度学派译文集[M].刘守英,等译.上海:上海人民出版社,1994:95.

世纪初,党和政府已经开始重视乡村教师队伍建设问题,但 2006 年的"特岗计划"政策文本仍然在使用"农村教师"的概念,直到 2010 年以后,"乡村教师"概念明确出现在政策文本中,政策对象才逐渐聚焦乡村教师。[1] 再如,在现有人口变动背景下,一个区县或一所学校到底需要多少教师编制,既有编制政策模式难以给出精确答案,出现偏差也是在情理之中的。[2]

二、基层执行者与政策对象的非理性选择

从公共政策研究的相互适应视角来看,执行偏差产生于政策执行者与制度环境间"相互适应"的过程,执行者因为客观条件限制而做出选择性执行。[3] 例如,在招收不到足够教师、招收不到所需学科教师的情况下,一些地方政府采取"以考定招",而非"以岗定招",出现园艺、保险、服装、机械、工程等专业的毕业生任教乡村学校的现象。[4] 再如,地方政府鉴于所在地区教育质量评价的压力以及一味追求短期政绩的现实原因,仍然会把优质的师资留在城市,以促进所在地区升学率以及教学质量的提高,毕竟乡村学校的教学质量难以在短时间内提高。同时,由于近年来乡村教师政策出台频率较高,许多地方政府疲于应付,往往只是在政策刚出台的时候采取表面积极的姿态执行,等过一段时间则对乡村教师政策执行采取主动的机会主义,甚至为了逃避责任奉行不出事逻辑,采取观望和拖延的行为,持续消解国家乡村教师队伍建设政策。[5]

乡村学校领导和教师既是政策执行者,又是政策的直接作用对象,其政策行动直接关系到政策效果。但是,碍于乡村学校及社区"小社会"里的"熟人圈"面子,他们常常回避乡村教师政策执行偏差的问题。比如,乡村学校领导虽然能够理解乡村教师政策执行实质上是政策执行主体运用公共权力与目标

---

[1] 邓亮,赵敏.我国乡村教师队伍建设政策执行困境与突破路径——基于多重制度逻辑的视角[J].教育理论与实践,2019(34):42-46.
[2] 王丽娟,唐智松.乡村教师缘何屡补屡缺——基于编制政策执行偏差的分析[J].中国教育学刊,2021(11):55-60.
[3] 李玲,陈宣霖,蒋洋梅.教育政策执行研究的三种视角及其比较[J].外国教育研究,2018(12):89-99.
[4] 王丽娟,唐智松.乡村教师缘何屡补屡缺——基于编制政策执行偏差的分析[J].中国教育学刊,2021(11):55-60.
[5] 邓亮,赵敏.我国乡村教师队伍建设政策执行困境与突破路径——基于多重制度逻辑的视角[J].教育理论与实践,2019(34):42-46.

群体在互动中对利益加以选择、综合、分配和落实过程的道理,但大多数同事都是本地熟人、朋友、亲戚,在感情大于理性、人情强于工作的影响下,对于占用、挪用、占编、脱岗等执行偏差现象,学校领导往往"心领神会"而"闭口不言"。同时,在公私利益诱惑下,很容易出现公私利益的种种"合谋",暴露出"权力寻租"倾向。① 另外,多数普通乡村教师从未参与过乡村学校教师队伍政策的制定,学校的乡村教师队伍建设方案往往是学校主要领导者意志的体现。在这样的情况下,乡村教师政策更多是在形式上执行,很难真正解决乡村教师和乡村教育面临的现实问题。②

三、文化冲突与社会支持缺失

良好的政策执行环境是乡村教师政策顺利执行的基础保障,影响乡村教师政策实施效果的执行环境主要包括文化适应性问题与社会支持缺失两方面。乡村教师政策虽指向乡村地区的教育发展,但无论是师资引入、交流轮岗,还是教师培训,都有城市文化的介入。准确来说,乡村教师政策执行本就是城乡互动的过程,但城乡文化难免产生冲突,并以文化适应性问题的形式体现在乡村教师身上。作为接受了城市文明洗礼的新生代教师,在迈进乡村文化场域后,已有的城市化思想观念、生活习惯使他们难以融入乡村社会,由此引发严重的文化适应性问题,如果文化适应性问题长期得不到解决,则会降低乡村教师的从教积极性和岗位留任意愿。受城乡文化冲突影响的乡村教师不在少数,自"取缔中师,撤点并校"以来,本地就学、本地从教的"本土化"乡村教师数量大幅削减,来自城市地区的"非本土"乡村教师数量与日俱增。"非本土"乡村教师逐渐成为乡村教师队伍的重要来源,随着这一比例的扩大,文化冲突对乡村教师队伍稳定性的冲击也愈发显著。③

同时,乡村教师政策执行是一项系统工程,需要多部门协同发力。虽然财

---

① 王丽娟,唐智松.乡村教师缘何屡补屡缺——基于编制政策执行偏差的分析[J].中国教育学刊,2021(11):55-60.
② 邓亮,赵敏.我国乡村教师队伍建设政策执行困境与突破路径——基于多重制度逻辑的视角[J].教育理论与实践,2019(34):42-46.
③ 方红,夏晶怡.乡村教师补给政策执行偏差与破解策略——基于史密斯政策模型分析[J].当代教育论坛,2022(4):100-110.

政、人事、编办等部门参与制定乡村教师队伍建设政策,但这些部门并不是政策的直接制定主体,而是在教育部门发布政策基础上的"间接性协同"。[①] 受制于科层制的垂直政治体制和财政分权的地方绩效体制,我国现行教育管理体制具有多头管理、层级传导的"压力型"行政特征,呈现典型的条块分割的特点。教育行政机构设置和机构内部的事业安排,体现了教育系统内这一"条"线的配置权力;而地方教育组织运转和政策执行所需要的财力资源、人力资源,则是由地方政府统筹各"块"所决定的。[②] "条条"的纵向权力分配和"块块"的平行利益博弈使教育部门陷入"有限权力和无限责任"的矛盾局面。具体而言,教育部门作为直管教育的责任主体,是乡村教师队伍建设各项任务的实际执行者。但是,乡村教师队伍建设需要编制、经费等多种教育资源支撑,而这些教育资源的分配权并不掌握在教育部门手中。掌握教育资源的人社、编办和财政等相关部门往往只遵照其垂直上级部门的指令行事,在无更高层级统筹部门的情况下,平级的教育部门实际上并无统筹协调其他部门的权力。在"以县为主"的体制下,县级教育部门"支配"教育资源的能力则更为有限。财权和事权的不对等使教育部门陷入"权力中空"的尴尬局面,很难及时筹集到充足的教育资源,影响乡村教师政策的顺利运行。[③]

第四节 乡村教师政策执行对策建议

一、注重"自下而上"的反馈,提高政策可执行性

政策设计"不仅与当下刻不容缓的焦虑相关,而且会波及更长远的时段,涉及明天所要达成的规划"[④]。乡村教师政策文本质量深刻地影响政策执行效

[①] 李玲,李伟.乡村教师队伍建设政策协同性评价研究[J].南京师大学报(社会科学版),2020(1):43-54.
[②] 刘亚荣,陈粤秀,黄永军,等.我国地(市)、县级教育行政体制条块分割现状研究[J].国家教育行政学院学报,2007(8):65,74-79.
[③] 朱秀红,刘善槐,王爽.乡村振兴背景下农村教师队伍建设的政策理路、执行陷阱与改革逻辑[J].华东师范大学学报(教育科学版),2022(6):16-30.
[④] 萨瓦特尔.政治学的邀请[M].魏然,译.北京:北京大学出版社,2009:4.

果。因此,在乡村教师政策文本设计与制定中,应该注意以下几个方面。

第一,在政策顶层设计层面明确乡村教师在促进乡村振兴中的重要角色和重要作用,突出其在乡土社会中的智力引领和教化作用,赋予其引领乡村振兴的历史使命和责任担当,增强其乡土文化领导者的角色意识,逐步确立乡村教师在当地经济社会发展中的引导者角色和较高的社会地位,体现其职业价值,增强其乡土文化认同和主人翁意识,为乡村教师扎根乡村建设营造良好的精神文化氛围。

第二,乡村教师政策文本要关注乡村的声音,构建乡村教师专业团体,让更多的乡村教师在自我成长的过程中"发声",切实解决乡村教师的现实困难和后顾之忧,让他们安心从教、愿意到乡村从教。不高的工资待遇、繁重的工作压力以及"家家有本难念的经"式的现实困扰,在较大程度上动摇乡村教师的从教意愿。这类现实问题的解决,仅靠地方乡镇政府、县级政府小范围的政策推动,往往见效缓慢,需要从国家层面、省级层面统一规划,制定相应倾斜政策,统筹解决省域或全国的乡村教师现实生活和工作问题。[①]

第三,乡村教师政策不是越多越好,而是要提高每项政策的精准性和可执行性,让政策执行者能够准确把握、方便执行。中央政策文本纲领性和原则性的表述虽然赋予地方相对充分的自主权以应对乡村教师发展困境,但政策的留白容易使地方政策制定和执行出现偏差。因此,在各级乡村教师政策的制定过程中,要保证政策目标的一致性,在应对一些关键问题时,提出明确的行动方案或具体做法,保证信息传递的准确性和行动指向的明确性,防止政策变形走样。[②]

第四,在政策执行过程中,相关政府管理部门要根据政策执行的信息反馈对现行政策内容进行补充和修正。[③] 对于乡村教师政策执行过程中出现的问题,地方政府要调研、评价政策执行的效果,分析存在问题的原因,并不断完善政策内容,更好地发挥政策的作用。比如,针对西部一些市(县)辖区内有距离

---

① 李兴洲,唐文秀.乡村教师政策靶向瞄准优化策略研究[J].国家教育行政学院学报,2020(6):35-42.
② 李兴洲,唐文秀.乡村教师政策靶向瞄准优化策略研究[J].国家教育行政学院学报,2020(6):35-42.
③ 王福生.政策学研究[M].重庆:四川人民出版社,1991:170.

城区较远的偏远乡村学校,就不能简单地划分市辖区、县城、乡村的界限范围,以免相关政策实施造成部分乡村教师心理不平衡,影响他们的工作积极性。①

二、提高政策执行者素养,减少政策执行偏差

基层教育行政部门是乡村教师政策执行的主体,他们的素质能力是政策执行效果的保障。今后应提高政策执行主体的综合素养,包括政策认知、决策能力、政策执行力等多种能力,避免政策执行过程中出现偏差。②

第一,提高执行者的素质与能力。在加大对乡村教师有关政策宣传力度的同时,加大对政策执行者的专业能力教育和培训力度,不断提高政策执行者的政策文本解读水平,吃透政策精神,准确把握政策尺度,为政策执行奠定良好基础。引导执行者树立敬畏规则、尊重规则的意识,坚决杜绝"长官意志"、教条主义、形式主义、变通思想等弱化、曲解甚至忽视乡村教师政策的腐败行为,确保相关政策得以不折不扣地贯彻执行,确保乡村教师权益得到充分保障。③ 尤其要注意的是,地方区县部门是乡村教师政策执行的"抓手",执行人员必须明确自己以非理性为基础的"政治人"④身份,在执行乡村教师政策的过程中恪守角色意识、责任意识、规矩意识,以此预防、纠正在政策执行中的种种不端行为,要恪守法律红线、道德底线,不得因为图谋局部利益或权力寻租而故意歪曲、违背政策。⑤

第二,增强执行者的变革决心与勇气。政策执行者自身可能存在"离农"倾向,对乡村教师队伍建设的相关举措心存疑虑。同时,执行者明白过激地执行政策可能引发教师间的盲目攀比与利益争夺行为,可能给教育管理带来一定的负面影响。为了避免"麻烦",往往会通过"弱化"政策影响的方式维持现

---

① 薛正斌.乡村教师生活补助政策执行研究[J].教育理论与实践,2021(5):11-14.
② 薛正斌.从史密斯模型反观乡村教师生活补助政策的偏差与矫正[J].教师教育研究,2021(1):45-50.
③ 李兴洲,唐文秀.乡村教师政策靶向瞄准优化策略研究[J].国家教育行政学院学报,2020(6):35-42.
④ 李普塞特.政治人:政治的社会基础[M].张绍宗,译.上海:上海人民出版社,1997:14.
⑤ 王丽娟,唐智松.乡村教师缘何屡补屡缺——基于编制政策执行偏差的分析[J].中国教育学刊,2021(11):55-60.

状和避免矛盾尖锐化①,但这样的行为往往给乡村教师政策执行乃至国家的教育改革带来极大的消极影响。因此,要增强执行者进行变革的决心与勇气,引导其坚持与维护国家政策的价值追求与利益目标,并且结合本地区的现实情况将国家利益目标具体化。尤其是当目标出现不一致时,应以国家利益为主,及时调整和修订乡村教师队伍建设政策实施方案,实现中央政府与地方政府诉求的协同。鼓励执行者积极承担落实乡村教师政策的义务与使命,自觉地维护国家教育公平目标,推进城乡教师资源一体化,并在推进地方政府目标实现的同时,着力提升乡村学校的办学水平,促进乡村教师专业成长。②

三、关注政策对象感受,增强政策认同度

乡村教师政策的目标群体是乡村教师,所要解决的问题是乡村教师和乡村教育存在的问题。由于乡村教师了解和熟悉乡村教师生活工作环境及其自身专业发展的需求,因此,政策制定过程要充分考虑乡村教师的意见和建议,尊重其参与权,只有这样制定的政策才能满足乡村教师的迫切需求,才能解决乡村教师队伍建设存在的问题。而且从政策目标群体的角度看,依据乡村教师的意见和建议制定的政策更具有合理性和合法性,更能得到乡村教师的支持,这样就会减少政策执行的障碍,从而促进政策目标的顺利实现。为此,可以通过多种形式提高乡村教师的参与度,广泛征求他们的意见和建议。比如,可在官方网站设立乡村教师计划政策平台等,让更多的乡村教师通过媒体表达自己的声音,赋予乡村教师一定的话语权。③

同时,乡村教师对政策的态度不能只是被动顺从,而应积极把握各项政策的内容及其动态发展过程,抓住政策机遇,在政策允许的范围内寻求自身最大限度的发展。要想改变乡村教师淡漠的政策态度,一方面,需要提高目标群体对相关政策的熟悉程度,这要求基层政府加大政策的宣传力度,通过及时准确的宣传,确保每一位乡村教师了解政策的内容和精神,增进乡村教师对相关政

---

① 李德显,刘辉.乡村教师政策激励"低效化"的困境与超越[J].教育文化论坛,2021(5):50-55.
② 邓亮,赵敏.我国乡村教师队伍建设政策执行困境与突破路径——基于多重制度逻辑的视角[J].教育理论与实践,2019(34):42-46.
③ 薛正斌.乡村教师生活补助政策执行研究[J].教育理论与实践,2021(5):11-14.

策的了解,帮助其树立正确的政策参与意识,积极配合政策执行主体,主动支持乡村教师政策执行。另一方面,提高乡村教师的身份认同和职业责任感。外在规约下产生的责任感难免被动消极,只有增强乡村教师的内在身份认同,才能提高乡村教师对政策的认同感与责任感。其中,责任感的培育应贯穿乡村教师职前、职后的全过程。职前培育对象主要是高校师范生,通过开发体现乡土特色的课程体系,帮助学生逐步认识乡村、理解乡村、接受乡村、走进乡村;职后培训面向全体乡村教育工作者,可以改变形式化、单一化的培训方式,体现多元化、差异化的培训特点。[①]

四、优化政策执行环境,实现政策协同治理

政策执行本质即在人的作用下,实现人与事的共同发展。不同类别的人基于分工以及交互关系,构成了政策实施的社会支持系统,因此,要想顺利推进政策实施,避免不必要、非理性的冲突或矛盾,核心议题是如何构建以人为内容和标志的社会支持体系。[②] 综合已有研究,可将构建乡村教师政策执行社会支持体系的对策建议归纳为以下三点。

第一,乡村教师政策制定和实施涉及多个部门和组织,未来需要更加关注政策执行的统筹性、协调性。从横向来看,我国乡村教师政策不是教育行政部门单独一家关注的重点,而是组织、人社、教育、科技等多部门支持和协调的综合政策体系,政策内容呈现一体化,各个部门可以从自身优势出发,各施所长,协同发展。从纵向来看,在中央和地方之间,以及相关部门之间应建立和完善沟通与协调机制,协同推进、共同发力。[③] 乡村教师政策的有效执行需要地方政府和乡村学校的协调配合,共同努力,避免出现"各自为政"、力量分散的局面。地方政府在执行乡村教师政策的过程中,要紧密结合学校的实际情况,践行乡村教师队伍建设"固定标准+弹性标准"模式,在保障学校内部正常运转的情况下,针对不同学校教师队伍建设的实际需要,有的放矢地采取相应的措

---

① 方红,夏晶怡.乡村教师补给政策执行偏差与破解策略——基于史密斯政策模型分析[J].当代教育论坛,2022(4):100-110.
② 蒋亦华.新世纪我国乡村教师政策获得感的调查与分析[J].教育研究与实验,2020(5):47-52.
③ 石连海,田晓苗.我国乡村教师队伍建设政策的发展与创新[J].教育研究,2018(9):149-153.

施,逐步形成学校发展与教师发展的共生理念。①

第二,实现多元主体的协同治理是优化乡村教师政策执行的未来趋势。从现实情况看,乡村教师政策执行的协同主体主要包括乡村学校学生及其家长、以教育专家为主的社会第三方以及社会媒体等。一是乡村学校应积极与家长沟通,建立良好的家校合作渠道,及时将学校发展的相关信息告知家长,并充分利用家长和社区的资源与力量,共同促进乡村教师的成长和乡村学校的发展。二是将具有丰富乡村教师研究经验的教育机构和教育专家纳入乡村教师政策的执行与评估主体,发挥他们的独特优势和专业力量,为乡村教师队伍建设提供建议和指导。三是发挥社会媒体在政策执行过程中的重要作用,让社会大众了解政策的影响和变化,及时曝光各种不良行为,规范相关行为主体的行为,从而促进政策执行的公平和透明。②

第三,不断强化对乡村教师政策执行环境的监督,积极协调和争取乡村、社区和属地居民的配合和支持,为乡村教师找到"安身立命"的乡土文化本源。在政策执行过程中,注重发动乡村社会力量,贯通乡村学校和村庄村民沟通的渠道,让更多的乡村教师融入乡村生活,参与乡村建设事务。如此一来,既能彰显乡村教师作为乡村知识分子的社会地位,又能增强其对乡土文化的自信,引导乡村教师扎根乡村。

---

① 李兴洲,唐文秀.乡村教师政策靶向瞄准优化策略研究[J].国家教育行政学院学报,2020(6):35-42.
② 邓亮,赵敏.我国乡村教师队伍建设政策执行困境与突破路径——基于多重制度逻辑的视角[J].教育理论与实践,2019(34):42-46.

第三章 乡村教师政策执行的理论解释

目前,尚未发现学界建立专门的乡村教师政策执行理论,一般都是从公共政策执行研究寻根究底。因此,本章将系统梳理与阐述政策执行相关理论,为本研究的顺利开展提供适切的理论指导。

政策执行研究开始于 20 世纪 60 年代,因为"奥克兰计划"等一系列公共政策接连失败,人们开始将视线转移到一向不受关注与重视的执行研究。1973 年,普雷斯曼(Pressman)和维尔达夫斯基(Wildavasky)出版的《执行》(*Implementation*)一书被普遍视为政策执行研究的开山之作。但是,也有研究指出,在此之前已有近 30 本与政策执行相关的著作,并且相关学术论文也多达 200 多篇,也就是说,政策执行研究实际开展的时间要更早。[①] 即便如此,由于政策执行在实践中尚未出现较为明显的问题,这一环节往往容易被忽视,加之研究成果并未对政策实践产生切实而广泛的影响,所以政策执行研究很难获得学术界的关注与认同,因而我们认知中的政策执行研究的开始时间也就大大向后推迟了。[②] 但不可否认的是,普雷斯曼和维尔达夫斯基最早使用统一的概念来指代政策执行,并开启了政策执行作为独立领域的研究。因此,将政策执行研究的开端定位于 20 世纪六七十年代也是可以接受的。经过五六十年的研究与发展,学者们竞相提出了他们对于政策执行的看法与各式各样的理论模型,为后续研究者考察与认识政策执行开阔了思路。综观国内外的政策执行研究可以发现,西方政策执行研究是在对前期成果进行利弊分析的

---

① Saetren H. Facts and myths about research on public policy implementation: Out-of-fashion, allegedly dead, but still very much alive and relevant[J]. Policy Studies Journal, 2005(4): 559-582.
② 金东日,蔚超.政策执行研究新范式:体制与机制视角[J].长白学刊,2017(3):51-58.

基础上提出的创新性观点,具有阶段演进特征,而我国的政策执行研究范式是在政策执行研究出现后同时并行的。目前,国内外政策执行研究已基本形成以下三大范式:以政策为中心的研究、以执行者为中心的研究以及试图整合以上两种研究范式的研究。本章将对三种研究进行回顾与阐释,进而为乡村教师政策执行研究提供理论支撑。

第一节 自上而下的解释与评价

一、基本命题

以政策为中心的政策执行研究即自上而下的研究,主要受理性主义的影响,往往是从政策制定者的立场出发,假定政策一旦制定,便会自动执行。这类研究的学者主要关注政策目标是否实现,他们认为,政策的成功执行在很大程度上受中央政府的影响,比如中央政府拥有对政策制定和决策的绝对话语权、可以对政策执行机构进行控制等。政策过程被视为自上而下的命令链,高层在其中形成政治偏好,随着行政级别的下降,政治偏好逐渐被具体化,并由较低级别的行政人员实施。[1] 为了确保政策的有效执行并预测其执行结果,该类研究十分重视对量化资料的分析,通过建立方程式预测政策后果,提出一些理论模型以及政府部门可使用的政策建议[2],以最大限度地减少执行亏空。也就是说,这种研究视角更加突出政府对有效改进政策执行效果的关注。著名的政策分析学者萨巴蒂尔(Sabatier)提出,自上而下的研究取向通常从一项政策决策开始,然后追问以下问题:首先,执行者与政策对象的行动和政策目标的一致性程度有多高?其次,政策目标在多大程度上得到了实现,即政策结果与政策目标的一致性程度有多高?再次,政策过程与政策效果主要受哪些因素的影响?最后,政策执行会随着时间的推移产生经验,那么如何基于这些经

---

[1] 陈振明.公共政策分析[M].北京:中国人民大学出版社,2002:76.
[2] Matland R. Synthesizing the implementation literature: The ambiguity-conflict model of policy implementation[J]. Journal of Public Administratn Research and Theory,1995(2):145-174.

验制定政策?[1] 他的这一观点得到研究者的普遍认同,也为政策执行分析提供了指导性思路。

二、代表人物与主要观点

(一)理性模型

普雷斯曼和维尔达夫斯基被世人誉为执行研究的奠基人。《执行》一书的副标题"华盛顿的巨大期望是如何在奥克兰落空的"极为形象地表达了他们是持自上而下研究观点的学者。政策执行的成功与否,往往取决于参与政策的不同地方组织和部门之间的联系和互动程度。如果执行链条上的各个节点是影响行动成功与否的决定性条件,那么各机构之间的合作程度应务必达到接近完美的程度,否则即使出现微小的瑕疵,也会积累造成严重的失误。[2] 这个结论后来被大量研究者所证实,如何增进各部门之间有效合作的问题成为政策执行研究领域一个非常值得探讨的课题。[3] 受政治与行政二分观点的影响,普雷斯曼和维尔达夫斯基认为,政策制定与政策执行是分离的、有界限的,政策制定是政治行为,而政策执行则是行政行为,它与政策制定是一个连续性过程,并且发生在政策制定之后,其本质是技术性的、非政治性的。[4] 所以,在他们的研究中主要采用"理性模型"的思路,即政策目标是确定的,而执行研究就是要关注那些影响目标实现的障碍问题。[5] 同时,这些研究通常采用案例研究的形式与方法来描述和分析为什么政策没有得到有效执行。研究方法的选取对接下来的政策执行研究具有较为深刻的影响,直到现在,案例研究仍然在政策执行研究中表现出压倒性的优势。[6] 尽管普雷斯曼和维尔达夫斯基所做的研究内容丰富,但这些成果基本为经验性研究,缺少理论关怀,因而发挥的价

---

[1] Sabatier P. Top-down and bottom-up approaches to implementation research: A critical analysis and suggested synthesis[J]. Journal of Public Policy, 1986(1): 21-48.
[2] 希尔,休普.执行公共政策[M].黄健荣,等译.北京:商务印书馆,2011:62.
[3] 柯政.理解困境:课程改革实施行为的新制度主义分析[M].北京:教育科学出版社,2011:56-57.
[4] 金太军.公共政策执行梗阻与消解[M].广州:广东人民出版社,2005:52.
[5] 希尔,休普.执行公共政策[M].黄健荣,等译.北京:商务印书馆,2011:62.
[6] 柯政.理解困境:课程改革实施行为的新制度主义分析[M].北京:教育科学出版社,2011:56.

值受到限制。①

(二)控制博弈

1977年,美国学者巴达奇(Bardach)出版《执行博弈》(*The Implementation Game: What Happens After a Bill Becomes a Law*)一书,对早期政策执行文献进行评述,并且提出个人的主张,认为政策执行是一个"政治性"的过程,要想成功地执行政策,就必须对既定政策一以贯之。②

巴达奇认为,政策执行是一个博弈的过程,这一过程包含多种博弈形式。想要掌控博弈过程,高层决策者需在两方面做出努力:一是重视"方案设计"(scenario writing),以便采用正确的方法构建博弈,从而得到希望看到的结果;二是重视"控制博弈"(fixing the game),对博弈过程施加实质性影响。在1998年出版的《跨部门合作:管理"巧匠"的理论与实践》(*Getting Agencies to Work Together: The Practice and Theory of Managerial Craftsmanship*)一书中,巴达奇强调应该重视非正式的执行关系。他认为,政策执行过程中从事技术性工作的基层工作人员通常需要履行一种承诺,但需要以团队合作的方式开展工作,他们的工作不需要太多依赖正式组织的机制,而是被鼓励以一种共同努力的方式解决问题。政策执行被视为一种游戏或者赛局(game),包括下列关键要素:一是竞赛者,即政策执行者与受影响者;二是利害关系,即竞赛可能的原因;三是竞赛资源,包括策略、技术等软资源与财政、权威等硬资源;四是竞赛规则,这是取胜的标准或条件,公平竞赛是最基本的原则;五是竞赛者之间信息沟通的性质;六是所得结果的不确定程度。③ 巴达奇提出的控制博弈理论产生了广泛影响,对当前分析政策执行过程具有很大的启发作用。

(三)政策过程阶段理论

政策过程阶段理论也被称为"教科书式的政策过程"(textbook policy

---

① 希尔,休普.执行公共政策[M].黄健荣,等译.北京:商务印书馆,2011:64.
② 希尔,休普.执行公共政策[M].黄健荣,等译.北京:商务印书馆,2011:67-68.
③ 宁骚.公共政策学[M].2版.北京:高等教育出版社,2011:346.

process)或者"启发性的阶段论"①(stages heuristic),它一直是政策分析与理性决策的主导架构。尽管政策研究领域对此一直存有疑虑,但政策过程阶段理论一直被视为政策研究的基础方法。② 政策研究创始人拉斯韦尔(Lasswell)很早就将注意力集中到政策过程,并且构建了一个"概念图系"(conceptual map)帮助人们了解集体行动的主要阶段。拉斯韦尔将政策过程划分为七个阶段:一是情报,即引起决策者注意的与政策事务相关的信息是怎样被收集并予以处理的;二是建议,即处理某一问题的建议或方案是如何形成的;三是规定,即普遍的规则是由谁颁布的、如何颁布的;四是行使,即特定的行为是否违反规则和法律是由谁决定的;五是运用,即法律和规则是如何被运用的;六是评价,即政策是如何执行的、如何判断政策的成功与否;七是终止,即法律和规则是如何停止使用的或者如何经过修正继续存在。③ 这七个阶段不仅反映了政策是如何制定的,还描述了应该怎样制定政策。这一理论将政策过程划分为独立的阶段,降低了公共政策研究的复杂性,对政策科学的发展影响很大,为后续政策研究提供诸多借鉴。

随后,拉斯韦尔在耶鲁大学的学生布鲁尔(Brewer)在政策过程阶段理论的基础上提出了一个派生的政策流程,这一阶段论事实上也得到了拉斯韦尔的明确赞成,并成为20世纪70年代中期以来被大部分政策科学家所采用的分析框架。布鲁尔提出政策过程包括以下六个阶段:一是创始(invention/initiation),即确认问题并提出备选解决方案;二是预评(estimation),即对每个备选方案的风险、成本与收益进行计算,既包括技术评估,又包括规范的选择,目的是通过排除不可行的方案,缩小可选择的范围,并且根据优势对剩余的方案进行排序;三是选择(selection),即从剩余方案中选择一个,或者综合剩余方案形成一个新的方案,或者不选择任何一个方案;四是执行(implementation),即将已确定选择的方案付诸实践;五是评估(evaluation),即对方案的执行过程进行评价;六是终止(termination),即根据政策评价的情况终止政策。布鲁

---

① 魏姝.政策过程阶段论[J].南京社会科学,2002(3):64-69.
② 张金马.公共政策分析:概念·过程·方法[M].北京:人民出版社,2004:315.
③ Lasswell H. The Decision Process: Seven Categories of Functional Analysis[M]. College Park: University of Maryland, 1956: 33.

尔提出的政策过程六阶段论不仅对拉斯韦尔的七阶段论进行了修正,而且在"讨论问题确认阶段时,扩大了政策过程的范围,不仅包括政府内部,还包括政府外部的相关利益者,并且对用于阐明政策过程各阶段的术语进行了澄清"①。同时,布鲁尔还将政策过程视为不间断的政策周期,政策过程中各个阶段会以不同的形式不断重复出现。

此后,政策研究学者不断提出对政策过程阶段的认识与看法,其中认可度比较高的还数琼斯(Jones)、安德森(Anderson)、邓恩(Dunn)等提出的观点。琼斯是政策周期论的主要倡导者,他提出政策过程是由五个环节构成的:一是问题认定,包括感知、界定、聚集、组织和描述;二是政策制定,包括方案规划、合法化、拨款等;三是政策执行,包括组织、解释、应用等;四是政策评估,包括详述、测量、分析等;五是政策终结,包括修改方案与终结政策。② 琼斯的政策阶段划分更关注如何让政策从文本走向实践,形成了从问题确认到政策方案终结的完整的政策过程。安德森将政策过程划分为如下几个阶段:问题的形成、方案的制定、方案的通过、政策的实施、政策的评价。③ 他的这一政策阶段划分仍然是从问题认定开始的,但是他提出了在政策执行之前还应该包括一个合法化的阶段,丰富了人们对政策过程阶段的认识。邓恩认为,政策过程是一系列按照时间序列构成的相互依赖的活动,这些活动包括议程建立、政策形成、政策采纳、政策执行、政策评价、政策调整、政策延续、政策终结。但他认为,政策过程的各阶段排列并不是完全严格的,有些政策可以先被采纳,然后再建立政策议程进行论证。④

政策过程阶段理论也是我国学者在分析政策过程时经常采用的一种方法,并且很多学者也提出了政策过程研究的阶段划分框架。比如,陈庆云认为,政策分析包括政策问题的构建、政策方案的制定与通过、政策内容的实施、

---

① Howlett M, Ramesh M. Studying Public Policy: Policy Cycles and Policy Subsystems[M]. London: Oxford University Press, 1995: 11.
② 刘圣中. 公共政策学[M]. 武汉:武汉大学出版社,2008:303-304.
③ McCool D. Public Policy Theories, Models and Concepts: An Anthology[M]. Englewood: Prentice Hall, 1995: 157.
④ 高远飞. 我国民办高等教育政策系统的优化研究——基于公共政策过程的分析[D]. 昆明:云南大学,2020:13.

政策效果的评估[1];张国庆认为,政策过程包括政策问题的形成、政策规划、政策执行与政策评估[2];张金马认为,政策过程包括政策问题的确认、政策规划、政策合法化与采纳、政策执行、政策评估、政策终结[3];陈振明认为,政策过程包括政策制定、政策执行、政策评估、政策监控、政策终结[4]。

作为一种早期的政策分析理论,政策过程阶段理论饱受争议。一些持批判态度的研究者认为,政策过程阶段理论秉持人为创造的政策分析观,这种分析理论在很大程度上夸大了政策过程的理性特征。真实的政策过程是极为复杂的,很难用这种整齐有序的步骤、阶段和周期去解释。萨巴蒂尔作为对政策阶段理论持批判态度的代表性学者,他在《政策过程理论》(*Theory of Policy Process*)一书中提出,政策过程阶段理论缺乏整体性、因果逻辑性与现实解释力,忽视了各阶段之间的互动等,因而他提倡建立更具解释力与前瞻性的理论框架。尽管如此,大多数政策研究者仍然坚持认为政策过程阶段理论在政策分析过程中发挥着主导作用。因为虽然在批判政策过程阶段理论的基础上发展出很多新的理论框架,但是各种新发展的政策过程理论似乎都可以纳入政策过程阶段理论所提出的某个阶段的研究。从这个意义上讲,政策过程阶段理论可以被视为其他政策过程理论发展的基础,这也是政策过程阶段理论的成功之处。考虑到政策过程阶段理论对政策研究的重要启发性价值,我们不应该也不可能轻易放弃这个分析框架,同时也不是简单地依赖政策过程阶段理论,而应该将它与其他多样化的分析视角与理论联系起来,促进政策研究全面而深刻地分析。

(四)系统模型

范霍恩(Van Horn)和范米特(Van Meter)在普雷斯曼和维尔达夫斯基研究工作的基础上,将经验性研究向更为一般化、普遍化的方法推进,并在组织理论、府际关系(intergovernmental relations,IGR)以及公共政策,特别是在司

---

[1] 陈庆云.公共政策分析[M].2版.北京:北京大学出版社,2011:53-54.
[2] 张国庆.现代公共政策导论[M].北京:北京大学出版社,1997:130-133.
[3] 张金马.政策科学导论[M].北京:中国人民大学出版社,1992:133-271.
[4] 陈振明.政策科学——公共政策分析导论[M].2版.北京:中国人民大学出版社,2004:209-387.

法决定影响研究的引导下,发展出一套解释政策执行的理论框架——系统理论,它也被称为霍恩—米特模型。范霍恩和范米特秉持自上而下的政策执行研究观点,将政策执行视为政策制定的过程之一,这一过程最终在六组变量的动态影响下实现政策目的(见图3-1)。他们构建的理论模型为政策执行研究提供了非常有价值的起点与方向,在国内外公共政策执行的研究分析领域得到了广泛应用。范霍恩和范米特对影响因素的解释如下。

第一,政策目标与标准。政策目标和标准是政策所期望达到的目的,也是执行者在执行时所要遵循的指令,对绩效有间接的影响。合适的政策目标通常应当是具体明确的、可被衡量的,具有科学上的合规律性和社会上的合规范性,并且是具有可操作性的。

第二,政策资源。政策提供的可用资源一般包括鼓励和促进实施的资金资源以及其他激励措施,如人力资源、技术资源等。范霍恩和范米特认为资金资源通常是不够的。

第三,组织间的沟通与执行活动。政策的目标与标准能清晰、准确、一致地被传达给执行者同样是至关重要的,组织内部或组织之间的沟通应明确且统一,避免歪曲。组织内部上级可以通过人事任免及激励、预算分配等互动向下级推行执行任务;组织之间上级可以通过解释政策、提供技术帮助,或是通过制裁及激励等活动向下级执行任务。

第四,执行机构的特征。范霍恩和范米特列举了几个可能对执行机构执行能力产生影响的因素,包括执行机构的规模和机构人员能力、执行机构对下级单位决策和进程的分级控制程度、执行机构的政治资源(如是否能得到立法者等的支持)、执行机构的活力、沟通网络的开放程度、与政策制定或执行机构的关系等。

第五,系统环境。这个要素主要指经济、社会与政治条件,如当地可用的经济资源是否能够支持政策的成功实施,经济又是否会因政策实施受到影响,社会舆论与执政党的态度是支持还是反对。

第六,执行者的意向。政策执行者对政策目标与标准的理解,对政策态度是接受、拒绝还是中立,都将影响他们忠实地执行政策。

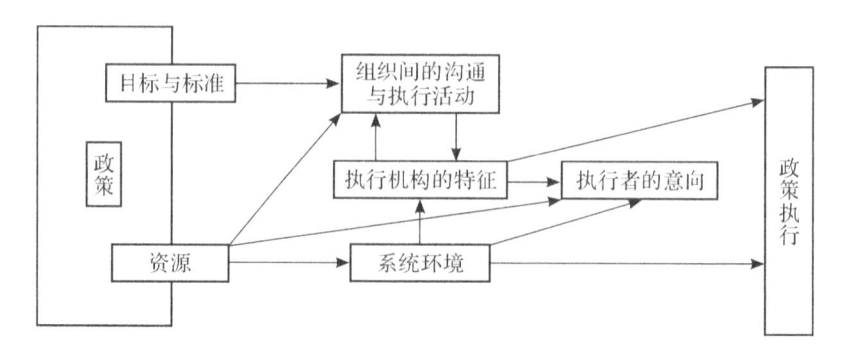

图 3-1 系统执行模型

政策执行是一个动态的过程,因此,范霍恩和范米特还对这六个变量之间的联系提出了假设,即这六个变量存在相互影响、互相制约的关系。例如,政策资源的丰富程度会影响政策执行者的执行意向,系统环境和执行机构的特征对执行者的价值观和态度有明显的影响,政策的目标与标准对执行者的执行方式也会有所限制。对许多政策执行研究而言,系统执行模型简明易行,这个模型的目的在于为政策执行研究学者指引方向,而不是给决策者提供解决问题的处方,为执行研究提供了一个非常有价值的起点。

(五)综合模型

综合模型是由美国公共政策学家马兹曼尼安(Mazmanian)和萨巴蒂尔在霍恩—米特模型的基础上提出的,因此又被称为马兹曼尼安—萨巴蒂尔模型。1980年1月,他们在《政策研究期刊》(Policy Studies Journal)上发表了《公共政策执行:一个分析框架》(The implementation of public policy: A framework of analysis)一文,对美国环境保护、种族隔离等政策的执行情况进行分析后提出综合模型。他们认为,政策执行是一个受到多种变量影响的、相当复杂的、多视角的动态过程,将影响政策执行的变量追踪到政策问题,也就是把政策视为影响政策效果的关键变量。在分析高层决策执行期望的基础上,马兹曼尼安和萨巴蒂尔提出了下面四个问题:

第一,执行者和政策目标群体的行动在多大程度上与政策决定一致?

第二,政策执行的结果在多大程度上与政策目标一致?

第三,影响政策输出及政策效果的主要因素是什么?

第四,政策如何在实践进程中依据经验重新规划?

马兹曼尼安和萨巴蒂尔区分了政策形成与执行,并对政策反馈过程进行确认,同时将第四个问题作为新政策执行研究的起点。[①] 他们列举了很多属于政策问题的影响政策执行的主要因素,并对这些因素进行归类(见图3-2)。

政策问题的特性
(1) 现行有效的理论和技术
(2) 目标群体行为的种类
(3) 目标群体的人数
(4) 目标群体行为需要调适的幅度

政策本身的可控性变量
(1) 明确而一致的政策指令
(2) 政策本身含有的充分因果关系
(3) 充足的财政资源
(4) 执行机关间及其各自内部的层级整合
(5) 执行机关的决定规则
(6) 执行机关的人员配置
(7) 公众参与的可能

政策以外的变量
(1) 社会经济环境与技术
(2) 监督机关的支持
(3) 公众的支持
(4) 传媒的持续注意程度与态度
(5) 支持群体的态度与资源
(6) 执行人员的精神状态及领导策略

执行过程的各阶段

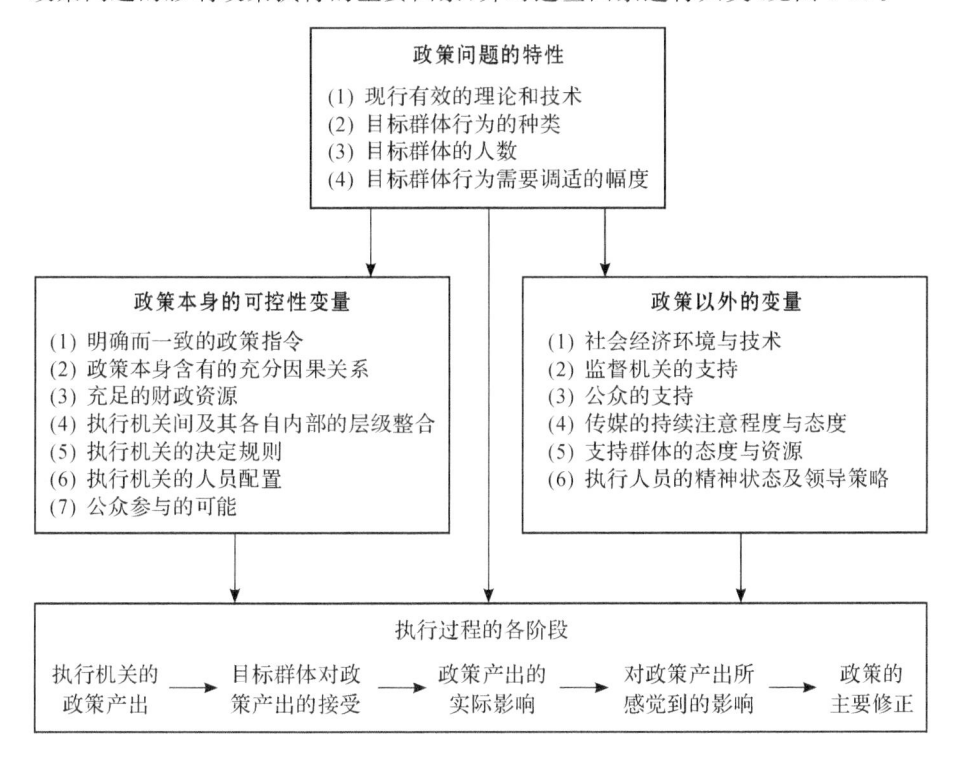

执行机关的政策产出 → 目标群体对政策产出的接受 → 政策产出的实际影响 → 对政策产出所感觉到的影响 → 政策的主要修正

图3-2 综合模型

综合模型从多个视角大量地考察了影响政策执行的各种主要变量,执行过程的每个阶段都受不同变量的相互作用,因而执行研究的关键在于确定影响实现特定目标的变量。同时,该模型突破了以往政策执行模型忽视执行过程中环境因素的限制,将政策执行过程与环境因素分别视为因变量与自变量,强调政策环境中的因素对执行者行动的影响。[②] 总的来讲,综合模型为我们分析、指导政策执行提供了一个相对完备的思考与实践框架。

总而言之,在政策执行研究初期,大部分研究者都是以政策为中心立场思

[①] 希尔,休普.执行公共政策[M].黄健荣,等译.北京:商务印书馆,2011:69.
[②] 陈学飞,林小英,茶世俊.教育政策研究基础[M].北京:人民教育出版社,2011:206.

考执行问题,认为政策执行者在实施政策的过程中持忠实取向,若执行出现问题,便归因于政策制定过程不够"完美"。那么,自上而下研究的任务与目的就是要找出问题所在,为政策制定者提出建议并指明完善的方向。

三、优势与不足

虽然以政策为中心的执行研究指出政策执行过程具有动态性与复杂性特征,受到研究者与公众的普遍广泛关注[①],但是其固有的不足仍遭到研究者的批评。

第一,以中央政府为基点,重视国家政策的制定与执行,而且将政策目标的实现程度视为政策成败的重要判断准则,可以有力地规范政策执行。但是,存在过于强调中央政策和目标、将政策执行与政策制定割裂的片面性问题。政策执行被看作行政行为,而没有考虑到诸如政治因素、基层组织与工作人员的适应策略、政府行动结果的不确定性等方面的影响。

第二,将政策法令作为研究出发点,或许不能将那些在制定政策时考虑到的行为作为影响政策执行的因素。[②] 也就是容易将政策文本简单化,不会注意到政策制定过程对执行结果的影响。此种做法采用"命令—服从"两极化的逻辑,过于重视执行法律和规章制度的结构,该结构要素单一,框架结构硬性,看似不受外部环境的影响,但在实际操作中,政策制定者的认知及其在决策过程中的妥协很可能限制执行结构的形成与规范化。假如政策制定者不对执行者诸如心理和价值取向诸种问题加以人性化的考量,那么政策执行者便没有足够的自主裁量空间,最终很可能出现"上有政策、下有对策"的现象,导致政策目标很难实现。

第三,由于缺乏对自由裁量权的充分考虑,一些人认为这种模式忽视了"街头官僚"的作用。[③] 更具体地说,该模式没有将"街头官僚"作为国家政策解

---

① Schofield J. Time for a revival? Public policy implementation: A review of the literature and an agenda for future research[J]. International Journal of Management Review,2001(3):245-263.

② Nakamura R, Smallwood F. The Politics of Policy Implementation[M]. New York: St. Martin's Press,1980:196.

③ Lipsky M. Street-level Bureaucracy: Dilemmas of the Individual in Public Services[M]. New York: Russell Sage Foundation,1980:57.

释者的角色纳入政策执行过程。① 实际上,诸如"街头官僚"这类的基层执行者并非完全按照规定执行政策,而是根据自身利益、所处社会环境等对政策重新进行解读与意义加工,可能导致政策的歪曲执行,这是以政策为中心的研究所忽略的重要内容。

第四,在支持自上而下视角的研究者看来,中央政府在立法和实施方面扮演着重要的角色,这也被视为政策目标的体现。然而,这些研究无法有效应对政策制定过程中的复杂性、目标的模糊性和冲突性,缺乏对大量宏观和微观政治现实的考量。②

自上而下的范式在实际应用中存在诸多缺陷,这些缺陷导致政策很难在不同层级中顺利地传递和执行,使政策执行偏离制定者的预期。同时,政策文本中规定的因果链条也被大量证伪,使自上而下范式受到许多学者的批评。③ 戈津(Goggin)等认为,需要寻找一种新的研究方法,不然政策执行研究很难变得科学化。④ 研究者将重点从政策制定转移到了基层政策执行⑤,第二代政策执行研究由此进入分析者的视野。

第二节 自下而上的解释与评价

一、基本命题

随着政策执行研究的推进,大家逐渐发现政策执行过程中产生的问题不完全是由政策制定引起的,研究者不再那么关注政策制定者的作用、政策执行的命令指挥系统以及因果关系,而逐渐提高对多元化的组织结构、基层执行组

---

① Thompson F. Bureaucratic discretion and the national health service corps[J]. Political Science Quarterly,1982(3):427-445.
② Berman P. The study of macro- and micro- implementation[J]. Public Policy,1978(2):157-184.
③ 朱亚鹏.公共政策过程研究:理论与实践[M].北京:中央编译出版社,2013:140.
④ Goggin M, Bowman A, Lester J, et al. Implementation Theory and Practice: Toward a Third Generation[M]. New York: Harper Collins,1990:11.
⑤ 李允杰,丘昌泰.政策执行与评估[M].北京:北京大学出版社,2008:51.

织与人员应具备的自由裁量权的重视程度。也就是说,政策执行者逐渐占据政策执行研究的中心位置。这类研究具有如下特征:第一,研究者的关注点从中央政府转向地方执行人员的行为;第二,研究者更加关注政策所要解决问题的本质,而非仅关注政策目标;第三,研究者采用自下而上的方法,尽量描述政策执行的网络图景,为政策执行分析提供了重要的方法论基础。总体来看,此种研究取向比较重视行动者的动机与行为。受后实证主义与解释学派的影响,以执行者为中心的研究开始质疑实证主义中价值中立性的可行性和适用性。持这类观点的学者认为,政策执行研究应该包括价值研究,因为执行者具备事实规范和价值规范的特性,应该将规范性和评价性研究纳入政策调查范畴。这种研究范式以"价值理性"为研究取向,被称为"后理性模式"。持后实证主义观点的研究者认为,社会科学研究中变量之间的关系往往是概率性的,并难以形成一致稳定的关系,而且宏观视野下概念的化约也很困难。哲学方法论中的解释学从被研究者的立场出发,关注被研究者的个人经验与意义构建,理解其思想、情感和价值观念,并思考自身如何获取对他人意义的解释。自由裁量权是自下而上研究的重要观点之一,这种研究取向主张政策执行是一个充满争论和冲突的过程,而基层政策执行主体和目标群体在该过程中发挥着实质性的作用。所以,为了更加准确地理解政策执行过程,需要加强对基层政策执行主体与目标群体的动机和行为的关注。

二、代表人物与主要观点

(一)基层官僚理论

利普斯基(Lipsky)被视为自下而上政策执行研究的关键人物,他在1969年发表的《走向基层官僚理论》(Toward a theory of street-level bureaucracy)一文中首次提出"基层官僚"概念,在1971年《基层官僚与城市改革》这篇文章中从三个方面总结了基层官僚的特征。此后,利普斯基对基层官僚理论进行深入的研究,于1980年出版《基层官僚:个人在公共服务中的困境》(*Street-level Bureaucracy:Dilemmas of the Individual in Public Services*)一书,详细阐释了基层官僚理论的内容与思想,为我们展现了政策执行者在实施政策过程中的复杂行为,增进了我们对基层政策执行者执行行为的理解。该书的问世也标志着这一理论在学界正式确立。

利普斯基认为,那些涉及直接与民众互动或具备实质裁量权的公职人员,都可以被视为基层官僚,包括但不限于教师、警察、执行法律的人员、社会工作者、法官、公职律师、法庭上的其他工作人员、保健人员及其他政府工作人员,他们为民众提供接触各种政府方案的渠道与服务。利普斯基的这一定义是在美国当时特殊的历史背景下提出的,但从目前各国对基层官僚理论广泛运用的情况来看,尽管国情各有不同,但是研究者普遍认同利普斯基的观点。从利普斯基的定义中可以看出,基层官僚一般包括以下特征:一是基层官僚的工作需要与公民产生直接互动;二是基层官僚在工作中具有很强的独立性与自主性,比如接下来会提及的自由裁量权;三是基层官僚所从事的工作会对公民产生深刻的影响,直接影响公众对国家与政府形象的评价。[①] 就基层官僚的特征来讲,他们其实是国家权力运作的末端环节,是政策执行的真正"操盘手",各项政策法规最终都要经由基层官僚之手才能落实到具体的公众身上。而现实情况又具有复杂性,基层官僚在工作中通常需要根据不同的工作对象决定采取何种办法实现政策目标,这就涉及基层官僚的自由裁量权。

自利普斯基之后,有关基层官僚理论的研究实质上都是围绕基层官僚的自由裁量权而展开的。也就是说,自由裁量权在基层官僚理论的研究中是不可避免的[②],尤其是自由裁量权应该如何运用成为一个争论不休的话题。利普斯基认为,要想控制基层官僚的自由裁量权是极其困难的,这主要源于他们工作环境的复杂性。首先,基层官僚的工作环境常常面临不确定性与资源不足的问题,但是基层官僚仍然被要求完成规定的任务,这样势必会影响其为民众提供的服务质量,并且增加基层官僚的工作压力。其次,基层官僚的工作目标常常面临冲突,比如个人与社会的冲突、个人与组织的冲突、公众的期待与基层官僚工作目标的冲突等,这些冲突在很大程度上阻碍了基层官僚工作绩

---

① Lipsky M. Toward theory of street-level bureaucracy[C]. 1969 Annual Meeting of the American Political Science Association, 1969: 48-69.

② Cárdenas S, Ramires de la Cruz E. Controlling administrative discretion promotes social equity? Evidence from a natural experiment[J]. Public Administration Review, 2017(1): 80-89.

评价的顺利进行,从而使基层官僚无法进行自我矫正。最后,基层官僚与工作对象之间常常呈现一种非对称关系,具体来讲,就是基层官僚的工作对象往往是被动接受服务的,他们并无其他选择,在这种关系中,基层官僚通常会在很多方面对工作对象进行控制,比如对利益与制裁进行分配,对当事人和基层官僚及其组织的互动关系进行构建,对当事人的角色和行为进行规范等。面对如此充满复杂性与不确定性的工作环境,基层官僚必须具有适当的自由裁量权,其不仅需要评估事实并选择适当的程序,还要对充满竞争性的价值与目标进行权衡。因此,我们可以说基层官僚的自由裁量权本质上是"约束条件下的自主选择权"①,主要表现就是基层官僚在面对各种对其工作不利条件时所做出的"再决策"行为。这些行为具体包括以下几方面:一是基层官僚可以在规则允许的范围之内,做出对服务或者管理对象的不当行为进行处罚的决定,并且具有选择处罚的幅度与种类的权力;二是基层官僚可以基于对服务对象不当行为的性质与情节轻重的判断,自主对其进行认定;三是基层官僚可根据自主意识选择为工作对象提供服务的方式,或者决定作为还是不作为。②

利普斯基认为:"基层官僚所做出的任何决定、所确定的办事程序、所创造的用于处理不确定性和工作压力的方法,都卓有成效地成为他们贯彻的公共政策。"③可以看出,利普斯基为我们呈现出一种近乎"英雄"的基层官僚形象。为什么这样说呢?因为在利普斯基看来,基层官僚身处一种基本上是悲剧之情境仍然竭尽所能以求工作之完善,他们视自己为行政系统的一个齿轮,为了满足上级部门避免政策失败的工作要求和期待,常常面临着巨大的工作压力。为了保证工作能满足需求,他们不得不发挥自己的决断能力和主动精神去竭尽所能地完善工作。① 为了应对工作压力,基层官僚在注重程序和陈规老套的工作中形成相应的调适方式,这可能导致他们及其服务对象对他们工作成效的期望较低。因此,任何试图通过等级控制基层官僚的努力只能迫使他们抛

---

① Brodkin E. Accountability in street-level organizations[J]. International Journal of Public Administration, 2008(3):317-336.
② 甘甜.街头官僚责任控制研究:争议与评述[J].公共行政评论,2019(5):176-197,216.
③ Lipsky M. Street-level Bureaucracy:Dilemmas of the Individual in Public Services[M]. New York:Russell Sage Foundation,1980:vii.
① 希尔,休普.执行公共政策[M].黄健荣,等译.北京:商务印书馆,2011:72-75.

弃服务的理念，最终效果或许更差。这就意味着，在政策执行过程中，要注意执行工作的本身状况，而非一味要求政策执行者根据政策规定行事，给政策执行者施加过大的压力，效果可能适得其反。

利普斯基作为"自下而上"理论的开创者，他对一线工作人员群体行为分析的观点对执行研究产生了非常重要的影响。直至今日，他的政策执行思想仍然是执行研究的重要理论基础。虽然利普斯基承认基层官僚的自由裁量权，但他仍然认为需要对基层官僚的自由裁量权采取一定的节制措施。遗憾的是，他未提出具体的解决方案。对此，以豪（Howe）为代表的研究者对基层官僚的自由裁量权提出强烈的反对意见，甚至主张彻底消除自由裁量权，从而实现对政策、公平、责任等的保护。[1] 皮奥里（Piore）也持类似的观点，他认为基层官僚的自由裁量权在很大程度上造成了其自身行动的困境，对组织与基层官僚会产生消极影响。[2] 但也有研究者对基层官僚的自由裁量权表示支持，比如迈耶斯（Meyers）与沃桑格（Vorsanger）认为，基层官僚是非常有必要拥有自由裁量权的，也是非常有意义的，应该最大限度发挥其对政策执行的作用，而不是一味地削减甚至消除它。[3] 事实上，基层官僚的自由裁量权已经是一种事实性存在，其本身并没有"好"或"坏"的属性，只是因为部分基层官僚未规范地使用自由裁量权而引发一些研究者提出将自由裁量权消除。但从政策执行的复杂性来看，消除基层官僚的自由裁量权基本是不可能的，自由裁量权也有存在的必要性与意义，我们要做的只能是最大限度地修正与规范自由裁量权，从而保证其充分发挥积极作用。

那么，究竟该如何修正与规范自由裁量权？这实际上是基层官僚理论研究问题的一个转向，也是基层官僚理论的又一个关键内容。近年来，越来越多的研究者逐渐将对基层官僚自由裁量权的约束与规范问题的研究转向对基层官僚责任控制的研究。尤其是在现代媒介的推动下，基层执法中出现的冲突

---

[1] 王佳佳.关于街头官僚自由裁量权的综述[J].西昌学院学报（社会科学版），2010（2）：73-76.

[2] Piore M. Beyond markets: Sociology, street-level bureaucracy and the management of the public sector[J]. Regulation and Governance, 2011(1): 145-164.

[3] Meyers M, Vorsanger S. Street-level bureaucracy and the implementation of public policy [M]//Peters B, Pierre J. The SAGE Handbook of Public Administration. London: Sage, 2003: 245-255.

与矛盾导致政策执行效果不佳,极大地削弱了政府权威,因而对于基层官僚的责任控制成为日益重要的公共话题与研究主题。① 从一定程度上讲,自由裁量权与责任控制存在因果关系,其内在逻辑是:基层官僚的自由裁量权引起了责任控制难题,要想实现责任控制就需要约束与控制基层官僚的自由裁量权。那么,究竟应该采取何种路径实现对基层官僚的责任控制呢？核心出发点在于基层官僚自由裁量权的性质:如果基层官僚做出利用自由裁量权谋取私利、滥用权力的行为,并且阻碍了公共服务职能的实现,那么应该对基层官僚的自由裁量权采取"惩罚—规制"的责任控制路径;如果基层官僚本着"公众代理人"的初心与形象,利用自由裁量权最大限度地提供社会服务,实现组织与个人价值,这种情况下应该采用"激励—引导"的方式以促进对基层官僚责任控制的实现。② 虽然基于自由裁量权性质的分析为基层官僚责任控制路径贡献了诸多启发,但正如前文所言,学者对于基层官僚自由裁量权性质的讨论仍然没有达成统一意见,在这种二元对立观点启发下得出的基层官僚责任控制路径也必然存在不尽完善之处。

所以,近几年有研究者建议在进行责任控制的研究时,不要再过分纠结于基层官僚自由裁量权的性质问题,而是更多关注影响基层官僚行使自由裁量权的因素。也就是说,只要确定影响基层官僚行使自由裁量权的因素,就能从中找到应对办法,从而建构出基层官僚责任控制的有效路径。③ 目前,影响基层官僚自由裁量权的因素可归纳为以下六个方面:制度、组织、技术、文化与伦理、公共服务动机、外部环境。基于此,研究者相应地提出了以下六种责任控制路径:一是制度控制;二是组织控制;三是技术控制;四是文化与伦理控制;五是公共服务动机控制;六是外部环境控制。④ 目前,对于基层官僚责任控制路径的研究仍然在探索与深化之中,尤其是随着信息技术与数字化的快速发展与普及,基层官僚的工作逐步从现实窗口走向虚拟界面,这既为基层官僚自

---

① 韩志明.街头官僚及其行动的空间辩证法——对街头官僚概念与理论命题的重构[J].经济社会体制比较,2011(3):108-115.
② 甘甜.街头官僚责任控制研究:争议与评述[J].公共行政评论,2019(5):176-197,216.
③ Buffat A. Street-level bureaucracy and e-government[J]. Public Management Review, 2015 (1): 149-161.
④ 甘甜.街头官僚责任控制研究:争议与评述[J].公共行政评论,2019(5):176-197,216.

由裁量权的发挥提供了更多的空间,也为其责任控制提供了更多挑战与可能性路径,对这些话题的研究可进一步丰富、完善与更新基层官僚理论。

(二)多元组织结构模型

杰恩(Hjern)与其同事波特(Porter)、汉弗(Hanf)和哈尔(Hull)密切合作,也对推进自下而上的政策执行研究做出了非常大的贡献。他们非常关注政策执行过程中不同组织间的相互作用,认为执行活动发生于一定的执行结构中,这种结构产生于相关的组织群体中并经由基于共识的自行选择过程形成。他们的研究既延续了普雷斯曼和维尔达夫斯基后续研究中的问题,又为其他研究者诸如埃尔莫尔(Elmore)开拓了思路。[1] 杰恩的研究指出,传统的执行工作受制于公共行政关于政治与行政之间稳定和有秩序关系的观念,但是执行研究应该包括"政策输出分析",并且对执行的有效研究应该是一种"组织理论导向的",政策执行中除了关注政策制定者的需要,还要关注执行者和目标群体的需求,政策实施者在考虑政策规定的同时也要照顾到其他群体。[2] 这一观点对传统的政策执行研究提出了很大的挑战,也是他们的主要思想贡献。

(三)相互调适模型

1976年,美国学者麦克拉夫林(Mclanghin)出版了《互相调适的政策执行:教师编排之变革》(*Implementation as Mutual Adaptation: Change in Classroom Organizations*),他从当时美国的课堂结构改革中总结经验,在个案研究的基础上,通过由具体到抽象的方法,说明教育政策的有效实施受教育政策实施者与教育政策对象之间平衡教育政策目标和手段的影响,政策执行是否有效取决于二者之间相互调适的平衡程度。由此提出相互调适模型,如图3-3所示。

---

[1] 希尔,休普.执行公共政策[M].黄健荣,等译.北京:商务印书馆,2011:75-76.
[2] 柯政.理解困境:课程改革实施行为的新制度主义分析[M].北京:教育科学出版社,2011:63-64.

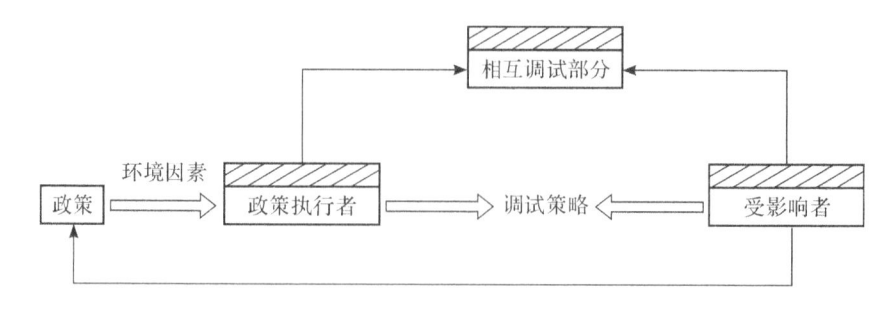

图 3-3　相互调适模型

麦克拉夫林认为,成功的政策决定有赖于有效的政策执行,而有效的政策执行则有赖于成功的互相调适过程。相互调适模型至少包括以下四项逻辑要素。

第一,政策执行者与政策对象之间的需求和观点并不完全一致,基于双方在政策上的共同利益,彼此必须经过说明、协商、妥协等确定一个双方都可以接受的政策执行方式。

第二,相互调适的过程是处于平等地位的双方彼此进行双向交流的过程,而不是传统的"上令下行"的单向流程。

第三,政策执行者的目标和手段可随着环境因素、政策对象的需求和观点改变而改变。

第四,政策对象的利益和价值取向将反馈到政策上,从而影响政策执行者的利益和价值取向。

三、优势与不足

以执行者为中心的研究包含了众多理论框架与模型,也对各种影响政策执行的因素进行了归纳。然而,研究者没有获得对政策执行的本质与内涵的一致性观点,没有获得一致认可的理论模型,也没有对关键影响因素进行确认。自下而上的研究由于存在种种不足,受到后续研究者的诸多批判。

第一,过度重视基层执行者的自由裁量权,并未认真考虑决策者对他们产生的影响,比如他们的行为可能会受到决策者事先规定的限制与间接影响。虽然中央并不会直接参与具体的执行过程,但是其拥有对组织结构与资源的决定权。[1] 同时,自下而上的研究过于高估自由裁量权的功能,普通公民并不能授予基层行动者任何权力,政策决策与制定的合法性基础并非在自由裁量权中产生的行为[2],而且基层官僚自由裁量行为在政策执行中并非总是发挥积极影响。通常情况下,当执行者受自身态度、素质与能力的不良影响时,执行政策就显得消极且被动[3],政策执行过程中的政策变通行为是一种必然现象[4]。

第二,此种研究取向将基层一线执行者的经验作为重要分析内容,对政策执行者的行为与互动太过关注,但并未对行动者感知、参与和行为选择等的变化做出一种理论性解释,缺乏对政策执行自身的分析,同时也很少对政策价值进行伦理反思。

第三,这种范式一改以往政策执行以"上令下行"为显著特征的单向命令控制,重视基层执行者的作用,认为政策执行是相互交流信息的互动调适过程,有时候甚至包括讨价还价、妥协等行为,认为政策对象的利益、价值以及想法等会对政策产生反作用,进而影响执行者的利益与价值。虽然这种范式指出了"自上而下"取向存在太过重视政策目标的缺点,但是忽视执行过程中政策目标和制定的影响是欠妥的。实际上,政策目标的存在极其重要,不容忽视,理解政策目标的本质以及实现方法具有至关重要的意义。同时,政策制定和执行的重要性不可忽视。这是因为基层执行者的行动环境会在很大程度上受政策制定与目标设定的影响,政策制定者、执行者和目标群体之间存在复杂的信息交流,并且相互影响。因此,不能忽视政策制定和目标设定的存在。甚至有研究者认为,这种研究取向仅仅具有提倡大家重视地方行动者行为的作用,除此以外别无他用。[5]

---

[1] Matland R. Synthesizing the implementation literature: The ambiguity-conflict model of policy implementation[J]. Journal of Public Administration Research and Theory, 1995(2): 145-174.

[2] Linder S, Peters B. A design perspective on policy implementation: The fallacies of misplaced prescription[J]. Review of Policy Research, 1987(3): 459-475.

[3] 钱再见,金太军.公共政策执行主体与公共政策执行"中梗阻"现象[J].中国行政管理,2002(2):56-57.

[4] 陈振明.政策科学——公共政策分析导论[M].2版.北京:中国人民大学出版社,2004:272.

[5] Schroeder A. Building implementation networks: Building multi-organizational, multi-sector structures for policy implementation [D]. Blacksburg: Virginia Polytechnic Institute and State University,2001.

第三节　整合视角的解释与评价

一、基本命题

随着政策执行研究的发展,许多研究者开始反思和批判以政策为中心的研究和以执行者为中心的研究。他们主要持以下观点:第一,政策过程阶段理论在很大程度上主导这两种政策执行研究,这些研究将政策制定和执行视为两个阶段,但是政策过程阶段理论在逻辑上存在缺陷,它把政策过程分割成离散的阶段,缺乏对政策过程连续性的认识,无法对政策阶段的划分做出合理解释,更不能为政策过程提供相关因果解释。[①] 第二,政策执行理论目前呈现多元范式并存的趋势,导致理论过于纷繁复杂的局面,一方面,各种理论的推广性不够,解释范围十分有限;另一方面,理论知识之间相互孤立,很难进行有效的交流,积累性不够,因而理论的解释力和预测能力十分有限。[②] 第三,这两种政策执行研究过于重视国家和基层政府在执行过程中的作用,对中间层政府和相关行动者作用的关注程度远远不够。第四,在自上而下的政策执行理论中,执行者是遵守命令的"组织人",而在自下而上的政策执行理论中,执行者被赋予理性人的角色,他们的自由裁量权受到关注。[③] 然而,这两种政策执行研究都过于简化执行者的角色,忽视了政策执行者本身的复杂性。总而言之,这两种范式各有利弊,都具有无法摆脱的狭隘性和片面性,政策执行研究陷入了空前的困境。[④] 为了将政策执行研究向前推进,经过一些学者的努力,一个

[①] Nakamura R. The textbook policy process and implementation research[J]. Review of Policy Research, 1987(1): 142-154.

[②] Lester J, Bowman A, Goggin M, et al. Public policy implementation: Evolution of the field and agenda for future research[J]. Review of Policy Research, 1987(1): 200-216.

[③] Goggin M, Bowman A, Lester J, et al. Implementation Theory and Practice: Toward a Third Generation[M]. New York: Harper Collins, 1990:48.

[④] 柯政.中国大陆课程政策实施研究:以制度理论视角探讨"研究性学习"政策在 A 市的实施状况[D].香港:香港中文大学,2008:69.

尝试整合自上而下与自下而上二者优势的综合性分析框架被提出来[①]，新的政策执行范式由此进入研究者的视域。

整合研究尝试克服前两种研究范式太过偏向一极的缺陷，综合它们的优势，也被称为"动态模式"，这种模式持"价值理性"或"理性多元化"的取向。持有此种观点的研究者认为，成功的执行不仅需要运用"自上而下"的路径，为制定者尽量合理地制定与规划政策工具和其他资源的使用提供保证，采取"自下而上"的路径也同样重要，深入了解执行和其他相关者的实际状况，关注政策情境，对不同层级的组织机构与结构要有所把握。这种研究路径的关注重点不再是政策目标，而是根据政策执行的实际情况进行再决策，并且去验证事先提出的假设，更加具有科学性。这种研究路径在严谨的科学分析、定量分析（比较和纵向）和假设验证的基础上构建理论，并且对于复杂的政策执行保持更加深刻的见解，注重对网络分析、内容分析、社会试验、回归分析等研究方法的运用，采用跨区域的、历时性的多案例研究捕获政策的动态执行过程，最终对初始的理论假设进行验证。[②] 所以，这种研究路径重视政策执行的网络关系和执行力的表现，探究政策执行过程中的差异和不确定性，试图解释为什么政策执行不一定能够实现决策者的预期目标而在其他政策、时空与组织机构等的影响下呈现出差异化的执行结果，同时试图建构政策执行模式，对可能出现的政策执行方式与类型进行预测。系统性与科学性是整合研究最显著的特征，为了更加科学合理地解释政策执行结果，整合研究路径在吸收前两种研究范式优势的基础上，在系统科学理论的影响下，从更加广阔的研究视野出发，对影响政策执行因果关系的诸多因素进行深入探究，注重对相关影响因素的复杂性和执行系统动态性的研究。

二、代表人物与主要观点

在认识到以政策为中心和以执行者为中心的研究限制之后，众多学者展开政策执行理论的争论，其中最具代表性的有萨巴蒂尔、戈津、马特兰德、富兰

[①] Stewart J, Hedge D, Lester J. Public Policy: An Evolutionary Approach[M]. Stanford: Cengage Learning, 2004:113.
[②] 丁煌，定明捷. 国外政策执行理论前沿评述[J]. 公共行政评论，2010(1):119-148,205-206.

克林(Franklin)、沙尔普夫(Scharpf)等,此处将对他们中一些人的政策执行观点加以简单介绍。

(一)沟通模型

戈津是整合研究的关键研究者,他和同事对政策执行研究有非常大的抱负,试图重新开辟一条政策执行道路,并且自认为是在他们的带领下,政策执行研究才真正进入学术视野。事实也大概如此,因为现在对政策执行研究三阶段的认识一般都是沿用他们的划分。戈津与同事在著作《执行理论与实践:走向第三代》(*Implementation Theory and Practice: Toward a Third Generation*)中提出了政策分析的沟通模型(见图3-4),该模型主要用来分析不同层级政府接受或拒绝政策执行的影响因素,为确立政策执行研究的科学框架进行了一次有益而细致的尝试。其中的自变量主要指联邦层面的诱导与约束、州和地方层面的诱导与约束,中间变量指组织能力、生态能力、反馈与政策重新设计等。他们将研究重点放在各层级政府间的沟通上,有利于对政策过程进行动态分析。[①] 但是,可能因为过于强调开辟新的政策执行研究范式,他们提出的影响因素比较繁杂,难以判断究竟是哪些因素与执行活动有重要关联。

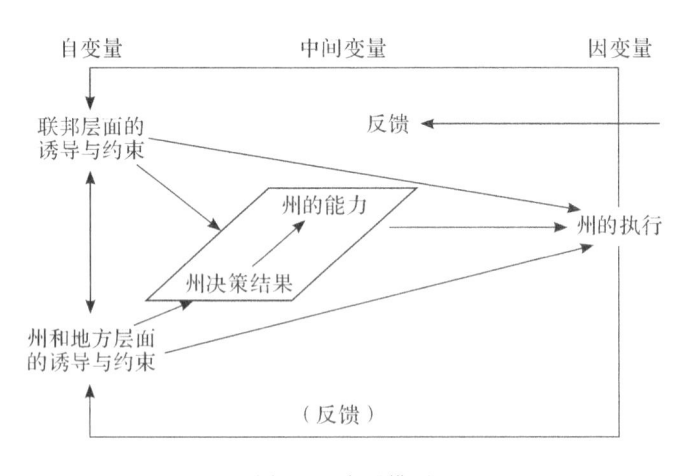

图3-4 沟通模型

---

① 希尔,休普.执行公共政策[M].黄健荣,等译.北京:商务印书馆,2011:94-97.

(二)模糊—冲突模型

美国学者马特兰德在 1995 年发表的一篇论文《综合执行理论：政策执行的模糊—冲突模型》(Synthesizing the implementation literature: The ambiguity-conflict model of policy implementation)中提出了一个新的政策执行研究途径，弥补了戈津研究中变量过多难以控制的不足。马特兰德明确指出，已有研究已涉及超过 300 个关键变量，现在并不需要更多的变量，而是需要结构。也就是说，研究者不仅要罗列出影响政策执行的因素，更要指出"那些使某些变量变为重要变量的条件和它们之所以重要的原因"。马特兰德综合和重构了已有的执行研究，指出那些研究很难将不同模型的关键变量整合进一个框架，他认为，"除了仅仅罗列需要考虑的变量，执行理论研究者必须明确说明'那些使某些变量成为重要变量的条件和它们之所以重要的原因'"[①]。

在解释模型之前，马特兰德首先界定了何为"成功的执行"——当政策目标得到明确的陈述时，成功执行的标准是忠实于已确定的政策目标；当一个政策没有清晰明确的目标时，对成功标准的选择就变得非常困难，此时更多的是社会普遍的规范和价值发挥作用。[②] 他认为，自上而下论者倾向选择目标清晰的政策进行研究，而自下而上论者倾向选择具有较强内在不确定性的政策，造成这种差异的原因是政策的冲突性与模糊性。所谓的政策冲突性是指不止一个组织将政策视为与其利益直接相关，当这些组织具有不同的观点的时候，政策冲突就会出现，其不仅表现在政策目标上，还体现在政策手段上，这也是政策模糊的主要来源。政策模糊性可能会存在对政策误解的风险，但模糊性也有积极影响，即模糊性可以在某种程度上限制冲突性。有些情况下，模糊性正是新政策得以通过的必要条件。[③] 模糊与冲突是政策特有的属性，而不是应该被消除的现象。

[①] Matland R. Synthesizing the implementation literature: The ambiguity-conflict model of policy implementation[J]. Journal of Public Administration Research and Theory, 1995(2): 145-174.

[②] Matland R. Synthesizing the implementation literature: The ambiguity-conflict model of policy implementation[J]. Journal of Public Administration Research and Theory, 1995(2): 145-174.

[③] 斯蒂尔曼二世.公共行政学：概念与案例[M].7版.竺乾威，等译.北京：中国人民大学出版社，2004：621.

为了能提供一种呈现政策执行关键影响因素的分析思路,马特兰德依据政策模糊性和冲突性的高低建构了一个二维分析框架(见表3-1),提出行政性执行、政治性执行、试验性执行与象征性执行四种政策执行模式,每种政策执行模式的关键性影响因素各不相同。行政性执行是自上而下执行的理想情况,政策的模糊性和冲突性都相对较低,执行结果(implementation outcomes)是由资源决定的,即充足的资源可以保证政策执行目标的顺利实现。政治性执行具有较低的模糊性和较高的冲突性,执行结果主要由权力决定,由于一些参与者可能不赞同政策目标,所以执行过程也要根据资源的充足性进行适当协调。试验性执行具有较高的模糊性和较低的冲突性,情景在其中发挥关键作用,当不同的组织在不同的环境下执行不同的政策,就会发生项目的变化,执行结果在很大程度上取决于哪些参与者是积极的并牵扯最深。象征性执行兼具较高的模糊性和冲突性,高度的模糊性导致结果因地而异,执行结果也取决于地方层面的联盟力量。

表3-1 模糊—冲突模型

	低冲突	高冲突
低模糊	类型:行政性执行 关键因素:资源 事例:根除天花	类型:政治性执行 关键因素:权力 事例:公共汽车运营
高模糊	类型:试验性执行 关键因素:情景 事例:执行先机	类型:象征性执行 关键因素:联盟力量 事例:社区行动机构

不得不说,马特兰德提出的这一框架为分析政策执行提供了新的思路,目前国内外很多学者都是在他提出的这一模型的启发下思考不同政策可能的执行路径。但是,这一模型也存在一些缺陷,比如衡量政策执行成功与否的难度较大、静态模型很难解释政策执行随着时间推移产生的变化、过分关注政策特性而忽视了其他因素的影响等。

(三)支持联盟框架

在前面已经提过,萨巴蒂尔是以政策为中心研究范式的代表人物,但是随着研究的深入,他逐渐将多元化的方法融入研究,试图综合政策执行研究中自上而下和自下而上两种模式的优势,在1986年发表的论文《自上而下和自下而上的执行研究方法:批判性分析和建议的综合》(Top-down and bottom-up approaches to implementation research: A critical analysis and suggested synthesis)中提出支持联盟框架(见图3-5),代替之前提出的政策过程阶段理论。其实,萨巴蒂尔对支持联盟框架的研究从其在比勒费尔德大学(University of Bielefeld)举办研究班时期(1981—1982年)就开始了,核心观点是:意在寻找当时主导政策研究的政策过程阶段理论的替代理论;试图综合公共政策执行中自上而下和自下而上两种方法的优势特征;发挥技术性的信息在理解政策过程中的重要作用。从20世纪80年代中期开始,萨巴蒂尔与史密斯(Smith)共同对该框架进行进一步的修正。从1993年开始,支持联盟框架在美国、加拿大、澳大利亚等国家得到广泛传播与使用。

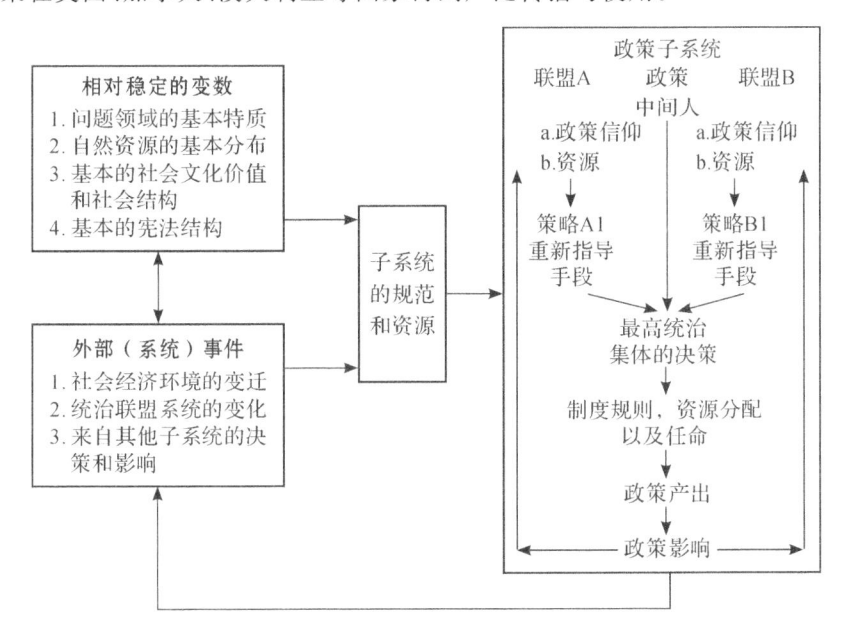

图 3-5　支持联盟框架

支持联盟框架主要基于以下五个假设提出:一是政策过程需要研究技术性信息在政策过程中发挥的作用,并且技术分析拥有广阔的市场前景;二是了解政策变迁的过程需要十年或者更长的一段观察时间才能完成;三是对于政策变迁有重要作用的政策分析单元并不是特定的政府组织或计划,而是公共政策的子系统,比如来自公共组织、私人组织中的某一公共政策问题,或是那些试图影响该领域公共政策的活动者;四是萨巴蒂尔认为,支持联盟不能拘泥于传统的"铁三角"(行政部门、国会与利益团体),而应该扩展到公、私部门的所有行动者,诸如企业、社区、非营利组织、政客、知识分子等;五是对公共政策的考察不能仅限于政策数据的改变,还应包括价值优先性、因果关系认知、世界状态认知、政策工具有效性认知等方面的变化。[①]

可以看出,此时萨巴蒂尔已将政策执行理解为政策变迁的过程。虽然有学者认为他的这种研究转向暗示着政策执行研究走向了没落,但是从政策执行的复杂性来讲,"执行"一词显然已经无法诠释政策执行的过程。

(四)政策网络分析框架

20世纪70年代以来,公共政策研究领域呈现复杂化、多元化的特征,公共政策所涉及的知识日益繁杂,学者更关注多元化的政策价值内涵。与此同时,由于政府内部的技术、知识、价值观等无法与时俱进,传统科层体制应对新形势、新问题的能力备受质疑。在此背景下,政策运行中的各类行动者需要通过信息交流、资源共享、利益结盟、协调行动等方式,提升自身影响,实现各自的利益,政策网络理论由此产生。[②] 对于政策网络(policy network)这一概念的起源,目前学界尚未有统一的答案,但最早提出并使用此概念的是美国学者卡赞斯坦(Katzenstein)。他认为,政策网络是一种广义上的组织类别,包括国家、社会部门和社会联盟之间复杂而微妙的关系。[③] 但是卡赞斯坦的"政策网络"主要指在政策制定过程中形成的不同形式的、相互斗争又相互妥协的权力运行结构,与后期政策网络概念的发展有非常明显的区别。该理论受到三类学派的影响:一是盛行于20世纪六七十年代的组织社会学。一部分学者受该理论影响,认为政策网络是政策过程的参与者围绕政策议题进行资源交换的协同合作模式,而这一过程一定程度上催生了"政策"的形成。二是次级系统

---

① 李允杰,丘昌泰.政策执行与评估[M].北京:北京大学出版社,2008:73.
② Weible C, Sabatier P. Comparing policy networks: Marine protected areasin California[J]. The Policy Studies Journal, 2005(2):181-201.
③ 木其坚."十二五"节能减排政策执行研究——基于"目标绩效—政策工具—政策网络"研究框架的分析[D].昆明:云南大学,2019:32.

(subsystem)和政策社群(policy community)等相关政治学理论,它们是20世纪50年代后精英主义与多元主义争论的产物。[①] 卡特(Cater)和麦康奈尔(McConnell)认为,次级政府中的私人利益集团将俘获本应控制其活动的政府机构,进而占据主导地位。彼得斯(Peters)通过提出"铁三角"概念,强调中央政府机构、国会、利益集团的共生关系,突出次级政府研究对于少数与政府关系密切的特权集团的关注。[②] 三是在克服传统多元主义缺陷的基础上形成的理论。传统多元主义认为,政策运作过程中,彼此争斗的利益集团最终能够实现利益均衡,而政府更多扮演的是仲裁人的角色。实际上,利益集团在政策运行中无法实现完全的平等,政府的作用也远比利益集团关键。

政策网络这一概念的诞生有其必然性。首先,从社会学角度而言,第二次世界大战结束后,社会生活呈现越来越明显的组织化倾向。个体通过各种原则联合起来形成社会组织,这些社会组织的数量不断增加,在经济和政治生活中的话语权显著提升,展现出更加强大的争取和控制资源的能力。这种变化使越来越多的社会公共事务受到联合起来的行动者的影响,这种影响在西方社会体现得尤为明显。其次,从公共政策角度讲,在愈加复杂的社会环境、不断膨胀的社会治理需求和政府权力的增长冲动的共同作用下,公共政策变得越来越"专业化"和"专门化"。这个趋势被描绘为"过度拥挤的政策制定",其虽然意味着公共政策的精准化、高效化,但也增加了政策被公众质疑的可能性,政策制定者如何在分工细化领域降低利益团体和行动者的影响成为一个难题。最后,从政治学角度讲,随着第二次世界大战后民主化进程在全球的推进,国家权力的分权化、碎片化趋势日趋明显。关于国家分权化和碎片化的研究非常多,政治社会的深刻变革为政策网络的诞生提供了土壤,公共政策研究、组织行为研究、政治学研究,甚至博弈论、图形理论、矩阵代数、聚类分析等分析方法都刺激了政策网络的研究进展。科林斯(Collins)在20世纪80年代预言网络分析是对未来社会科学研究最重大的五项革新之一[③],实际上到今

[①] 朱亚鹏.公共政策研究的政策网络分析视角[J].中山大学学报(社会科学版),2006(3):80-83.

[②] Peters G. American Public Policy: Promise and Performance[M]. Hampshire: Macmillan, 1986: 24.

[③] Collins R. Is 1980s sociology in the doldrums? [J]. American Journal of Sociology, 1986(6): 1336-1355.

天,网络分析确实已经被认为是结构分析中最重要的研究工具之一。

政策网络研究兴起以来,学者们倾向将政策网络的研究方法应用于政策制定环节,形成了利益协调学派和治理学派。但有一些学者认为,对政策执行的研究也十分适宜通过政策网络的视角进行,如格兰瑟姆(Grantham)认为,政策执行研究"自上而下"和"自下而上"的范式始终存在缺陷,实际上政策执行涉及多个参与者,自上而下和自下而上的范式在复杂的执行结构中缺乏说服力,所以他提出了"政策执行网络"的概念。在这个网络中,各个主体之间的关系依附于某一项政策执行以及它所带来的权责关系,相关主体会依据自己的选择对执行方式进行选择、谈判、竞争。[①] 另一些学者,如奥图尔(O'Toole)认为,政策执行的网络本身就是政策网络的一个部分,既是有依赖关系的各个主体间的联系,也是具有结构性、以实现政策执行目标的一种社会工具。奥图尔等认为,政策执行网络具有差异性和复杂性,在政策执行研究中必须受到高度关注。[②]

(五)府际关系理论

20世纪30年代,"府际关系"的概念被提出,到20世纪50年代政府为应对经济大萧条,府际关系在公共行政中开始被重视,进而受到学术界的关注。在美国,早期阶段的府际关系通常被视为联邦主义的同义词,因为"一项公共政策常常涉及资金来源和各级政府官员的相互作用,公共行政领域称此为政府间的关系,即所有拥有不同程度的权威和管辖自治权的政府部门之间建立的一系列金融、法律、政治和行政关系"[③]。1953年,美国国会成立府际关系临时委员会,负责政府间关系的运作与发展。直到1960年,由于美国经济大萧条,联邦政府和州政府在治理大都市危机时,美国学者安德森首次阐明:"府际关系是指纵向各级与横向各类政府主体的系列重要行为及其相互作用。"[④]赖

---

① Grantham A. How networks explain unintended policy implementation outcomes: The case of UK rail privatization[J]. Public Administration, 2001(4): 851-870.
② O'Toole L. J, Hanf K, Hupe P, et al. Managing implementation processes in networks[J]. Wiley-InterScience, 1997: 137-151.
③ 亨利. 公共行政与公共事务[M]. 项龙, 译. 北京: 华夏出版社, 2002: 346.
④ Anderson W. Intergovernmental Relations in Review [M]. Minneapolis: University of Minnesota Press, 1960: 3.

特(Wright)认为,府际关系是一个比联邦制内涵更多、更复杂的概念,强调政府间的相互依赖性和复杂性,以及政府间管理政策协调的重要性。① 可见,府际关系是一个网络化的概念,每一级政府或每一个政府单元都处于网络的节点上,点与点之间的强弱关系形成了府际间的互动、影响、冲突与合作。美国学者曾指出:"联邦主义需要两种类型的协调与合作,一是联邦政府与州政府之间的合作,二是各州政府之间的合作。"②20 世纪 70 年代,差不多所有的州都设立了机构或官员处理府际关系事务。20 世纪 80 年代后,随着西方国家政治实践的发展,地方政治层面关于"超级地方主义"和"巨人政府"两种理论的争论焦点是如何协调治理社会问题过程中的政府间关系。西方国家政府间关系的实践出现了许多新情况,大大拓展了政府间关系研究视野,并使其更为系统化,呈现网络化发展趋势。③ 2005 年,斯蒂弗(Stever)提出府际协同机制,并将其分为行政主导式和网络互动式两种。行政主导式的府际协同机制强调由官僚和科层通过行政命令自上而下控制与协调中央政府与地方政府间的关系。网络互动式的府际协同机制包括自上而下与平行间府际协同,主张利益相关者在平等自愿的基础上,通过协商、达成共识、合作、组成联盟等方式建立伙伴关系,提升公共行政执行的有效性。④

关于府际关系的界定,有的学者认为"所谓府际间关系,是指多边多级政府之间的利益博弈与权力互动的一种政治经济关系"⑤,也有的学者认为"府际关系是各级政府间的关系网络,狭义上指中央政府与地方政府之间、上下级政府之间的纵向关系网络;广义上指互不隶属的地方各职能部门之间的横向关系网络,以及政府内部不同权力机关之间的分工关系网络"⑥。实际上,府际关系就是政府间关系,指不同层级政府之间为了执行政策或提供服务,在管理分

---

① Wright D. Intergovernmental relations: An analytical overview [J]. The Annals of the American Academy of Political and Social Science, 1974(1): 1-16.
② 罗森布鲁姆,克拉夫丘克.公共行政学:管理、政治和法律的途径[M].张成福,等译.北京:中国人民大学出版社,2002:131-132.
③ 张紧跟.组织间网络理论:公共行政学的新视野[J].武汉大学学报(哲学社会科学版),2003(4):480-486.
④ Stever J. Adapting intergovernmental management to the new age of terrorism[J]. Administration & Society, 2005(4): 379-403.
⑤ 陈国权,李院林.论长江三角洲一体化进程中的地方政府间关系[J].江海学刊,2004(5):92-98.
⑥ 谢庆奎,杨宏山.府际关系的理论与实践[M].天津:天津教育出版社,2007:2.

工、权责配置、财政税收、监督制约、立法和司法、互赖与合作等方面形成的关系网络,潜藏在这些网络关系背后的是各级各类政府之间的管理收益关系。[①]

府际关系主要表现为五种形态:一是横向府际关系,指地方政府之间、地区政府之间及同一政府部门之间的错综复杂关系;二是纵向府际关系,这是科层制、责任制、政治承包制、压力型体制等制度下的产物;三是斜向府际关系,指多元的行政级别不同的无统辖关系的地方政府与政府部门之间的关系[②];四是"十"字形府际关系,政府间权力和利益的博弈呈现比较复杂的"十字博弈"的交叉特征;五是网络型府际关系,这是一种超越政府层级限制、借助信息技术突破区域范围、基于平等的多元主体参与的协调与合作关系,以扁平化的组织结构、政府间的分权与合作为特征。

府际关系理论在联邦制国家和单一制国家的运行机理、基本特征是有区别的(见表3-2)。联邦制国家的府际关系是国家和成员单位都有各自的宪法和中央权力体系,权力划分由联邦宪法规定,联邦国家与成员单位无权单方改变,但是成员单位的公民同时也是联邦公民。联邦制国家的政府间权力主要包括分权型和集权型两类。单一制是现代府际结构的一种重要建构方式,它以普通行政区划或自治区域为单位,自上而下形成统一的权力体系,中央政府将权力和权威集中,地方政府的权力源自中央政府的委托代理。单一制国家的府际关系主要包括行政主导型和立法主导型。

表 3-2 不同体制国家府际关系表征

项目	联邦制国家府际关系	单一制国家府际关系
特征	法定分权;联邦与成员单位独立的政府体系;成员单位可在联邦宪法规定下制定区域宪法和法律;联邦和成员单位不能超越联邦宪法规定的各自权力范围;联邦掌握国防、外交权力,而成员单位不具有;各成员政府下属的地方政府实行地方自治	中央政府统一行使国家主权,管辖地方;一部宪法、一个权力机关体系;地方政府的行政权力和立法权源自中央政府的委托或授权;地方政府的权力受中央统辖;中央政府统一行使国防、外交和军队的权力,地方政府无权脱离中央政府管辖

---

① 杨宏山.府际关系论[M].北京:中国社会科学出版社,2005:2.
② 蔡英辉.我国斜向府际关系初探[J].北京邮电大学学报(社会科学版),2008(2):40-45.

续表

项目	联邦制国家府际关系	单一制国家府际关系
优点	有利于发挥各级政府的积极性;有利于因地制宜施政;有利于提高行政效率和善治目标达成;适合大国治理	有利于法律体系和公共政策统一;政令统一;经济政策体系统一;权力系统和权力机构统一
缺点	地区分离,国家分裂;府际结构复杂,政府运行费用高;联邦的刚性宪法有时限制政府推动国家发展;行政管理相对松散	制约地方政策的自主性和创造性;滋长官僚主义和个人主义;限制地方公共产品的有效供给
代表国家	美国、俄罗斯、德国、加拿大、印度、澳大利亚、巴西、阿根廷等	中国、日本、英国、意大利、法国、新西兰、丹麦等

资料来源:杨宏山.府际关系论[M].北京:中国社会科学出版社,2005:48-60.

无论哪种模式都有其优缺点。联邦制国家的"政府权力和职能根据宪法分别属于中央政府和地方及其下属机构"[①],这种国家制度有利于实现民主、有利于多民族国家的利益协调、有利于实现国家的相对稳定、有利于经济发展;单一制国家的中央政府相对集权,有利于社会化大生产的发展、有利于提高中央政府的权威、有利于社会资源的合理利用与有效配置。但是,无论是联邦制国家还是单一制国家的府际关系,主要体现在立法关系、权力关系、职能关系、管辖范围几个方面。

公共政策是在纵横交错的府际关系中被实施的,府际关系直接影响公共政策执行的效果和效率,二者相互依赖、相互影响。正如奥图尔所讲的那样:"虽然有时政策执行只通过单一的行政机构就可以完成,但成功越来越要求多个组织一起实现政策目标。政府间让渡计划和规制的重要性、公私伙伴关系的凸显、跨越行政边界的突出政策问题的出现都表明跨组织管理在处理今天的政策执行挑战中的核心地位。"[②]政府间关系已经由最初划定单向度的纵向、横向府际之间的权力范围,逐渐演化发展为一种高度复杂的共同承担责任和共同解决问题的体系,公共政策执行活动正是在政府内外部关系不断被组织、被协调、被竞合的行政生态下发生的,府际关系在理论和现实的公共行政执行

---

① 希尔斯曼.美国是如何治理的[M].曹大鹏,译.北京:商务印书馆,1986:60.
② O'Toole L. Treating networks seriously: Practical and research-based agendas in public administration[J]. Public Administration Review, 1997(1): 45-52.

生态中都被广泛承认与运用。

(六)政策过程模型

美国政策执行领域的奠基人史密斯将公共政策定义为政府在原有旧机构中对公共事务的处理模式或机构的创新与改变,在政策投入执行后,其执行主体与目标群体会感受到政策张力与压力带来的冲突,因此需要配套相关政策解决由此带来的不满与抗议。1973年,史密斯在《政策执行过程》(The Policy Implementation Process)一文中建构了关于政策执行过程影响因素的模型,也就是史密斯执行过程模型(见图3-6),该模型讨论了政策执行变量同生态关系的联系。

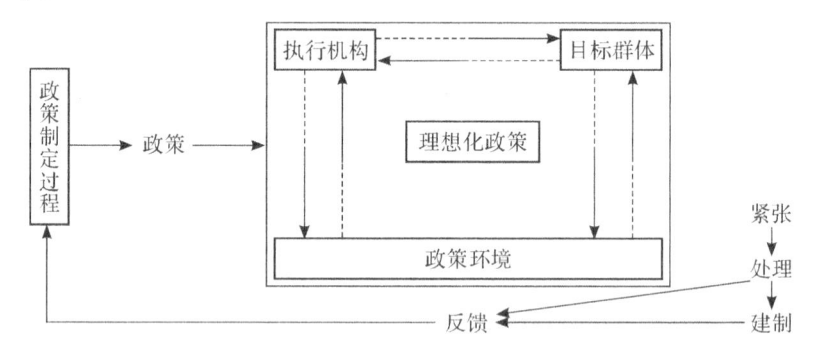

图 3-6　史密斯执行过程模型

第一个因素是理想化政策,指政策文本的形式、类型、渊源、范围以及社会认识应有一个清晰的界定,符合政策制定者所有预期设想的完美的执行方案,具有科学性、合理性和合法性等主要特征,经得起实践的检验,并且兼顾当前利益与长远利益,这些都是影响政策执行能否达到预期目标的重要因素。

第二个因素是执行机构,指负责政策内容从文本到行为的执行主体,其构成群体通常包括主要负责部门和其他权威性机构体系、智囊团、技术支撑部门等。执行机构中的领导及人员的素质、行事风格、执行能力、道德素质等是影响政策顺利推进的关键因素,会对政策执行效果产生比较大的影响。

第三个因素是目标群体,也就是政策执行的对象。他们是政策受众群体,需要根据政策方案来调整自身的行为,但其自身的素质水平、组织能力、对政策的认知等会在一定程度上对政策执行效果产生影响。

第四个因素是政策环境,包括影响政策执行的政治、经济、文化、社会及历史等多方面因素,这些也是政策运行必不可少的条件。

与以往的政策执行研究不同,史密斯将执行中的四要素放在同等重要的位置,并且四要素之间的互动关系也是其研究的重要内容。这四个因素相互作用、相互影响,形成了一个完整的政策执行过程,共同作用于政策的最终效果。政策通过规范指导执行机关的行为开展,执行机关对于政策执行的力度在一定程度上反映了对政策的认可度,执行机关将政策传递给目标群体之后,目标群体对于政策的接受度反映了政策制定是否合理以及执行机关的行动是否可靠,而执行环境会对执行机构和目标群体产生影响,三者共同作用于政策结果。在四种因素的共同作用之下,决策者可以及时修正政策与相关行动,从而最大化实现政策执行效果。

(七)制度理论

近年来,新制度主义(new institutionalism)迅速崛起,在其推动下,制度分析的方法和视角引起社会科学各领域学者的极大关注。大量相关的研究成果也证明制度理论在分析诸多社会现象和问题中表现出出色的解释力。在公共政策执行研究领域对理论框架极度渴望的背景下,制度理论的方法与解释力引起了政策执行研究者的注意,其被视为一个极具发展潜力的理论基础与分析框架。事实上,在政策执行研究初期,就有学者指出,应该注意政策执行发生的制度背景,奥图尔更是直接表明,"执行研究在许多很重要的方面,需要严重地依赖制度研究学者"[1]。与以往的分析框架不同,制度理论尤其是新制度主义理论不仅探讨制度自身的发展机制,还关注制度对行为的影响机制,其关注点超越对组织、法规等实体要素的解释,将意识形态、习俗、惯性等观念性要素也纳入考量范围。为此,有学者从六个方面描述了制度理论的创新之处:一是从关注组织到关注规则;二是从只关注正式制度到同时关注非正式制度;三是从静态地研究制度到关注制度的动态性;四是从不关注价值到持"价值—批判"的立场;五是从关注整个制度系统到关注制度的内在成分;六是从认为制

---

[1] O'Toole L. Research on policy implementation: Assessment and prospects[J]. Journal of Public Administration Research and Theory,2000(2):263-288.

度是独立于环境的到认为制度是嵌入特定背景的。[1]

制度理论主要回答以下三个问题：一是何为"制度"；二是制度如何影响行为；三是制度是如何形成与变迁的。[2]

首先，制度的内涵。不同的学者和流派对制度有不同的理解，比如文化理论强调文化的符号性功能，认为文化系统对行为具有深刻影响；认知理论认为行为会受注意力等认知因素的影响；现象学关注认知结构和文化框架；常人方法学认为组织背景中的选择具有默会性与惯习性。斯科特（Scott）基于各种制度内涵，提出制度的基本要素包括规制性因素（regulative）、规范性因素（normative）、文化—认知性因素（culture-cognitive）。规制性因素是指必须遵守的明确的法令规章，规范性因素是指公众认为应该遵守的规范、义务和责任，文化—认知性因素是指被广泛接受的知识和看问题的特定方式，三大要素构成了三根支撑制度的"柱子"（pillars of institutions）。[3]

其次，制度对行为的影响机制。马奇（March）认为，人类有两大行为逻辑：一是后果逻辑，即个体出于对自己行为可能出现的后果的预判，尤其是对利益得失的计算，从而做出特定行为选择；二是合适逻辑，指行为是遵从规则的结果，个体在做出某种行为前考虑的是该行为是否符合当时的环境、身份、角色等。因此，他认为制度通过两套机制影响行为：一是设计了某种特定的利益结构，包括各种行为选择的收益大小，从而影响行为者的行为结果；二是塑造了某种特定的社会规范、价值观和社会期望，从而影响行为者的行为结果。[4] 后来，斯科特补充了另一种更为深层次的影响机制，即通过作用于文化—认知层面来影响行为。他认为，"服从在很多情况下是因为没有觉察到还有其他的行为形式，遵从常规做法是因为它们被理所当然地作为'我们做事情的方式'"[5]。

---

[1] Lowndes V. Institutionalism[M]//March D, Stoker G. Theory and Methods in Political Science. 2nd ed. London: Palgrave Macmillan, 2002:90-108.

[2] Hall P, Taylor R. Political science and three institutionalisms[J]. Political Studies, 1996(5): 936-957.

[3] 斯科特. 制度与组织：思想观念、利益偏好与身份认同[M]. 4版. 姚伟，等译. 北京：中国人民大学出版社，2020:61-77.

[4] March J, Olsen J. The logic of appropriateness[M]//Goodin R, Moran M, Rein M. The Oxford Handbook of Public Policy. Oxford: Oxford University Press, 2009:689-708.

[5] Scott R. Institutions and Organizations: Theory and Research[M]. 2nd ed. Thousand Oaks: Sage Publications, 2001: 47-70.

在此基础上,斯科特提出了一套综合的制度分析框架(见表3-3)。

表3-3 斯科特制度分析框架

要素	规制性要素	规范性要素	文化—认知性要素
遵守的基础	处于自利	社会责任	视若当然、共同理解
秩序的基础	规制性规则	约束性期待	建构性图式
扩散机制	强制	规范	模仿
逻辑类型	工具性	适当性	正统性
系列指标	规则、法律、奖惩	合格证明、资格承认	共同信念、共同行动逻辑、结构同形
情感反应	内疚/清白	羞耻/荣誉	确定/惶恐
合法性基础	法律制裁	道德支配	可理解、能认可的文化支持

资料来源:斯科特.制度与组织:思想观念、利益偏好与身份认同[M].4版.姚伟,等译.北京:中国人民大学出版社,2020:62.

可以看出,制度对行为有三种影响机制,第一种是规制性规则规定哪些行为具有合法性;第二种是规范性规则以约束性的期待赋予组织和个人社会责任,从道德上衡量行为的适当性;第三种是文化—认知性制度作为建构式图式让组织和行动者对某些社会现象视为当然,从而理所应当地选择某些行为。

最后,对制度的形成与变迁的理解。不同流派对制度的形成有不同的理解,比如理性选择制度主义认为,制度形成的主要原因是交往的各方为了解决大家所面临的共同问题而有意识设计出来的;历史制度主义认为,特定行为模式的形成在很大程度上是因为"历史上就是这么做的";社会学制度主义认为,行为者之所以会选择特定行为来对待某些事情,是因为他们觉得应该这样做,其实是从观念层面理解制度的形成。但无论对制度的形成持何种认识与态度,他们的共同点是认为制度一旦形成便具有稳定性,以至于人们甚至要问制度是不是永恒不朽的。[①] 但事实并非如此,当新旧制度之间存在冲突时,组织和个人可能会为了维持原有的稳定性而创造性和策略性地采取妥协、回避、反抗甚至操纵等策略,以应对新的制度。斯科特提出了制度过程模型(见图3-7),从宏观的社会制度、中观的组织以及微观的个体行动者这几个方面描述制

---

① 柯政.理解困境:课程改革实施行为的新制度主义分析[M].北京:教育科学出版社,2011:80.

度变迁的过程。

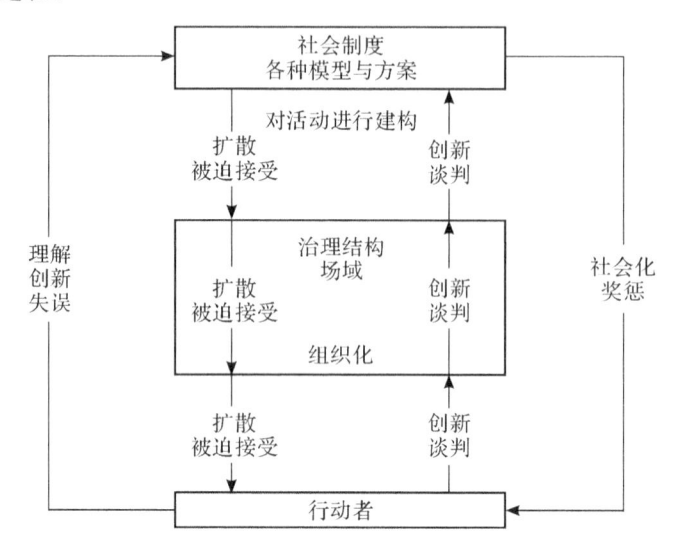

图 3-7 制度过程模型

在周期循环往复中,林德纳(Lindner)认为,需要满足以下条件才可以实现制度变迁:一是主导行为者联盟的议价权利小于变革者联盟的议价权利;二是在特定政策范围中的子领域之间的相互依赖性得到克服;三是转换成本大于机会成本;四是小范围的改变已经无法减轻来自变革的压力。[①]

总的来说,目前大家普遍接受政策执行作为复杂活动的事实,几乎没人持单一的以政策为中心或以执行者为中心的观点去分析政策执行过程,用综合的视角研究政策执行是当下的现实选择。整合研究范式的出现使自上而下和自下而上的争论告一段落,取而代之的是他们对各自研究能力的认识,同时执行理论获得显著发展。[②] 首先,涌现出大量丰富的政策执行研究理论。其次,整合了量化研究和质化研究,采用混合方法构建综合分析模式,有效弥补了以往单一研究方法的缺陷,对于研究政策执行中多层次、多变量的复杂问题有很大的帮助。为了对政策进行更加有效的分析,当前的政策执行研究大量运用定性和定量研究方法,将解释学、人类学和实证主义等多种方法融合,综合发

---

① Lindner J. Institutional stability and change: Two sides of the same coin[J]. Journal of European Public Policy, 2003(6): 912-935.

② O'Toole L. Research on policy implementation: Assessment and prospects[J]. Journal of Public Administration Research and Theory, 2000(2): 263-288.

挥数据分析和解释的优势。随着政策执行研究方法的日益增多，政策分析工具也变得多元化。如今，诸如政府间关系的研究、治理理论和制度分析、政策网络的探讨、理性选择的研究以及统计学方法都成了政策执行研究可使用的方法。相较于过去，这些研究方法与工具涉及的范围更广。就像施拉格尔(Schlager)讲的那样，政策理论结构的"山地岛"存在混乱现象，与此相关是共享方法和概念的"山麓小丘"，以及实证性的行动，但是它们被淹没在如汪洋大海的描述性研究中，而这些研究基本没有任何"理论山峰"作为依据。[①]

三、优势与不足

尽管政策执行研究的整合视角在当下获得普遍认可，但也受到不少学者的批判。第一，虽然这个范式非常关注政策执行研究中的相关概念和变量，试图采用多元化的分析技术尝试整合自上而下与自下而上两种研究路径，但是很难实现整合目标。更为深刻的是，过于简单化的整合或许对政策执行的理论生成并不会产生积极作用。就像有学者指出的那样，不同研究取向之间的对立和争论在一定程度上对于揭示政策执行的"黑箱"有积极作用，那么尝试整合这两条路径的过程就如把两个"不对称的范式"结合起来一样困难。[②] 第二，整合研究不仅旨在将可能的变量尽可能地减少，还应该尝试构建一种模型，这个模型包括了所有能够被识别的变量。实际上，要实现两全其美的平衡非常困难，这意味着既要承认自由裁量权，又要认可政策制定者的中心地位。那么，究竟怎样才能整合这两种极端的取向呢？现在看来貌似是不可能的。第三，执行研究涉及众多复杂因素，而且执行过程随着时间、地点和行动者的变化而产生差别，这导致执行理论研究面临重重困难。因此，只有解决众多概念与方法论上的难题，并开展深入的理论分析，这种范式才能获得新发展。第四，这种范式将信念因素，如观念和价值观，纳入政策变迁分析，有利于弥补以相关者利益为分析基础的缺憾。但总的来说，尽管研究者提出了各种整合研

[①] 萨巴蒂尔. 政策过程理论[M]. 彭宗超，钟开斌，等译. 北京：生活·读书·新知三联书店，2004：359-360.

[②] Nelson R. Public policy: An introduction to the theory and practice of policy analysis[J]. Journal of Policy Analysis and Management, 1997(1): 176-178.

究理论,但这些理论和模式需要经过政策实践的检验与批判才可能变得更加完备与具有可操作性。比如,萨巴蒂尔在支持联盟框架中提到政策执行效果至少经过十年才能显现,这一观点在当前快速变化的社会中难以实现。此外,不同联盟信念体系之间存在程度不同的紧张关系,利用政策掮客缓和这种关系通常也可能增加政策执行的成本。

自整合研究范式提出以来,政策执行研究主要集中在对理论的深化上,很少有研究者提出替代性的研究路径,难以实现对已有研究范式的突破。但是,这种情况的出现不是偶然的,而是在多种限制性因素的综合作用下产生的,主要原因包括以下几个方面:一是研究视角的争执。戈津对政策执行研究范式的划分陷入了一种二元对立的争论,在这种划分方法的影响下,很难产生第四种分析视角。从政策执行研究的长远发展来看,这种划分会产生消极影响。二是研究变量的分歧。学者总是擅长不断增加新的变量,但是并未对诸如"什么样的变量比其他变量的重要性程度高"的问题做出解释。[1] 当研究者讨论变量时,往往不容易注意相同的变量在不同时空中的转变。事实上,变量在这个过程中可能会发生根本性变化,进而对政策过程的分析与解释产生影响。[2] 三是研究结果的形式化,主要表现为大部分"格言"式的政策建议,这些建议虽然逻辑严谨,但是由于可操作性很小,甚至在建议出现矛盾的情况下可能导致政策执行中出现不可避免的矛盾。[3] 总的来看,虽然政策执行研究已经发展得相对成熟,但仍然面临很多限制与挑战。

---

[1] Rothstein B. Just Institutions Matter: The Moral and Political Logic of the Universal Welfare State[M]. Cambridge: Cambridge University Press, 1998: 110.

[2] Saetren H. Implementing the third generation research paradigm in policy implementation research: An empirical assessment[J]. Public Policy and Administration, 2014(2): 84-105.

[3] O'Toole L. Research on policy implementation: Assessment and prospects[J]. Journal of Public Administration Research and Theory, 2000(2): 263-288.

第四章 乡村教师补充政策执行的案例分析

乡村教育是我国教育事业发展的"短板",乡村教师是解决"短板"问题的关键。乡村教师补充控制乡村教师队伍的数量与质量,影响乡村教师"下得去、留得住、教得好"目标的实现,对城乡教育均衡发展和实现乡村教育振兴意义重大。近年来,国家聚焦乡村教师队伍补充,相继出台"特岗计划"、公费师范生、轮岗交流等一系列政策,取得了显著成效,但许多长期困扰乡村教师补充的问题仍未得到有效解决,乡村教师补充政策的执行现状依然不容乐观。一是优秀师资补充乏力,乡村教师面临"下不去"困难。乡村地区经济社会环境等劣势难以吸引优秀人才扎根于此,同时,各项乡村教师补充专项计划迫于地区经费、编制等困境难以真正落实,补充渠道不畅通,补充方式有限,难以吸引足量的优秀师资补充进入乡村学校。二是教师补充结构不合理,存在"教不好"问题。新引进教师专业不对口、非师范毕业生补充进入乡村、补充政策落实不到位等现象广泛存在,许多新补充教师缺乏基本的教育教学知识和技能,并对教师职业认知存在一定偏差。三是教师待遇保障不足,新补充的乡村教师"留不住"成为普遍难题。相关政策虽多次强调教师平均工资水平基准,但是当前相关政策规定很难落实,教师待遇往往处于事业单位偏低水平,工资、福利、津贴等待遇上的严重不足导致乡村教师流失率居高不下。诚如政策学家艾利森所言:"在实现政策目标的过程中,方案确定的功能只占10%,其余的90%取决于有效执行。"[1]可以看出,政策执行对于政策目标的实现至关重要。

---

[1] Allison G. Essence of Decision: Explaining the Cuban Missile Crisis[M]. Boston: Little Brown and Company, 1971: 176.

关于乡村教师补充政策的研究近年来呈上升趋势,但已有研究多局限于从教育学、管理学、经济学等视角展开研究,更关注政策文本分析与理论建构,较少从基层行动者的视角出发综合考虑政策本身、政策执行的主客体、政策环境等因素,以论证乡村教师政策的科学性与合理性。同时,现有研究对乡村教师补充政策的核心概念把握不足,多为零散而重复的论述,且有研究者将"补充途径""补充政策""补充机制"等混淆为相同的概念,说明当前关于乡村教师补充政策研究的规范性仍有待提升。总的来看,已有乡村教师补充政策执行研究主要表现为"以点为主",还需更具系统性、深刻性的探索。

据此,本章以乡村教师补充政策文本内容为政策依据,以史密斯执行过程模型(简称史密斯模型)为理论基础,通过深入乡村教育一线,对乡村教师补充政策执行情况进行现实考察,发现政策设计与执行中的问题与疏漏,探寻政策执行的抑制因素,并在此基础上提出政策执行纾解路径,帮助政策执行者及时规避政策风险,为提升乡村教师补充政策执行效果贡献绵薄之力。

第一节 研究设计

一、何为乡村教师补充政策

当前,学界对"乡村教师补充政策"概念的认知较难达成一致。本研究认为,可以通过对"乡村教师补充政策"上位概念的延伸进行概念界定。"乡村教师补充政策"的上位概念是"教育政策",因此可以从"教育政策"的概念阐释中得到启发。

对"教育政策"的理解,一般从公共政策角度出发进行演绎。"政策"由"政"和"策"构成,"政"有政治、政权、政事之意;"策"有策划、策略、策论之意。对于"政策",较具代表性的定义源于《辞海》:政策是"国家、政党为实现一定历史时期的路线和任务而规定的行动准则和具体措施"。相应地,"教育政策"就是"党和政府在一定历史时期为教育工作制定的基本要求和行动准则"[①]。也有学者致力于从政策动态运行的角度诠释"教育政策"。综合以上两方面的阐释,本研究中的"教育政策"定义为"党和政府在综合各方面利益的基础上,为解决教育问题、实现教育目标动态规定的行动准则和具体措施"。

"教师补充"缺少词源学解释,但可以结合构词法与现实意义,对其进行概念界定。对于"教师"的定义,《现代汉语词典》释义,教师是"担任教学工作的专业人员",《教师法》规定,"教师是履行教育教学职责的专业人员"。对于"补充",《现代汉语词典》中有两种解释:一是原来不足或有损失时,增加一部分;二是在主要事物之外追加一些。[②] 根据教师补充政策与现实语境,本研究中的"补充"更倾向于第一种解释,即针对(教师)资源不足而进行增加与补足。因此,"教师补充"可以理解为"为弥补教师队伍的短缺,利用各种渠道与方式进行补足与充实,使其实现正常的教育教学工作"。

基于以上分析,本研究认为,"乡村教师补充政策"是"党和政府为改善乡村教师队伍建设、弥补乡村教师队伍现实缺口而动态规定的关于乡村教师补充工作的行动准则和具体措施"。需要特别说明的是,"乡村教师补充政策"并非官方对某一项政策的命名,不专指某一特定的政策文本,而是泛指国家与研究样本区域地方政府颁布的各项教育政策中与乡村教师补充相关的政策条文。

党和国家高度重视乡村教师补充工作,颁布的一系列乡村教师队伍建设政策中都十分关注教师补充环节。本研究首先对国家层面出台的教育政策中与乡村教师队伍建设相关的政策内容进行摘录,结合词频计量分析统计出与"乡村教师补充"相关且高频出现的关键词(关键词在相关政策中出现五次及以上为高频关键词),根据前文对已有乡村教师补充政策研究关注重点内容的归纳,以互斥为原则构建了包含补充渠道、补充类型和补充保障在内的三维度乡村教师补充政策内容框架(见表4-1)。

[①] 张焕庭.教育辞典[M].南京:江苏教育出版社,1988:763.
[②] 中国社会科学院语言研究所词典编辑室.现代汉语词典[Z].7版.北京:商务印书馆,2017:104.

表 4-1 乡村教师补充政策内容框架

维度	关键要素
乡村教师补充渠道	"特岗计划";轮岗交流制;本土化定向培养;数量规模
乡村教师补充类型	学科结构;性别结构;学历要求
乡村教师补充保障	工资待遇;职称评聘;住房等社会保障建设

乡村教师补充渠道是乡村教师补充的基础,是教师顺利且有效补充的通道,关系着乡村教师补充"下得去"目标的实现,包含"特岗计划"、轮岗交流制、本土化定向培养等倾斜计划的实施情况等内容。乡村教师补充类型是乡村教师补充的标准,以此为依据包含紧缺学科的补充、补充性别结构合理化、补充教师学历水平的明显提升等内容,这关系到乡村教师补充"教得好"目标的实现。乡村教师补充保障是乡村教师补充的动力来源,是增强新补充教师稳定性的关键,关系着乡村教师补充"留得住"目标的完成,包括保障并逐步提高工资待遇、职称评聘方面实行倾斜、完善住房和医疗等社会保障建设的内容。以上三维度相互配合,打出乡村教师补充的"组合拳",保证乡村教师补充的持续性与有效性。

二、理论基础与分析框架

(一)史密斯模型及其适切性分析

前文已对史密斯模型进行过详尽介绍,此处不再赘述。通过在中国知网对相关研究主题进行检索(截至 2020 年 12 月 31 日)发现,以"史密斯模型"为关键词的论文共 503 篇,其中期刊论文 276 篇,研究生学位论文 227 篇,涉及商业、财务、教育、住房等众多领域。可以看出,史密斯模型在我国公共政策研究领域被广泛应用。在教育领域,运用史密斯模型进行政策执行分析的内容主要包含精准扶贫教育政策、农村教育政策、人才引进与选拔政策等。史密斯模型在众多领域分析公共政策执行的广泛应用,表明该模型具备一定程度的科学性与适用性。

史密斯模型不仅关注政策本身,而且强调政策外其他主客体因素,拓宽了政策执行研究的视野。[①] 虽然史密斯政策执行的四要素划分相对宽泛,难以穷尽所有政策执行影响因素,但相比于过于抽象难以把握的相互调适模型和控制博弈,以及要素划分过于烦琐导致操作性、应用性较低的综合模型来说,史密斯模型所代表的政策过程模型的四要素划分具有较明确的针对性和指向性,层次清晰且对政策执行解释力较强,其提出的政策执行四要素也是学术界公认的政策执行过程最基本的影响因素。[②] 因此,本研究借助史密斯模型这一理论工具,尝试在满足乡村教师补充政策整体性的情况下,把繁杂琐碎的问题通过直观形象的模型简单化处理,直击要害展开剖析。

对乡村教师补充政策执行四要素而言,理想化政策即合理可行的乡村教师补充相关政策;政策执行机构即国家与地方各级政府、教育行政部门等;政策目标群体即新补充的乡村教师;政策环境即乡村教师补充政策制定并执行的环境,包括宏观的乡村社会经济环境与微观的乡村学校环境等。基于以上论述可以认为,利用史密斯模型分析乡村教师补充政策执行情况是合理且可行的。

(二)分析框架

借助史密斯模型分析乡村教师补充政策的执行情况,为探究政策执行的动态性与复杂性提供崭新的理论视角,有助于窥探政策执行中的问题,为提升政策执行效果提供优化建议。本研究依托史密斯模型,以经过本土化修正与创新后的模型四要素为分析框架,并结合乡村教师补充政策文本内容中的三方面政策目标,对乡村教师补充政策执行的制约因素进行归纳与探析,制定了政策内容与分析的二维框架(见图 4-1)。

---

① 毕正宇.教育政策执行模式研究[D].武汉:华中师范大学,2006:94.
② 万家瑞.史密斯政策执行过程模型视域下地方政府精准扶贫政策执行研究——以辽宁省朝阳市为例[D].大连:东北财经大学,2019:16.

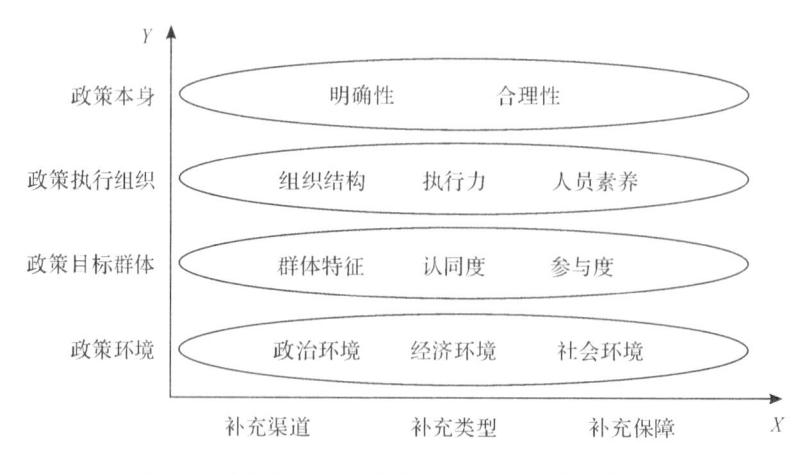

图 4-1 乡村教师补充政策执行内容与分析二维框架

将史密斯模型中的四要素作为本研究内容与分析二维框架的 Y 轴,即政策本身、政策执行组织、政策目标群体以及政策环境。同时,依据当前我国现实需求以及本研究中相关概念界定,对该模型进行一定程度的修正:其一,史密斯模型关注"自上而下"的政策执行路径,侧重对中央政府这一层级的关注,但本研究强调的是"上下互动"的政策执行路径,因此在二维分析框架中,不仅强调中央政府的决策作用,更关注各级政府在政策执行中发挥的作用,以及政策目标群体对执行过程的调适作用;其二,史密斯模型在一定程度上忽视了政策执行者在政策执行中的主导作用,没有给予执行人员足够的关注是该模型存在的主要缺陷[1],因此本研究将政策执行人员列为重要的二级分析维度,并对其政策执行能力、态度等方面进行调查分析。结合史密斯模型相关研究与理论修正,可以归纳出具体的分析框架,政策本身要形成明确且合理的理想化政策,包括政策的形式、类别、范畴、政策文本的科学性与民主性等;政策执行组织是政府中具体负责政策执行的机构组织,观测指标包括组织结构、执行力、工作人员执行素养等[2];政策目标群体是政策直接作用的对象,目标群体的特征、认同度以及参与度会影响政策执行的效果[3];政策环境是影响政策生存

---

[1] 陈庆云.公共政策分析[M].2 版.北京:北京大学出版社,2011:170.
[2] Smith T. The policy implementation process[J]. Policy Sciences,1973(2):197-209.
[3] 薛正斌.从史密斯模型反观乡村教师生活补助政策的偏差与矫正[J].教师教育研究,2021(1):45-50.

空间的要素,主要指政治、经济、社会等环境要素。

如前所述,本研究中的乡村教师补充政策主要包括补充渠道、补充类型和补充保障三方面内容。为保证研究的系统性与连贯性,将本研究梳理的政策内容维度作为政策分析框架的 X 轴。

综合以上二维的分析,最终形成乡村教师补充政策执行的内容与分析框架,其中 X 轴为政策内容维度,用于分析乡村教师补充政策执行的成效及问题;Y 轴为史密斯模型维度,目的是探究乡村教师补充政策执行的归因及建议。第一,政策文本质量在政策实施中发挥关键性作用,通过调查政策在补充渠道、补充类型和补充保障方面设计的公开透明度、可操作性程度等,分析不同政策中补充文本的明确性与合理性。第二,政策执行组织主要包括负责政策执行的中央与地方各级政府、相关行政部门及学校,通过调查各级执行组织是否按规定对三方面政策内容进行及时宣传与解读、是否在执行中分工明确且合作良好等情况,考察政策执行组织的结构健全度、执行力和执行人员素养。第三,政策目标群体主要指补充进入乡村的教师,他们的群体特征、对政策规定的认同度及参与度是政策执行的直接影响因素,可以通过调查乡村教师对政策条文的了解度、乡村任教的真实动机等进行信息收集。第四,乡村教师补充政策环境主要包括政治环境、经济环境和社会环境等,乡村整体生活环境和教师个人生活环境都是影响政策执行的重要因素。

三、调研的准备与开展

(一)研究方法的选择

1. 文献研究法

文献研究法指依据一定的研究目的,通过查阅前人的研究成果,从而全面正确地理解要研究的问题,并以此为自身研究提供理论基础和分析框架的一种研究方法。本研究通过学校图书馆和中国学术文献总库等数据库和互联网,深入查阅与乡村教师补充政策相关的期刊论文、专著报刊等文献材料,分析总结当前国内外研究者对乡村教师补充政策研究的进展与研究特点,提取与本研究相关的论点作为理论支撑,借鉴有效的研究方法作为实践参照,为更

2.文本分析法

文本分析法是对文本内容进行定量与定性相结合的系统性语言分析方法，意在梳理文本内在的既定事实或趋势，从而对事物发展做出相应的预测。[①] 对政策进行文本分析是研究政策执行的前提性、先导性工作，本研究以乡村教师补充政策执行情况为研究内容，需要率先对相关政策文本内容进行梳理与分析，找寻政策目标与理论依据。

《国家中长期教育改革与发展规划纲要（2010—2020年）》明确提出"创新农村教师补充机制，完善制度政策，吸引更多优秀人才从教"，此后，党和政府相继出台了较既往更为系统完备的政策，保证乡村教师补充这一源头和基础工作的落实，对乡村教师补充政策及其执行情况进行梳理与总结，窥探当前乡村教师补充现状，为今后政策制定与政策执行提供有益启示。因此，本研究政策梳理时间从2010年7月开始，包括国家及地方政府等相关部门所颁布的各级各类政策文件（见表4-2）。同时，全面搜集本研究区域河南省A县所在的省、市、县近年来制定与下达的各类与乡村教师补充相关的政策文本（见表4-3），为分析地方乡村教师补充实践提供翔实的政策依据。本研究对收集到的政策进行乡村教师补充相关内容的文本摘录，依据前文所搭建的政策文本分析框架，具体从补充渠道、补充类型和补充保障等三方面对文本内容进行梳理与归纳，为政策执行的现实考察确立目标与方向。

表4-2 国家政策中关于乡村教师补充的文本要点

发布时间	政策名称	文本要点
2010年	《国家中长期教育改革和发展规划纲要（2010—2020年）》	补充渠道：积极推进师范生免费教育，实施农村义务教育学校教师特设岗位计划
		补充类型：吸引更多优秀人才从教
		补充保障：对长期在农村基层和艰苦边远地区工作的教师，在工资、职务（职称）等方面实行倾斜政策，完善津贴补贴标准。建设农村艰苦边远地区学校教师周转宿舍。研究制定优惠政策，改善教师工作和生活条件。落实和完善教师医疗养老等社会保障政策

[①] 高鹏，和学新.教育研究中内容分析法的应用：路径、问题与改进[J].当代教育与文化，2018(4)：80-85.

续表

发布时间	政策名称	文本要点
2012年	《国务院关于深入推进义务教育均衡发展的意见》	补充渠道：建立和完善鼓励城镇学校校长、教师到农村学校或城市薄弱学校任职任教机制，完善促进县域内校长、教师交流的政策措施
		补充类型：吸引优秀高校毕业生和志愿者到农村学校或薄弱学校任教。合理配置各学科教师，配齐体育、音乐、美术等课程教师
		补充保障：对长期在农村基层和艰苦边远地区工作的教师，在工资、职称等方面实行倾斜政策，在核准岗位结构比例时高级教师岗位向农村学校和薄弱学校倾斜。完善医疗、养老等社会保障制度建设，切实维护农村教师社会保障权益。建设农村艰苦边远地区教师周转宿舍
2012年	《教育部、中央编办、国家发展改革委、财政部、人力资源社会保障部关于大力推进农村义务教育教师队伍建设的意见》	补充渠道：继续实施并逐步完善农村义务教育阶段学校教师特设岗位计划，大力推进各省（区、市）实施地方特岗计划。全面实行新进教师公开招聘制度，加强省级统筹，规范招聘程序和条件。各地要建立县（区）域内教师校长轮岗交流机制，建立县（区）域内城镇中小学教师到乡村学校任教服务期制度，引导、鼓励优秀教师到乡村薄弱学校或教学点工作
		补充类型：补足配齐农村音体美、英语、信息技术、科学课程等紧缺学科教师以及心理健康教育教师
		补充保障：各地要依法保障并逐步提高农村义务教育教师工资待遇，确保平均工资水平不低于当地公务员平均工资水平。进一步做好农村义务教育学校教师绩效工资实施工作。确保绩效工资所需资金落实到位。对长期在农村基层和艰苦边远地区工作的教师，实行工资倾斜政策。推进教师养老保障制度改革，按规定为农村教师缴纳住房公积金及社会保险费。中央安排基建投资，支持建设农村艰苦边远地区学校教师周转宿舍

续表

发布时间	政策名称	文本要点
2015年	《乡村教师支持计划（2015—2020年）》	补充渠道：扩大农村教师特岗计划实施规模，重点支持中西部老少边穷岛等贫困地区补充乡村教师。鼓励地方政府和师范院校根据当地乡村教育实际需求加强本土化培养，采取多种方式定向培养"一专多能"的乡村教师。高校毕业生取得教师资格并到乡村学校任教一定期限，按有关规定享受学费补偿和国家助学贷款代偿政策。各地要采取有效措施鼓励城镇退休的特级教师、高级教师到乡村学校支教讲学
		补充类型：为乡村学校持续输送大批优秀高校毕业生。合理规划乡村教师队伍规模
		补充保障：适时提高特岗教师工资性补助标准。逐步形成"越往基层、越是艰苦，地位待遇越高"的激励机制，以及充满活力的乡村教师使用机制
2016年	《国务院关于统筹推进县域内城乡义务教育一体化改革发展的若干意见》	补充渠道：全面推进教师"县管校聘"改革，按照教师职业特点和岗位要求，完善教师招聘机制
		补充类型：研究确定县域统一的义务教育学校岗位结构比例。着力解决乡村教师结构性缺员和城镇师资不足问题
		补充保障：完善职称评聘政策，逐步推动县域内同学段学校岗位结构协调并向乡村适当倾斜，实现职称评审与岗位聘用制度的有效衔接，吸引优秀教师向农村流动
2018年	《中共中央、国务院关于全面深化新时代教师队伍建设改革的意见》	补充渠道：实行义务教育教师"县管校聘"。深入推进县域内义务教育学校教师、校长交流轮岗，实行教师聘期制、校长任期制管理，推动城镇优秀教师、校长向乡村学校、薄弱学校流动。实行学区（乡镇）内走教制度，地方政府可根据实际给予相应补贴。逐步扩大农村教师特岗计划实施规模。鼓励优秀特岗教师攻读教育硕士。鼓励地方政府和相关院校因地制宜采取定向招生、定向培养、定期服务等方式，为乡村学校及教学点培养"一专多能"教师，优先满足老少边穷地区教师补充需要。实施银龄讲学计划，鼓励支持乐于奉献、身体健康的退休优秀教师到乡村和基层学校支教讲学
		补充保障：适时提高特岗教师工资性补助标准

续表

发布时间	政策名称	文本要点
2018 年	《教师教育振兴行动计划(2018—2022 年)》	补充渠道:推进本土化培养,面向师资补充困难地区逐步扩大乡村教师公费定向培养规模,为乡村学校培养"下得去、留得住、教得好、有发展"的合格教师
2020 年	《教育部等六部门关于加强新时代乡村教师队伍建设的意见》	补充渠道:健全县域交流轮岗机制。深入推进县(区)域内义务教育学校教师"县管校聘"管理改革。各地应采取定期交流、跨校竞聘、学区一体化管理、集团化办学、学校联盟、对口支援、乡镇中心学校教师走教、"管理团队+骨干教师"组团输出等多种途径和方式,重点引导城镇优秀校长和骨干教师向乡村学校流动。统筹安排乡镇中心学校和所辖村小、教学点教师交流任教。结合乡村教育需要,探索构建招聘和支教等多渠道并举,高端人才、骨干教师和高校毕业生、退休教师多层次人员踊跃到乡村从教、支教的格局。创新教师公开招聘办法,鼓励人才到乡村任教。继续实施并完善"特岗计划"
		补充类型:鼓励地方探索教师跨学科、跨学段转岗机制,并为转岗教师提供专业化的转岗培训,缓解英语、音体美、综合实践等学科(领域)教师短缺矛盾
		补充保障:完善交流轮岗激励机制,将到农村学校或薄弱学校任教 1 年以上作为申报高级职称的必要条件,3 年以上作为选任中小学校长的优先条件。城镇教师校长在乡村交流轮岗期间,按规定享受当地相关补助政策。各地应保障特岗教师工资待遇,并按时发放工资

A 县所在的河南省以及 B 市一直高度关注乡村教育事业发展,重视乡村教师队伍建设,坚持贯彻党和国家的政策精神,按照相关政策指令制定一系列适宜当地的政策文件以完善乡村教师补充机制。

省级层面收集到的相关政策包括 2010 年出台的《河南省中长期教育改革和发展规划纲要(2010—2020 年)》、2013 年出台的《河南省人民政府关于全面加强教师队伍建设的意见》、2014 年出台的《河南省人民政府关于优化城乡基础教育资源配置解决城镇基础教育资源不足问题的意见》、2015 年出台的《河南省乡村教师支持计划(2015—2020 年)实施办法》、2016 年出台的《河南省人民政府关于优化农村中小学校布局加强寄宿制学校建设全面提高教育质量和办学效益的意见》、2018年出台的《河南省人民政府关于加快推进县域内城乡义务教育一体化改革发展的意见》、2019年出台的《中共河南省委、河南省人民政府关于全面深化新时代教师队伍建设改革的实施意见》。

市级层面收集到的相关政策有2010年出台的《B市贯彻落实国家中长期教育改革和发展规划纲要(2010—2020年)的实施意见》、2011年出台的《B市特岗教师管理办法》、2016年出台的《B市乡村教师支持计划(2016—2020年)实施办法》等。县级层面自行制定的乡村教师补充政策较少,更多是执行上级政府政策的实施方案。

表4-3 地方政策中关于乡村教师补充的文本要点

内容维度	文本要点
补充渠道	《河南省乡村教师支持计划(2015—2020年)实施办法》提出"到2017年,力争使乡村学校教师来源得到多渠道扩充"
	严格执行各级学校教师资格标准,严把教师入口关,新进教师一律采取面向社会公开招聘的办法进行
	继续实施省级"特岗计划",并向乡村学校倾斜,按照中央要求适时提高特岗教师工资待遇,河南省和B市每年出台本地区"特岗计划"工作部署,明确划定计划实施范围、招聘数量等要点
	从2020年起,启动实施公费师范生培养计划,实行定向招生、定向培养、定向就业,精准培养本土化乡村教师
	推进县域内义务教育教师"县管校聘",深入推进校长、教师交流轮岗,引导城镇优秀校长、骨干教师向乡村和薄弱学校流动,县域内每学年教师交流的比例要达到10%以上
补充类型	逐步提高教师的学历要求
	吸引优秀高校毕业生和志愿者到农村学校或薄弱学校任教
	合理配置各学科教师,配齐英语、音体美、综合实践等课程教师,缓解部分学科教师短缺矛盾
	促进统筹调配编内教师资源,着力解决乡村教师结构性缺员和城镇师资不足问题
补充保障	逐步形成"越往基层、越是艰苦,地位待遇越高"的激励机制

续表

内容维度	文本要点
补充保障	为教师缴纳住房公积金和各项社会保险费,继续实施边远艰苦地区农村学校教师周转宿舍建设项目,按规定将符合条件的乡村教师住房纳入当地住房保障范围。拓宽投资渠道,解决好农村教师住房保障问题,三年内基本完成农村中小学教师周转房建设,五年内基本完成中小学教师保障性住房建设
	保障农村教师工资按时足额发放,坚决防止出现拖欠教师工资现象
	将国家集中连片特困地区重点县义务教育学校乡村教师生活补助政策扩大到全省农村义务教育学校教师,依据艰苦边远程度实行差别化补助。2019年1月1日起,26个原国家集中连片特困地区重点县的乡镇、村、教学点教师生活补助标准分别提高到每人每月 200 元、500 元、800 元

3.调查研究法

调查研究法是社会科学领域一种重要且常用的研究方法,主要指通过直接接触教育现实,对取得的现实资料进行分析归纳,以发现其内在逻辑或倾向性的方法,主要包括问卷调查和访谈调查。[①] 本研究的目的在于了解当前乡村教师补充政策的执行现状,进而了解目前政策执行的成效与困境。在对乡村教师进行个体问卷调查的基础上,为更深入地分析和探讨问题,本研究又抽取了一定数量的乡村教师、乡村学校领导和教育主管部门工作人员进行访谈调查,使调查结果更加真实有效。

(1)问卷调查

问卷调查是以精巧设计的书面调查项目或问题,向被调研者收集信息的方法[②],可以高效地收集较多样本信息,为研究分析积累更多样、更广泛的数据资料。本研究依据研究内容编制调查问卷,通过对当前研究热点的归纳以及相关政策中高频关键词的考量,从乡村教师补充渠道、补充类型和补充保障三个维度着手编制问卷,结合前文提及的国家层面重要的乡村教育政策和《河南省人民政府关于全面加强教师队伍建设的意见》《河南省乡村教师支持计划(2015—2020年)实施办法》等河南省级层面重点政策中的相关阐述进行具体化扩充,完善乡村教师补充政策执行情况调查内容。在此基础上,参考蒋蓉等

[①] 马云鹏.教育科学研究方法[M].长春:东北师范大学出版社,2001:89.
[②] 金娣,王钢.教育评价与测量[M].2版.北京:教育科学出版社,2007:131.

著的《坚守与希望:乡村教师发展实证研究》中的政策实施情况调查问卷[①]、李文维编制的《农村义务教育教师队伍补充机制的调查问卷》[②]和张阳娜编制的《乡村教师支持计划(2015—2020年)政策实施效果调查问卷》[③],并结合多方意见,自主编制了《乡村教师补充政策执行情况调查问卷》[④]。

问卷由三部分构成,第一部分(1—6题)为教师个人基本信息,包括性别、教龄、学历、职称等人口统计学变量,目的在于了解样本基本背景信息;第二部分(7—32题)为政策执行现状调查,包括乡村教师补充渠道、补充类型、补充保障现状,该部分是调查问卷的核心内容,目的是掌握乡村教师补充政策执行的基本情况;第三部分(33—40题)为态度认知题,其中33—39题反映的是乡村教师对政策执行情况的评价与满意度,第40题为开放式问题,要求被试对政策执行提出意见和建议,以期为后续的原因分析和对策建议提供现实依据。

本研究利用问卷星平台生成电子问卷,以河南省A县乡村教师为研究对象,通过微信、QQ、网页链接等方式在教师工作群在线发放问卷,避免纸质问卷发放困难、数据整理繁杂等问题,有效提升了调查效率。试测阶段回收问卷65份,剔除无效问卷5份,有效回收问卷60份,问卷回收有效率为92.3%。正式发放问卷阶段,共回收问卷240份,剔除答题时间过短、选项相同的无效问卷13份,共计回收有效问卷227份,问卷有效回收率为94.6%。问卷调查数据运用SPSS 22.0软件进行量化统计分析,主要包括频数统计、独立样本T检验等。

正式发放问卷之前,笔者共做了三轮问卷修改与一次问卷试测,以保证调查的有效性和准确性。在参考相关文献和权威问卷的基础上,初步设计问卷初稿,邀请专家进行第一轮修改,主要考查问卷的维度是否合理、问卷的选项是否全面;第一轮修改后进行试测,共回收有效问卷60份,针对试测结果进行题项的修正;第二轮修改结束后,基于试题地域性和科学性的考虑,邀请河南

---

① 蒋蓉,等.坚守与希望:乡村教师发展实证研究[M].南京:南京大学出版社,2019:243-246.
② 李文维.农村地区义务教育教师队伍补充机制问题研究——基于对山西省X县的调查[D].重庆:西南大学,2013:53-55.
③ 张阳娜.河南省R县"乡村教师支持计划"政策实施效果研究[D].武汉:华中师范大学,2018:59-61.
④ 详见附录一。

省 A 县部分乡村教师和相关专家进行了第三轮问卷修改，对语言表述等做进一步细化，提升问卷的内容效度，保证问卷的可靠性和真实性。虽然本研究的问卷为非量表式问卷，但其中包含等级选项测试题，因此可以对该问卷进行统计学意义上的信度分析。信度用于测量问卷的可靠性和稳定性，常用克隆巴赫（Cronbach's α）系数来检验，一般认为 α 系数介于 0.65—0.7 是可接受的，介于 0.7—0.8 间相当好，介于 0.8—0.9 间非常好，低于 0.6 应重新修订研究工具或重新编制。[①] 经检验，本研究问卷中等级选项测试题信度系数值为 0.851，表明《乡村教师补充政策执行情况调查问卷》中相关题目具有较好的信度水平，可以进行大范围的正式调查。

(2) 访谈调查

访谈调查是指调查者与调查对象进行面对面沟通，进而收集资料的调查方法，具有较强的灵活性与针对性。为了更加全面深入地了解乡村教师补充政策执行现状与存在执行问题的原因，根据问卷调查结果和问卷未涉问题制定访谈提纲[②]，随机抽取河南省 A 县教育行政部门工作人员、乡村学校领导和普通教师共 12 人进行一对一面谈，访谈内容围绕乡村教师补充政策执行情况展开，先询问受访者本地区在政策执行某方面是否面临问题，进而探究问题成因，对存在的疑问及时追问，并引导受访者尽可能还原真实现状，表达自己对政策执行各方面影响因素的真实看法。本次访谈选择在活动室开展，有助于营造轻松的谈话氛围，有利于受访者积极真实地反映相关问题和阐述原因。本研究通过对乡村教师政策的各级利益相关者的访谈调查，全面地了解不同利益者对政策的认识以及现实性的问题、问题成因等，能有效避免对研究问题的主观臆测，保证了调查结果的真实性与客观性。

(二) 调研对象的确定

本研究选择河南省 A 县为调查样本的来源区域。A 县位于河南省南部，地处淮河上游、大别山北麓，辖区内岗川相间、地质形态多样。A 县依"三关"（平靖关、武胜关、九里关）之险，扼南北通道，为历代军事战略要地；地邻大别

[①] 吴明隆. SPSS 统计应用实务[M]. 北京：中国铁道出版社，2000：16.
[②] 详见附录二。

山,属偏远革命老区。辖区总面积 1700 多平方公里,截至 2018 年末,域内总人口 66 万余人[①],人口稠密且可利用土地面积较少,缺少可持续性发展支柱产业,经济水平偏低,教育基础设施建设乏力,基础教育师资吸引力不足,乡村教师补充面临较严峻的局势,亟须挖掘其教师补充政策执行困难及原因,并提出优化策略增强乡村教师的吸引力与稳定性。因 A 县不是国家重点扶贫县,缺少国家倾斜性政策的直接支持,也缺少如江浙沪、珠三角等地区得天独厚的经济发展条件,对于河南省 A 县的调查更能反映与 A 县发展水平相似的广大地区的乡村教育发展状况。加之研究者所在学校与河南省中小学教师培训有合作关系,因此有较为便利的调研条件,更有利于掌握一手原始资料,保障调查研究的真实、有效。

本研究对河南省 A 县的乡村教师进行了问卷调查和访谈调查,其中共回收有效问卷 227 份(见表 4-4)。

表 4-4 乡村教师基本情况统计

项目	类别	数量/人	占比/%
性别	男	58	25.6
	女	169	74.4
教龄	1—5 年	80	35.2
	6—10 年	47	20.7
	11—20 年	34	15.0
	21 年及以上	66	29.1
学历	专科及以下	31	13.7
	本科	190	83.7
	研究生	6	2.6
任教学段	小学	110	48.5
	初中	117	51.5

---

① 参阅《2018 年 A 县国民经济和社会发展统计公报》。

续表

项目	类别	数量/人	占比/%
职称	未定级	28	12.3
	三级	7	3.1
	二级	99	43.6
	一级	93	41.0
职务	普通教师	205	90.3
	学校中层及以上领导	22	9.7

表 4-4 清晰呈现了本研究问卷调查样本在人口学变量上的基本情况,从样本具体分布来看,男教师 58 人,占总人数的 25.6%,女教师 169 人,占比 74.4%,女教师数量明显多于男教师,与当前乡村学校男教师数量偏少的现状相符。

教龄方面,1—5 年教龄段的教师为 80 人,占比 35.2%,整体占比多于其他教龄段教师,说明近几年乡村学校源源不断地补充新教师;6—10 年教龄段的教师为 47 人,占比 20.7%;11—20 年教龄段的教师为 34 人,占比 15.0%;21 年及以上教龄段的教师为 66 人,占比 29.1%。

学历方面,专科及以下学历层次的教师为 31 人,占比 13.7%;本科学历层次的教师为 190 人,占比最多,达到 83.7%;研究生学历层次的教师为 6 人,占比 2.6%,说明乡村学校中本科学历教师占绝大多数。

任教学段方面,在乡村小学任教的教师有 110 人,占比 48.5%;在乡村初中任教的教师有 117 人,占比 51.5%,表明乡村小学和初中的教师数量相差不大。

职称方面,职称未定级的教师有 28 人,占比 12.3%;三级职称教师有 7 人,占比 3.1%,与其他职称区间人数相比明显较少;二级职称教师有 99 人,占比 43.6%;一级职称教师有 93 人,占比 41.0%。

从教师职务来看,普通教师有 205 人,占比 90.3%;担任学校中层以上领导职务的教师有 22 人,占比 9.7%,与当前学校教师职务结构相符。

第二节 乡村教师补充政策执行的现状考察

本节主要针对问卷和访谈调查结果进行整理与统计分析,借助 X 轴政策内容维度,分析当前乡村教师补充政策执行现状,以发现成效、探究不足。

一、乡村教师补充政策执行的成效

乡村教育一直是我国教育事业的"短板",乡村教师补充备受社会关注。近年来,乡村教师补充被纳入重要的政策议程,有关乡村教师补充的系列政策陆续出台,为乡村教育事业发展带来新的生机。通过调查发现,一线乡村教师对教师补充政策执行的态度整体较为乐观(见表 4-5),乡村教师对补充政策执行的满意度均值为 3.48,高于理论平均值 3,标准差为 0.822,且超过九成的教师对补充政策执行给予了较为肯定的评价,表明乡村教师对政策的整体态度较为积极、满意度较高。进一步对乡村教师补充政策的发展趋势做态度调查(见表 4-6),发现乡村教师对补充政策发展趋势的态度均值为 3.41,标准差为 0.778。有 6.6% 的教师认为发展趋势"非常乐观",35.7% 的教师认为发展趋势"比较乐观",52.4% 的教师认为"一般乐观",表明目前乡村教师对补充政策的未来发展普遍持积极态度并有所期待,这与国家政策的正向引导和政策落实的突出成效密切相关。

表 4-5 对乡村教师补充的政策执行评价统计

评价选项	频次/人	占比/%	累积/%
非常不满意	4	1.8	1.8
比较不满意	14	6.1	7.9
一般满意	99	43.6	51.5
比较满意	88	38.8	90.3
非常满意	22	9.7	100.0
总计	227	100.0	—

表 4-6 对乡村教师补充政策的发展趋势评价统计

评价选项	频次/人	占比/%	累积/%
非常不乐观	7	3.1	3.1
比较不乐观	5	2.2	5.3
一般乐观	119	52.4	57.7
比较乐观	81	35.7	93.4
非常乐观	15	6.6	100.0
总计	227	100.0	—

与此同时,结合已有研究结论与本研究调查资料,发现乡村教师补充政策在补充渠道、补充类型和补充保障的执行中取得了一定成效,对吸引人才投身乡村教育事业、提升乡村教育质量具有重大意义。

(一)补充渠道有所拓展

乡村教师补充政策为乡村中小学注入新鲜血液,有利于推动城乡师资的优化与均衡。相关政策反复强调要"加大补充力度""拓展乡村教师补充渠道",据此,各级各地持续开拓乡村教师补充渠道,由公开招考单一渠道逐渐拓展至"特岗计划"、公费师范生、交流轮岗等多渠道并举。有教师介绍:"我们最早是中师统一分配进来的,后来依靠统一招考补充教师,现在教师来源更多样了,有特岗进来的,有城里教师来交流的,还有来顶岗实习的。"据统计,河南省2020 年乡村教师数量为 304197 人,较 2019 年增长 3.0%,较 2018 年增长5.3%[①],多样化的补充渠道扩大了教师规模,不断弥补乡村教师数量空缺,"拓展补充渠道"的政策要求得到有效回应。本研究调查显示,教龄为 1—5 年的乡村教师占调查样本的 35.2%,教龄为 1—10 年的乡村教师占比 55.9%,远超过其他教龄段教师数量,在一定程度上说明补充渠道开拓的成效,吸引了大量新进教师到乡村任教(暂不考虑教师流失因素)。这一现象在访谈中再次得以验证,当地教育行政人员谈到,"本县前年为乡村中小学申请了 280 人的编制,去年申请了 295 人的编制,与以前相比,对乡村教师的补充力度的确在加

---

① 参阅《河南省教育统计年鉴》。

大";"从三年前开始,统一招考进来的新教师全部安排在乡村,再加上地方定向师范生、代课教师等弥补乡村教师数量缺口"。

(二)补充类型有所优化

乡村教师补充类型有所优化主要体现在教师学历结构方面。学历是评价他人知识和能力水平的重要依据,我国政策对乡村教师的学历准入门槛要求明显提高,以保证补充优质教师。例如,国家和河南地方颁布的"特岗计划"均对报考学历水平做出限制:一方面是以本科为主的报考要求,保证新补充教师的学历合格率,本科及以上学历的岗位选择范围较广,专科学历只能报考相对偏远地区的低学段学校或乡村教学点;另一方面要求全日制普通高校毕业生报考,确保新补充教师的质量,实现乡村师资的合理配置。近年来,国家和地方通过严控教师准入门槛、加大力度支持师范院校、开展职后继续教育等举措,有力弥补了乡村教师学历不足的缺陷。相关数据显示,"十三五"期间我国乡村小学专任教师合格率(专科及以上)由91.8%提升至96.3%,乡村初中专任教师合格率(本科及以上)从78.6%上升到84.0%。[①] 本研究调查(见表4-7)的小学教师本科及以上学历占比79.1%,初中教师本科及以上学历占比93.2%。访谈中也有教师提到相关内容:"近几年招进来的教师都是本科学历,比十几年前的学历要求确实高了。"

表4-7 乡村教师学历情况统计

任教学段	专科及以下 频次/人	专科及以下 在本学段占比/%	本科 频次/人	本科 在本学段占比/%	研究生 频次/人	研究生 在本学段占比/%
小学	23	20.9	86	78.2	1	0.9
初中	8	6.8	104	88.9	5	4.3

---

① 参阅《中国教育统计年鉴》。

（三）补充保障水平提升

1. 工资、津贴补助等待遇水平有所提高

工资、津贴补助等待遇水平是补充乡村教师队伍稳定性的掣肘因素。近年来，国家多次出台相关政策条款，要求大力提高乡村教师待遇水平。各地在中央统筹下，依据地方实际情况，采取配套措施提高乡村教师工资等待遇水平，成效显著。本研究调查数据显示（见表4-8），调查样本中有九成以上乡村教师工资收入在2000元以上，三成以上乡村教师工资收入在3000元以上。访谈中，也有受访者表示，当前工资收入相比以前的确有一定提高。据当地教育行政人员介绍："目前新招聘的乡村教师没有实习期，第一年入编即拿转正后工资，一定程度保障了待遇。"有教师表示："我感觉乡村教师比当地公务员的工资要高，我知道乡政府公务员的工资比较低，我现在是高级职称，每月到手工资4000元以上，感觉挺满足的。"还有教师谈道："我上岗没几年，现在打卡工资是2500元左右，还是去年刚普调的工资。"

表4-8 工资待遇情况统计

工资水平	频次/人	占比/%	累积/%
2000元以下	2	0.9	0.9
2001—3000元	150	66.1	67.0
3001—4000元	50	22.0	89.0
4001—5000元	19	8.4	97.4
5001元以上	6	2.6	100.0
总计	227	100.0	

津贴补助方面，《教育部办公厅关于2018年乡村教师生活补助实施情况的通报》明确提到，河南省2018年投入乡村教师生活补助的经费约3.50亿元[1]，相较于2017年高出0.12亿元[2]。河南省细化国家政策中"越往基层、越

---

[1] 教育部办公厅.关于2018年乡村教师生活补助实施情况的通报[EB/OL].(2019-03-26)[2023-09-22]. http://www.moe.gov.cn/srcsite/A10/s7030/201904/t20190404_376664.html.

[2] 教育部办公厅关于2017年乡村教师生活补助实施情况的通报[EB/OL].(2019-03-07)[2023-09-22]. https://www.gov.cn/zhengce/zhengceku/2018-12/31/content_5439283.htm.

是艰苦,地位待遇越高"的要求,规定从 2019 年 1 月 1 日起,26 个原国家集中连片特困地区重点县的乡镇、村、教学点教师生活补助标准分别提高到每人每月 200 元、500 元、800 元;2019 年 7 月 1 日起,12 个原国家扶贫开发重点县和 15 个原省定扶贫开发重点县(均含已脱贫摘帽县)的乡镇、村、教学点教师生活补助标准分别按每人每月 200 元、400 元、600 元标准发放,其他县(市、区)的乡镇、村、教学点教师生活补助标准分别按每人每月 200 元、300 元、500 元标准发放。[①] 通过阶梯量化的方式体现对艰苦边远地区的扶持,同时也表达对乡村教师待遇提升的整体关注。在访谈中,有教师表示:"除了基本工资,还有乡镇工作补贴和生活补贴,加起来 700 元左右,感觉也不少。"还有教师指出:"现在待遇还可以吧,虽然我们乡村教师的待遇比大城市要差,但是比起前几年有所提升,尤其是实行了乡镇补贴和生活补助之后。"

2.住房条件得以改善

对于乡村教师而言,住房是安身之所,同时也是生活必备,住房情况的好坏关系到教师是否乐意补充进入乡村,以及是否拥有积极的工作态度。据调查统计(见表 4-9),49.4%的教师住在学校提供的宿舍里,37.9%的教师住在自购房,6.6%的教师住在自建房,3.5%的教师临时住在自租房。总的来看,五成教师的住房由学校提供。此举有利于降低教师生活成本,也为工作提供了极大的便利。访谈中了解到,A 县政府近年来加大对乡村教师住房建设的投入,使教师住有所居、居有所安。有教师介绍:"学校给教师准备了周转房,所有权归学校,教师在本学校工作才可以住周转房。"亦有教师向我们说明:"以前在老校区,空间有限,家远的教师才会给安排宿舍,现在建了新校区,有足够的教师公寓,基本保证每位教师都有周转房,教师都挺乐意的。"通勤时间的大大缩短,提高了乡村教师对职业的满意度。

---

① 中共河南省委、河南省人民政府关于全面深化新时代教师队伍建设改革的实施意见[EB/OL].(2019-05-17)[2023-06-22].https://www.henan.gov.cn/2019/05-17/793823.html.

表 4-9　现有住房类型情况统计

住房类型	频次/人	占比	累积/%
自购房	86	37.9	37.9
自租房	8	3.5	41.4
自建房	15	6.6	48.0
学校宿舍	112	49.4	97.4
其他	6	2.6	100.0
总计	227	100.0	

二、乡村教师补充政策执行的困境

乡村教师补充政策执行取得了值得肯定的成效，在一定程度上破解了乡村教师"补充难"困境，推进了乡村教师资源的优化配置，整体提升了乡村教育质量与效果。但是，政策执行也在补充渠道、补充类型与补充保障方面暴露出一定的困难，与理想化的政策要求存在距离。

(一)补充渠道实施效力不一

近年来，国家和地方政府陆续出台大量政策，以完善乡村教师补充渠道，如"特岗计划"、交流轮岗、"三支一扶"、公费师范生等，为乡村学校输送大量教师，使乡村教师队伍面貌整体改观。但值得关注的是，并不是所有县域都能按要求落实补充渠道的相关规定，不同补充渠道的实施效力不一。

一方面，真正"下得去"的渠道较少。本研究对样本学校近三年新进教师的补充渠道进行统计，发现公开招聘和"特岗计划"是落实教师补充的主要渠道，招录数量占所有渠道的近九成。虽然公开招聘和"特岗计划"在一定程度上增补了乡村教师数量，但主要依靠这两种渠道推动教师"下得去"略显力度不足，难以充分满足乡村学校的现实诉求。当地行政人员也对其他补充渠道实施不力的情况做出了说明："本县域内存在轮岗交流，乡村教师到城区进行顶岗实习1—2年，城区一部分教师到乡村支教，但总量都不大，因为两边都比较缺教师，尤其近两年提倡'教育均衡发展'，要求取消超过55人的大班额，因此城区也需要大量教师，现在大家都着急等水喝，城区和农村都亟需教师，就不好办。"并针对公费师范生的现实情况进行补充说明："前几年能够引进20

个左右部属公费师范生来我县,但近几年难以引进,都被郑州等地的优惠条件吸引去了。近两年,我们开始面向河南大学、河南师范大学等院校招收地方公费师范生,但这些师范生更多留在了县镇一级,很难下到乡村。"综上可见,真正使教师"下得去"的补充渠道较少,乡村师资补充工作仍然任重道远。

另一方面,"留得住"教师的渠道有限。近年来,虽然每年都加大乡村教师招录力度,但教师数量仍未满足实际需求。调查中,超过七成乡村教师表示本校教师数量不足(见表4-10),除"下得去"的渠道少、招录范围有限外,还存在补充的乡村教师流失率高的情况,面临"引进来"却"留不住"的窘境,特别是新上任的年轻教师。调查中,教师普遍表示本校存在教师流失严重的问题,有的学校甚至会流失一半以上新补充教师。"老教师现在比较稳定,这么多年也习惯在乡村任教了,有了职评的优惠基本能安稳干到退休,现在是年轻教师不稳定,满三年就想选调进城,每年招进来十个,考走五六个";"现在教师流动频繁,像是我们班这学期语文老师换了三个,教师校内流动或者是借调到其他地方了,这种现象特别普遍";"年轻教师流失率较高,因为满三年后可以选调进城,每年都有走的教师,所以我们学校现在还有很多代课教师,有的教师一学期就走了,有的甚至两三个月就走了,一个学生小学六年中频繁换教师,刚适应新教师就走了,对学生特别不好。"在年轻教师中,"特岗计划"招录来的教师流失问题尤为严重,有教师提及:"据我所知,'特岗计划'的教师流动性特别大,可能大家考上到任教学校一看,因为地域离家远,硬件条件差,很多人会放弃,甚至不到三年服务期就解约。当时考特岗之前,都会让我们签约,保证三年服务期,当时一个学科考上的有十几个人,真正到岗的只有五六个人,因为大家都是好多招教同时考,如果考上招教,就会放弃特岗。"

表4-10 乡村学校教师数量统计

评价选项	频次/人	占比/%	累积/%
很充足	8	3.5	3.5
比较充足	30	13.2	16.7
说不清	22	9.7	26.4
不太充足	131	57.7	84.1
很不充足	36	15.9	100.0
总计	227	100.0	—

(二)补充类型存在失衡现象

只有均衡配置乡村教师、开齐开足国家规定课程,才能全面提高乡村教育教学质量,推进城乡教育协调发展,但当前补充的乡村教师结构失衡,具体表现为以下三方面。

1. 学科结构性失衡

一是专业对口率较低,"教非所学"的现象较为普遍。据调查,乡村教师专业对口率仅为76.2%(见表4-11),与100%的理想化水平存在较大差距。"除了英语教师专职一点,其他学科教师都可能任教与自己专业无关的科目,英语教师也不一定本科学的是英语,可能比较擅长英语,就是缺什么补什么。"与此同时,部分新教师来自非师范专业,比如室内设计专业毕业生教语文、计算机专业毕业生教数学,"教非所学"现象突出,教学适应难度加大。有教师对此表示担忧:"非师范类学生当教师后相对来说差一点,因为他的学科知识和教育教学素养不够,本科所学专业不符合,但是有相应教师资格证就可以报考,强烈建议硬性规定教师必须从师范院校出,通过四年系统培养出来的新教师的确比非师范生(教学)好上手。"

表4-11 专业对口情况统计

专业对口情况	频次/人	占比/%	累积/%
专业对口	173	76.2	76.2
专业不对口	54	23.8	100.0
总计	227	100.0	—

二是多学科师资匮乏,教师身兼数科现象普遍。对"您所在学校哪(几)个学科教师紧缺?"进行调查(见表4-12),发现约五成教师表示最紧缺的学科为音乐、体育、美术、信息技术等小学科,约二至四成教师表示语文、数学、英语等学科也紧缺教师。出现这种现象的原因可能是,选拔性考试强调对语数英等基础学科的考查,学校注重补充基础学科师资,优先满足基础学科的教育教学需要,在一定程度上忽视了小学科的师资补充。为保证开齐开足国家规定课程,小学科教学往往由基础学科教师兼任,但由于教师精力有限,小学科教学

效果通常大打折扣。当地教师普遍谈及"我们学校比较缺教师,主科老师都不够,所以基本上每个教师都会任教好多科目"。相关研究也表明,乡村学校特别是乡村小学,教师身兼多门学科课程的情况较为普遍。[①]

表 4-12　紧缺学科情况统计

紧缺情况	语文		数学		英语		音乐	
	频次/人	占比/%	频次/人	占比/%	频次/人	占比/%	频次/人	占比/%
不紧缺	173	76.2	174	76.7	138	60.8	106	46.7
紧缺	54	23.8	53	23.3	89	39.2	121	53.3
总计	227	100.0	227	100.0	227	100.0	227	100.0

紧缺情况	体育		美术		信息技术		其他	
	频率/人	占比/%	频率/人	占比/%	频率/人	占比/%	频率/人	占比/%
不紧缺	124	54.6	110	48.5	130	57.3	186	81.9
紧缺	103	45.4	117	51.5	97	42.7	41	18.1
总计	227	100.0	227	100.0	227	100.0	227	100.0

2.性别结构不合理

据统计,河南省 2019 年初中女教师占比 64.5%,小学女教师占比 74.3%[②],女教师显著多于男教师。在乡村学校,教师性别结构比例普遍更加悬殊。本研究调查显示(见表 4-13),初中女教师占比 69.2%,小学女教师占比 80%。有行政人员感叹道:"教师资格证还在师范院校发放时,男女报考教师的比例为 2∶8,当前已不足 1∶9,造成了年轻乡村教师不稳定的局面。"也有教师谈及:"校领导中男教师比较多,因为当时中师分配,男女比例相对协调一点,现在新招进的男教师极少,而且他们的工作热情也不高。女多男少的现状大大影响学校的管理和正常运行,比如水电维修、男寝室管理等事务都需要男教师承担;女教师太多也不利于对男学生的教育,需要培养他们的阳刚之气。"可以看出,教师普遍希望可以通过招教环节适当调节男女教师比例。

---

① 李新翠,黄露.基于中小学教师工作现实场景的减负策略[J].教学与管理,2021(6):24-28.
② 参阅《2020 年河南省教育统计年鉴》。

表 4-13 性别结构情况统计

任教学段	男性		女性	
	频次/人	在本学段占比/%	频次/人	在本学段占比/%
小学	22.0	20.0	88	80.0
初中	36	30.8	81	69.2

3.优质师资配置不足

当前,A县新补充的乡村教师大部分为本科学历,专科学历相对较少,教师队伍整体学历结构得到优化和完善。但是,随着教育现代化和素质教育的深入推进,乡村教师的学历结构和综合素质还需进一步优化。当地行政人员表示:"当前高端的人才难以被吸引进来,比如河南大学、河南师范大学或者'985''211'院校的本科生和研究生较少补充进来。"亦有教师表示:"我们当然想让优秀的教师多补充进来,睿智的大脑才能启迪孩子们的智慧,有些教师小时候自己都不学习,怎么能教好学生,同讲一节课,不同的教师讲的就是不一样,第一句话的站位就不同,但目前是'学渣教学霸'。"因此,吸引高水平教师报考乡村岗位,实现优质师资均衡配置,是今后乡村教师补充政策的发展趋势。

(三)补充保障仍未达到规定要求

我国相关法律与政策明确规定,"教师的平均工资水平应当不低于或者高于国家公务员的平均工资水平",即理论上二者工资水平应持平。实际上,教师与当地公务员的工资收入差距较大,尤其是乡村教师与当地公务员的工资收入差距更大。河南省 2019 年统计数据显示,河南省城镇非私营从业人员年平均工资为 68405 元。[①] 从本研究上述调查数据(见表 4-8)来看,0.9%的乡村教师每月工资收入低于 2000 元,67%的乡村教师低于 3000 元,89%的乡村教师低于 4000 元,即使按照每月工资约 4000 元计算,年收入也仅约 48000 元,远低于本省非私营从业人员的年平均收入。同时,由于部分教师对工资具体包含项目认识不够清晰,填答问卷时,误将实际到手工资等同于工资总额,所

---

① 参阅《2020 年河南省教育统计年鉴》。

以实际到手工资数额比统计结果更低,那么月工资低于4000元的教师更多,乡村工资收入与规定要求差距更大。就此问题展开调查(见表4-14),发现29.5%的教师表示自身工资比当地公务员平均工资"低很多",57.3%的教师表示"低一些",进一步论证了当前乡村教师和当地公务员平均工资水平无法持平。这一问题在访谈中也得到了验证:"现在国家政策都说往乡村教师倾斜,不低于当地公务员工资,说是这样说的,但在实际落实上,还是看各地财政";"本月工资刚到账2500元,理想的工资最起码比现在高1000元吧,反正现在除去生活费、交通费,工资也没剩多少了。"

表4-14 与本地公务员平均工资收入水平对比情况统计

选项	频次/人	占比/%	累积/%
低很多	67	29.5	29.5
低一些	130	57.3	86.8
持平	26	11.4	98.2
高一些	4	1.8	100.0
总计	227	100.0	—

与此同时,工资补助等待遇保障未能按时足额发放。尽管国家和地方已经调整了基本工资标准,但由于地方财力紧张,乡村教师每月仅能领到工资的"必发"部分,绩效工资、班主任工作津贴、生活补助、考核奖等普遍未能按时足额发放。据调查(见表4-15),仅有35.7%的教师表示工资补助能按时足额发放。在访谈中,有教师解释:"文件上执行的是城乡一致的工资,如果当地财政吃紧,其他的精神文明奖、五险一金等就很难发下来,现在基本上就只发一个基本工资,上面有检查的时候其他项目就赶紧发下来,不检查就会一直拖着。"也有教师谈道:"原来是月初发,现在是月底发,虽然能保证当月将工资发下来,但是绩效工资、生活补助等都是半年或者一季度一发。"

表 4-15　工资补助发放情况统计

选项	频次/人	占比/%	累积/%
按时足额发放	81	35.7	35.7
虽按时但不能足额发放	27	11.9	47.6
常常推迟发放	90	39.6	87.2
很难保证按时足额发放	29	12.8	100.0
总计	227	100.0	—

第三节　乡村教师补充政策执行的抑制因素

一、政策本身因素

史密斯模型中的"理想化政策"指清晰合理、切实可行、符合事物发展客观规律的政策[1],具备一定引领性与先行性。虽然"理想化政策"这一概念在命名之初,就默认了其难以达到"百密而无一疏"的完美状态,但政策目标越科学完善,政策执行成效越显著。

(一)部分政策清晰性有待提升

清晰具体的政策是政策执行者的行动依据[2],含糊不清的政策因带有一定选择空间,自由裁量的界限难以把握,故易引发下级执行组织的误读或漏读。例如,地方"特岗计划"政策对报考条件要求不够明确具体,仅提及"把好特岗教师招聘质量关,从严执行招聘条件规定,不得自行放宽尺度、降低标准",对均衡招录教师性别比例及学科结构的实时监测有所欠缺,难以高效引导考生科学填报,埋下了师资性别结构失衡、学科分布不均的隐患。交流轮岗政策中缺少对轮岗教师质量的明确规定和资质核验,调研中发现,部分学校将学科带

---

[1] 薛正斌.从史密斯模型反观乡村教师生活补助政策的偏差与矫正[J].教师教育研究,2021(1):45-50.
[2] 陈振明.政策科学——公共政策分析导论[M].2版.北京:中国人民大学出版社,2004:291.

头人、教学名师等"优秀教师""骨干教师""雪藏",派出"薄弱教师"进行交流轮岗,使乡村学校难以依靠交流轮岗这一渠道补充优质师资。除此之外,乡村教师部分补充政策,特别是地方政策中大量出现"深入推进""完善""提供帮助""稳步提升"等话语,虽体现了对教师补充工作的大力扶持,但因缺少明确的量化表达,增加了政策执行的随意性。

(二)部分政策的科学性有待提高

政策文本是理想化的理论,政策执行面向的是繁复多变的实践情境,只有政策文本尽可能与现实需求相契合,充分尊重多方利益,政策理想才有变为具体现实的可能。例如,"特岗计划"等渠道规定,乡村教师服务满一定期限才能入编或者从事其他工作,由于服务期制度缺乏考核奖惩规定,新进乡村教师无论表现优异与否,服务期均为固定年限,很难有效调动其工作积极性与主动性。再如,招考制度不够完善。通过对比近年来乡村教师招考试题,发现笔试内容较为局限,以考查机械记忆为主;客观性试题较多,存在一定的客观偶然因素;面试环节时间较短且以试讲为主,难以对应聘者师德师风、心理健康状态等进行全面深入的考察。当地教育行政人员也反映这一问题:"只通过笔试、面试能否留下真正优秀适合当教师的人还是个未知数,有些人不是师范专业出身,没有接受过系统的师范培训,只靠集中突击通过考试,结果真正上到讲台脑袋空空,不知如何讲课。"

二、政策执行组织因素

政策执行组织联结了政策文本与政策目标群体,是政策执行模型中灵活性较强的因素之一,其涉及执行组织的执行力、组织间的协同性、执行人员执行素养等,乡村教师补充政策的执行主体通常包含各级政府,教育、财政、人事等相关行政部门以及学校。

(一)各级执行组织间的离散性

在政策执行中,不同的执行组织利益出发点不同,因而会产生一定程度的冲突与矛盾,削弱不同组织间的协同性,继而使政策执行难以深入。乡村教师补充政策执行涉及的组织多、协同难度大，仅"特岗计划"就涵盖资格审查、教师招录、入编机制、津贴补贴等多个层面，地方政策执行组织在执行政策时，仅靠教育行政部门无法完成，需要人事、财政、编办、学校等多个部门共同参与、合作执行。但受办公场地距离、工作方式差异、工作人员数量等因素的制约，多部门共同执行政策时，难免出现失序和低效现象。在不妨碍地区经济社会正常运转、最大限度体现政府政绩的情况下，地方执行组织会从自身利益出发，采取选择性执行和替换性执行等方式，使政策执行过程发生变异。比如，地方财政部门经费吃紧，选择了对自身短期有益的方面执行，有违待遇政策初衷。调研中，教师普遍反映"乡村教师的生活补助水平等虽有一定程度的提升，但普遍未能按时发放，只有上级督导检查时才会匆匆下发"。

(二)政策宣传与传递中的信息滞损

政策宣传是政策信息的上传下达，是政策执行组织将政策文本、政策目标进行准确说明与解释，使目标群体充分地认识与理解政策实施方案，目的在于使其积极主动地执行政策。[1] 通过调研发现，大部分教师通过媒体网络等途径自行得知政策信息，且只有个人需要时才会主动了解，政策信息传递具有一定被动性与滞后性。除此之外，发现"在网络上发布通知和公告就够了，其他宣传也没必要"的观念普遍存在，政策宣传流于形式，为政策贯彻落实埋下隐患。乡村地区本就在政策信息传递的末端，经过"中央—省级—市级—县级—乡镇"的五级传递后，难以避免会出现信息的流失与损耗，加之执行组织的形式化、笼统化传递，政策信息很难准确地传递给每一位基层教师，乡村教师补充渠道、补充保障等政策信息由此大量滞损，妨碍政策顺利执行。

(三)执行人员机械执行

机械执行是指在政策执行过程中，政策执行人员忽视本地区实际情况，直接"复制粘贴"上级政府部门政策的现象。政策执行人员是政策的执行者，亦是政策的再生产者，如果结合目标群体和执行环境的特征，对政策进行合理再

---

[1] 陈振明.政策科学——公共政策分析导论[M].2版.北京:中国人民大学出版社,2004:262.

细化，将会提升政策落实成效，政策执行人员的执行素养主要体现在执行人员的政策认知能力和创新能力上。

政策认知能力即对政策价值进行判断、评价等的能力，是政策执行人员提高执行力的基础，关系到具体执行工作的正确与否，甚至熟练与否；政策创新能力是政策执行人员依据政策环境具体变化，对政策在合理范围内进行调整与创新的能力。调研中发现，部分政策执行人员的政策执行素养亟待提升，政策执行人员虽有自由裁量权，但因认知不到位或能力不足，对上级的政策方案仅用地方行政单位进行置换，实行流水线式的上行下效，未进行因地制宜的政策细化，致使政策方案难以真正落实到基层。相关教育行政人员反映："当前本县没有地区性的具体方案，一是没有能力创新，二是自上而下的效仿至少不会出错。"

三、政策目标群体因素

政策目标群体是政策执行中的被动接受者，但只有执行效果满足目标群体的实际需求，才能说政策执行真正发挥了效用。目标群体的特征、对政策执行的认同和参与，是影响政策执行有效性的关键要素，本研究的政策目标群体主要指乡村教师。

（一）乡村教师对乡村缺乏认同感

认同是认为某种事物与自己有共同之处而倍感亲切，或对某种事物的认可，教师的认同感更多是一种情绪体验，在内外环境相互作用下被赋予情感意义。但在调研中，有教师表示："我很介意别人用乡村教师称呼我，感觉乡村教师这个工作并没有让我感到骄傲，家长们也认为我们是教学水平差才只能留在乡村。"部分乡村教师对乡村社会持消极态度，他们仅将乡村任教作为谋生的权宜之计，一旦有更好的就业机会或者服务期满就想离开，乡村学校沦为教师的"职业跳板"。虽然乡村教师人在乡村，但其情感意志游离于乡村之外，视自己为乡村的旁观者或局外人，缺少对乡村教育环境的适应能力和归属意识，也缺少主动了解与关注乡村教师政策的意向。

一方面，来自外地的乡村教师缺少"生于斯长于斯"的乡土体验，面对偏远的地理位置、艰苦的教学环境,难以生出乡土认同感。大多数教师表示:"学校目前招的本乡教师太少了,我们以前上师范学校就会回到本乡任教,这样容易扎根在基层,现在不一样了,是面向全社会招聘,招来的有很多外地教师,所以服务期满就很容易走。"另一方面,来自本地的乡村教师从小受"好好学习,长大后跳出'农门'"观念的熏陶,工作后仍想去工资待遇更高、教学环境更优、发展机会更多的城区学校任教。在"您到乡村学校任教的动机是什么?"一题的作答中,39.6%的乡村教师选择了"浓烈的乡土情怀",14.5%的教师选择了"评职称有乡村学校任教经历的可以优先",10.2%的教师选择了"乡村任教有补助,可以增加收入",35.7%的教师选择了"无奈之选,自己并不想去"。可以看出,大部分乡村教师任教乡村是出于外在利益因素,而非源于内在乡土认同。

(二)乡村教师缺乏广泛参与

教师广泛参与政策制定与执行有利于从政策直接利益主体出发推进政策更新与完善,增强教师对政策的认同度和接纳度,进而提高政策实施成效。在调研中,教师普遍表示:"知道的教师补充政策有'特岗计划'、免费师范生和轮岗政策,因为没有参与,具体内容不太了解。"多数教师表示不了解政策实施的详细情况,甚至不清楚该类政策的具体内容,因此更难说参与了政策制定。

作为乡村教师政策的作用对象和直接实施者,乡村教师的声音和需求却在政策制定与执行中缺失。在这种情况下,乡村教师政策的公正性和普适性可能被质疑,无法有效解决乡村教师队伍建设和乡村教育的问题。针对这一现象,有教师表示:"政策都是上面定的,我们也没机会参与,上面规定什么,我们照做就是了。而且,这些东西我们也不懂,真让去做,估计也不行。"可以看出,乡村教师已习惯当前的政策制定与执行模式,而且也缺乏参与的积极性与自信心。

四、政策环境因素

政策环境是影响政策执行的重要外部因素,主要包含政治环境、经济环境、社会环境等,具有多变、不可逆等特征。我国乡村教师补充政策的实施同样置于这样的动态环境中,政策环境的变化时刻影响着政策执行效果。

(一)配套政策缺位

从整体的政治环境观之,乡村教师补充政策已上升至空前的政治高度,国家和地方都十分重视乡村教师补充政策的实效。但从政策的执行情况来看,相关配套政策力度欠缺、举措乏力[①],想要真正激活乡村教师补充政策,需要建立健全保障、监督等配套机制,以强化政策执行的刚性约束。

对保障机制而言,当前乡村教师的待遇保障标准和覆盖范围都有待进一步完善,待遇标准不应仅依靠地理位置划分层次,应依据乡村教师实际诉求增添多元化指标,"不低于或者高于国家公务员平均工资水平"的标准笼统且难以把握,应增加量化形式,对工资及津贴补助等做出底线要求,覆盖范围也应向更广阔的地域扩展。

本研究对近几年相关政策进行梳理,发现文本中仅出现了"开展督导检查"的字眼,监督机制有待进一步明确与完善。监督机制的缺位使执行组织的自由发挥空间增大,易导致政策执行的盲目与随意,进而可能滋生消极执行,甚至出现以权谋私等负面行为。除此之外,在已有的监督考核中,政策执行人员既是执行者又是监督者,极易产生角色混乱,使监督规约效果大打折扣。

(二)经济条件制约

受城乡二元结构的影响,我国城乡教育事业发展水平差距较大,乡村地区师资等教育资源配置不足,加之县域财力紧张,补充渠道落实乏力,乡村学校难以吸引优质人才。21世纪初,"以县为主"的义务教育经费投入体制确立,经济欠发达县区因自行筹措经费能力有限,财政负担进一步加剧,乡村教师的生活补助、乡镇工作补助、绩效工资等难以按时足额发放,引发了乡村教师的集体不满,削弱了乡村教师的职业吸引力,乡村学校陷入师资"补充乏力"与"流失严重"的困境。有关行政人员无奈解释:"我们地方财政近几年实际上非常困难,受新冠疫情影响,地方财政自上而下正面临前所未有的困难,'保吃饭'

---

① 金志峰,吕武.我国农村教师补充政策:变迁、困境及路径选择[J].学习与探索,2017(9):57-62.

是第一位的,能将每月的基本工资正常发下去,能基本运转已经很不错了。"由此可见,经济发展水平在很大程度上制约着乡村教师补充政策的执行效果。

(三)社会环境缺少吸引力

一方面,乡村学校通常是在硬件环境、专业发展机会、教育财政投入等方面处于劣势地位的区域,与城市学校所处社会环境存在较大差距。基于马斯洛需求理论,乡村学校教师普遍有向更高层级学校流动的意向。调查显示,乡村小学和初中教师的月平均工资仅是城市教师的83.7%和69.2%。[①] 由于工作压力大,薪酬待遇低,付出和报酬难以成正比,乡村学校教师易出现相对剥夺感,进而产生逃离现有岗位的想法。另一方面,乡村教师社会地位日趋式微。在我国传统社会中,乡村教师作为根植乡土社会的"知识精英",是中国传统乡土社会的文化符号与政治符号,他们德高望重,为乡村民众所推崇。但随着社会结构的转型,乡村教师的知识权威被打破,文化资本在无形中被消解,他们不再是传统礼教的精神象征;情感上与乡村社会的文化互动逐渐减弱;受市场竞争机制的影响,他们在行动上逃离乡村,定居城市[②],甚至故意回避自己的"乡村教师"身份。调查中发现,在"您认为乡村教师在本地区的社会地位如何?"一题的作答中,11.9%的乡村教师认为其社会地位"非常低",49.3%的乡村教师认为"比较低",仅有两成乡村教师认为其社会地位"比较高"或"非常高"。由此可见,对于社会地位的认知,乡村教师普遍持消极态度,显示出乡村教师普遍的自我否定,以及乡村教师职业吸引力的日渐消退。

第四节 乡村教师补充政策执行的优化路径

截至2018年底,我国乡村教师已有290多万人,教师队伍整体规模明显扩大。但是,教师补充环节仍存在诸多问题,仍需加大力度支持更多更优质的

[①] 马多秀.我国乡村教师队伍本土化培养及其实践路径[J].中国教育学刊,2019(1):93-96.
[②] 伊娟,马飞.新生代乡村教师乡土文化缺失的现实表征与重塑策略[J].当代教育科学,2021(5):72-79.

乡村教师"下得去、留得住"。结合对乡村教师补充政策执行问题的原因剖析，通过优化政策设计、提升执行组织的工作效能、引导目标群体积极响应以及形塑优良的执行环境，以期有效化解执行难题、提升执行效果。

一、优化政策设计

乡村教师的持续补充有利于稳步提升乡村教育质量，优化和完善乡村教师补充政策设计，提升政策文本的清晰度与合理性，推进吸引优质且扎根乡土的乡村教师，对于乡村振兴、建设教育强国和实现教育现代化具有重要意义。

（一）提高政策文本的清晰度

清晰明确的政策文本是政策执行的逻辑起点，若对政策的适用对象和范围只是做内隐性、模糊性的强调，易导致政策执行对象的错位与失效。[①] 因此，要进一步细化当前的乡村教师补充政策，加强政策话语的量化表述。例如，对公开招聘和"特岗计划"的报考条件做出严格要求，明确招录的男女比例、学历比例和专业资质认定，为乡村补充符合实际诉求的教师。为吸引更多乡村男教师，均衡乡村学校教师性别结构，可以借鉴湖南省于 2016 年实施的全省乡村小学男教师公费师范生计划[②]，通过明确的定向招录，缓解男教师数量紧缺。为优化招录教师学历结构，吸引优质教师从教，各地应积极创造条件，出台明确的学历报考比例要求及系列优惠政策，吸引具有硕士研究生学历的毕业生报考乡村教师。访谈中，教育行政部门工作人员也向我们明确表示，"研究生学历层次高，专业起点也高，其发现问题、解决问题的能力也普遍较好"。关于学科专业对口问题，政策文本需进一步明确师范生和非师范生的招录比例，明确报考专业要求，即使是非师范生也应要求所学专业与报考专业相近，教师招录不能对所有专业都不设限。轮岗交流制度也应进一步明确细化，吸引骨干教师、优秀教师发挥其价值，明确骨干教师、优秀教师的定义标准，并将支教轮

---

① 谢明.公共政策概论[M].北京：中国人民大学出版社，2010：284.
② 湖南省教育厅.关于做好 2016 年初中起点专科层次农村小学男教师公费定向培养计划招生工作的通知[EB/OL].（2016-09-21）[2023-10-09]. http://jyt.hunan.gov.cn/jyt/sjyt/xxgk/zcfg/gfxwj/201609/t20160921_3990792.html.

岗教师定位为学科导师,每周定期前往乡村学校,以师带徒的方式引领乡村教师专业发展。同时,应该适当延长支教周期,用两年时间代替一年乡村学校工作经历以满足职称评聘要求,防止轮岗支教"浑水摸鱼"。

(二)增强政策设计的科学合理性

增强政策设计的科学合理性,需要严格按照地区的整体发展布局、人口增长规律、师资队伍结构特点、生源结构特点、学校硬件设施条件等,出台符合地方发展的乡村教师补充政策或规划,将乡村教师补充的程序、渠道、配套方案等以文本的形式明确下来。

一是增加对服务期的考核奖惩规定。为使新进乡村教师安心任教,可以设定层级性服务期限和入编制度,即定期组织教育行政人员、学校领导、教师同行、学生及家长对新进教师工作表现进行等级考核。考核优秀或良好且有留任意向的教师,可提前转正,即入职1—2年后入编为正式教师。考核合格且有留任意向的教师,按期转正,即入职3年后入编为正式教师。对于考核不合格的教师,责令其限期整改,将服务期延长1—2年,延期入编以及延迟获得选调进城机会,以保证新补充乡村教师服务期内的稳定,既遵循市场经济环境下的契约精神,又尊重人才流动的规律[①],使教师在服务期内安心从教,降低"隐形流失率"。当服务期满后,要尊重乡村教师的二次选择。

二是完善招考制度和教师资格制度。丰富乡村教师招录考试的笔试和面试内容,弱化笔试内容的记忆性、机械性,增加灵活性、创造性的试题内容。增强面试考核的全面性,对考生的师德修养、心理状态、教学信念等进行全面深入的考察,选拔能"站稳讲台"的优质教师。改革教师资格证制度,建议师范生毕业考核合格后发放教师资格证,可以依据师范生学业情况划定教师资格证发放比例。比如,对一定比例的合格毕业生发放教师资格证,避免师范生与非师范生竞争考核教师资格,既拓宽乡村教师招录范围,又能为师范专业吸引优质生源。

三是增强政策间的衔接配合。近年来,支持乡村教师队伍建设的政策频

---

① 李静美.当前我国乡村教师补充的核心问题探讨[J].教育理论与实践,2020(4):50-54.

频出台,使政策执行组织和目标群体短时间内难以对其做出适切的反应。因此,在制定政策时,应加强前后政策间的衔接配合,尽量避免短时间内连续出台多项变化幅度较大的政策,增强政策的接续性与贯通性。

二、提升执行组织工作效能

政策执行组织在政策执行中发挥着主导作用,决定着政策执行效率与效能。结合前文对执行组织的归因分析,为有效把握繁复多变的政策执行,需要进一步加大政策宣传力度、推进各级各部门统筹配合以及提高执行人员政策素养。

(一)加大政策宣传力度

政策信息由中央政府传递至乡村一线教师,难免会出现流失与损耗,进而阻滞政策的全面落实,这就需要执行组织加大政策宣传力度,提高政策宣讲执行力,提升政策传递的准确性与可靠性。为推进乡村教师补充政策的落实到位,各级执行组织应该及时采用多种方式向目标群体解读相关政策内容,促进目标群体对政策的理解与认同,避免出现消极抵抗情绪。一是宣传政策制定背景,帮助教师了解政策的源起与流变,明确乡村教师补充的战略意义,使其树立全局意识,开阔目标视野,增强政策接受度。二是对政策文本进行深入解读。可以利用信息化方式,加快政策宣传的速度并扩大广度,各地政府借助官方短视频账号、微博账号、微信公众号等组建新媒体宣传中心,及时更新补充政策文本解读及有价值的招录信息,避免宣传的形式化,缩小决策者、执行者和目标群体三者间的认知误差;通过印发宣传册、张贴宣传海报等图文并茂的方式,加强民众对乡村教师补充信息的知晓度与理解度。三是开展政策宣传相关活动,如政策知识竞赛、政策建议征集活动等,吸引民众积极参与。

(二)推进各级各部门统筹配合

教师资源是公共教育资源,需要对其进行行政管理与干预,但因其涉及的行政组织较多,各组织间权责界限不明确、沟通不顺畅、协同不力,易导致不同程度的矛盾与纠纷。为实现乡村教师稳定补充,应立足于教育事业的整体发展,明确各执行组织的权责界限,打破"各自为政"的行动壁垒,抑制责任推诿的不良现象,进而推进政策的良性运转。

一是明确划定各级各类执行组织的权责,避免各级各部门职能"交叉重复"或"空缺遗漏"。建立各级政府财政分担机制,确立中央、省级、县级财政投入底线标准、配套资金比例与数额等,针对不同地区的经济发展状况,差异化确定中央和地方财政分担占比[①],增强各级各部门间对解决乡村教师补充难题的协同配合。二是建立政策执行的信息共享平台。各执行组织将自身所管理的资源信息统一录入共享平台,如财政信息、人事信息、编制信息等,保证资源信息的内部公开、可查可阅,为各部门资源调配工作提供现实参考,避免在县级财政紧张的情况下,财政部门优先支持"薄改"大工程,而不积极配合教师补充工作[②]等"选择性执行"或"替代性执行"情况的出现。三是确立第三方协调员制度。为提高不同执行组织间的沟通效率,打破各组织间缺乏协调机制的"真空"合作状态,促进政策信息的快速传递与公共资源的高效配置,确立第三方协调员制度。在该制度中,协调员针对实施的乡村教师补充渠道较单一、教师结构性失衡、工资待遇未能达到规定标准等政策执行问题进行多部门沟通,对各级各部门形成牵制,避免政策执行中的信息偏颇,同时对各部门工作进行监督,对执行偏误及时上报,提高执行组织的执行效能。

(三)提高执行人员政策素养

执行人员在政策执行中起着上传下达的作用,他们不仅需要准确理解上级政府政策颁布的目的和意图,还需要在政策执行时合理变通政策,使政策执行兼具本土化特点。因此,为有效化解政策执行梗阻,必须大力提高执行人员的政策素养。

一方面,要提高执行人员的政策认知能力。政策认知能力是政策执行人员行动的逻辑前提[③],要组织各级部门的执行人员进行业务学习,掌握公共管理、组织行为学等相关理论知识,完善其知识体系;学习政策相关知识,了解国

---

① 叶怀凡.义务教育教师绩效工资政策的执行偏差与矫正[J].中国教育学刊,2016(4):31-36.
② 张小艺.乡村中小学教师补充政策执行研究[D].桂林:广西师范大学,2021:35.
③ 王玄武.政治观教育通论[M].北京:高等教育出版社,1999:15.

家时事政治，深刻领会政策精神，形成正确的政策认知，端正政策执行态度。通过系统学习乡村教师补充政策相关知识，帮助政策执行人员明晰教师补充的作用范畴，掌握政策执行的规律，适应动态多变的政策执行环境，妥善处理执行中的各种突发状况。另一方面，要提高政策执行人员的执行创新能力。执行人员在执行乡村教师补充政策时，要具有创新思维，改变一味地复制照搬，突破路径依赖，寻求本土化政策变通与创新，对政策在合理范围内进行创新调整，针对本地突出性政策执行问题进行集中治理，破解补充教师数量不足、质量不高的困境，以发挥政策最大效用。

三、引导目标群体积极响应

将理想的政策文本转变为现实的政策效果，不仅需要清晰科学的政策目标和高效有力的执行组织，还需要目标群体的认同和参与。结合前文对目标群体的特征分析，发现需要通过提高乡村教师群体专业素养、增强乡村教师乡土认同感以及吸引乡村教师参与政策制定与执行，以推进政策执行并取得良好效果。

（一）提高乡村教师群体专业素养

教师群体如果有较高的专业素养，则其在认识理解政策时会从全局性视角出发，更易理解和认同政策，也更愿意主动参与并支持政策执行。为有效提高乡村教师专业素养，可采取以下行动：一是积极提升其政策认识水平。引导乡村教师及时关注本行业的热点话题，阻断"事不关己"消极态度的出现，鼓励乡村教师群体主动关注政策制定、积极参与政策执行。二是厘清其教育责任。乡村教师的非教学任务过重是制约教师自觉发展的重要因素，精简扶贫、家访、报表填写等繁杂的非教学任务，为乡村教师专业发展留足时间与空间。三是肃清形式化培训。为乡村教师提供专业发展机会，通过集体教研与自主学习激发乡村教师专业发展潜力。同时，积极听取乡村教师的真实诉求，增加课堂教学实践、缓解心理压力等针对性培训，减少形式化、任务式的教师培训，给予乡村教师自主发展的机会与路径，调动其教学热情和工作积极性。四是鼓励乡村教师不断学习深造。扩大免试推荐攻读教育硕士的实施规模，推荐与支持教师学习深造,同时鼓励教师在原有学历基础上自主报考本科、硕士研究生和博士研究生,并给予学费减免、发放奖助学金、保留编制等优惠条件,帮助教师安心学习,促进教师快速成长,缓解教师因能力不足产生的职业倦怠,增强乡村教师的职业吸引力。

(二)增强乡村教师乡土认同感

乡村教师对乡土的认同和接纳会敦促其主动投身乡村教育事业,积极投身乡村教育政策的执行。当前,乡村教师专业发展意愿薄弱、流失率严重等都表明其对乡土社会和职业身份的不认同,给补充政策的执行增添了阻滞性因素。为增强乡村教师的乡土认同感,需要挖掘乡村教师对乡土文化传承与发展的精神感知和实践自觉。[①]在精神意识层面,通过乡土文化体验活动以及乡村社会学、乡土课程开发、乡村学生心理发展与辅导、乡村教师专业发展案例等乡土课程,引导乡村教师认识乡土文化、欣赏乡土文化,进而将生命之根植入乡土社会,消除乡村"愚昧、落后"的刻板印象,唤醒其对乡土文化传承的信心与动力。在实践层面,加大本土化师范生的招生力度,解决定向公费师范生"下不到"乡村的难题。据调查,来自本地的教师"偏于保守且具有乡土情结,普遍把教师作为终身职业,发生跨区域流动的可能性较小"[②]。本地教师对乡村生活适应,对乡村风土人情熟悉,能更快投入乡村教学,并具有较高的稳定性,因此加大对本土化因素的考量是乡村教师补充的发展趋势。

(三)吸引乡村教师参与政策制定与执行

"知屋漏者在宇下,知政失者在草野",唤醒乡村教师参与政策制定与执行的主人翁意识,为解决实际问题提供新思维、新路径。调查发现,目前乡村教师补充政策的民众参与度不高、发声渠道不畅等问题显著,教师游离于政策制定与执行的边缘位置。为寻觅乡村教师旁落的话语权,应充分听取乡村教师

---

① 伊娟,马飞.新生代乡村教师乡土文化缺失的现实表征与重塑策略[J].当代教育科学,2021(5):72-79.
② 张源源,邬志辉.我国农村青年教师的社会来源与职业定位研究——基于全国东中西9省18县的调查分析[J].教师教育研究,2015(4):40-45.

群体的政策意见,尊重政策话语权的回归。一是将乡村教师参与政策制定制度化,通过法律法规规定乡村教师参与政策制定的途径与方式,进行体制化规范化管理。二是畅通乡村教师发声渠道,方便乡村教师向教师补充政策建言献策,有效汇集乡土建设智慧;建设线下政策问询机制,定期组织开展"面对面"问询活动,乡村教师可以借此向执行人员直接反映政策执行中的现实问题、提出政策改进建议。三是营造浓厚的政策参与文化氛围,通过舆论宣传、榜样示范等方式,让教师切身感知到政策带来的进步,提升对政策的信心与关注,进而提高其参与政策制定与执行的热情与积极性。

四、形塑优良的执行环境

政策执行置身于一定的环境中,受环境中政治因素、经济因素、社会因素等制约。为政策顺利执行创造优良的环境,需要健全配套政策、助推地区经济发展以及凝聚社会力量。

(一)健全配套政策

完善乡村教师补充政策执行的政治环境,需要建立健全配套政策,如保障机制、监督机制等。就保障机制而言,一方面,需要因地制宜提高待遇保障标准,满足乡村教师不同的实际需求。待遇标准除了依据学校艰苦边远程度定级,还应考虑教龄、学历、教学工作量、学校地理位置、突出贡献等其他因素,让教师切实感受到自身利益得到支持和保障,进而增强乡村教师职业吸引力。另一方面,扩大乡村教师待遇保障的实施范围,增加对"集中连片特困地区"以外乡村教师的关注,细化"地方自主实施,中央综合奖补"的规定,采用量化指标确定中央底线标准以及地方责任范围,使待遇保障惠及更多乡村教师,加大政策执行的广度与深度。

监督机制的意义在于实时监控政策执行是否按照既定目标与轨迹推进,及时纠正偏误,确保政策顺利执行。为建立健全政策监督机制,一是组建独立的政策监督机构,使政策执行主体和政策监督主体在一定程度上分离,避免角色冲突带来的执行阻力,消除自我监督可能带来的负面影响,确保监督机制在乡村教师补充政策执行中发挥其应有效用。二是实行全程追踪监督,依托大数据平台对政策执行进行动态监控,从发布教师招录信息,到教师补充后的专业成长,覆盖乡村教师补充的每个环节,如此才能及时发现执行中的偏差与漏洞,确保执行过程的顺利无误。三是设置问责制度,以《教育督导问责办法》实施为契机,明确政策执行高压线,对补充政策落实过程中出现的偏误、敷衍塞责等问题,依法问责相关负责人,实行强有力的权责规约。

(二)助推地区经济发展

打破城乡二元格局,均衡调控再分配,防止城乡财政投入差距进一步扩大。向乡村地区特别是贫困偏远地区进行政策倾斜,并通过国家、省级、市级转移支付等形式提高乡村地区整体收入水平,推进优质人才"下得去、留得住"。地方财政水平提高不仅需要上级财政的大力支持,还需要增强本地区经济发展实力,获得财政资源的可持续供给。

A县经济发展后劲不足,缺少强有力的可持续发展支柱产业。为助推本地经济发展,需要尽快调整产业结构,破除产业结构失衡、产能较低的顽瘴痼疾,以茶为媒,引进先进科技延长产业链,将本地农业发展优势转变为可持续发展经济效益。如此一来,既可以提升本地经济收入,为乡村教师待遇按时足额发放提供保障,又有利于改善乡村环境,提升乡村教师对乡土社会的信心与认可。要依托多项产业,拓宽经济发展视野,提升本地区可持续发展实力,为政策执行提供强劲的经济支持。

(三)依托乡村振兴,凝聚社会力量

乡村教师补充不足,很大程度上不是教师职业本身缺乏吸引力,而是学校所处的社会空间缺乏吸引力。因此,需要依托乡村振兴和凝聚社会各界力量,改善乡村社会环境以增加乡村教师的可持续补充。

一方面,要积极实施乡村振兴战略,加快社会主义新农村建设,实现农业强、农村美和农民富,使乡村地区生活环境明显改善,改变师范生和在职乡村教师对乡村地区环境差的负面印象,提升其乡村任教的意愿。[①] 大力推进"城

---

① 邬志辉.如何提高乡村教师职业吸引力[N].光明日报,2014-09-02(11).

乡一体化发展",缩小城乡社会发展差距,以城市资源带动乡村建设,以城市反哺乡村,加快乡村社会环境的优化与完善,吸引优质师资到乡村任教。

另一方面,凝聚社会力量提高乡村教师社会地位。利用社会舆论加强对乡村教师职业形象的正向宣传,将乡村教师真实的工作环境、心路历程、突出贡献等呈现出来,通过优秀表彰、榜样示范等,营造尊师重教的良好风尚,唤醒乡村教师对乡土的归属感,增强乡村教师留任意愿。与此同时,吸引社会各界力量支持乡村教师队伍建设,特别是事业有成的当地学子或学生家长,鼓励他们支援家乡教育事业发展,为补充政策进一步落实提供支持。

第五章 乡村教师待遇政策执行的案例分析

费尔巴哈认为:"人格完善、生命延续、潜力激发等均以一定的物质条件为前提。"[①]所以"工欲善其事,必先利其器",要提升教师能力,必先改善其物质生活待遇。但需要强调的是,物质生活待遇并非影响其专业发展的唯一因素,在职培训、职级晋升才是教师成长与发展的关键途径。此外,荣誉激励对教师职业获得感的影响也不容忽视。总的来讲,教师待遇对于教师队伍建设具有重要影响。研究显示,乡村教师待遇在一定程度上影响师范生的就业选择和在职教师的留教意愿。[②]国家统计局数据显示,截至2019年,我国乡村中小学校专任教师的数量已从2015年的330万人减少至230万人。[③]这一现象引发了各界的关注,先后发出"乡村教师,拿什么留住你"[④]"让乡村教师职业'香'起来"[⑤]的呼吁。"求木之长,必固其根。欲流之远,必浚其源",提升乡村教师待遇是推动乡村教师队伍建设的必然选择。

近些年,国家将提升乡村教师待遇作为乡村教师队伍建设的关键领域和紧迫任务予以推进,并颁布了多项政策。随着政策执行的推进,当前我国乡村教师的多项待遇有了较为明显的改观。然而,受多种因素的影响,部分待遇的提升效果并不显著。在生活待遇方面,虽然一系列政策强调要对艰苦边远地区从教的乡村教师加大倾斜力度,但各地实施细则不一,政策执行情况也各不

---

① 费尔巴哈.费尔巴哈哲学著作选集(上卷)[M].荣震华,李金山,译.北京:商务印书馆,1984:570.
② Fulbeck E. Teacher mobility and financial incentives: A descriptive analysis of Denver's ProComp[J]. Educational Evaluation and Policy Analysis, 2014(1): 67-82.
③ 王爽,刘善槐,房婷婷.面向2035的乡村教师队伍需求结构预测与建设规划[J].中国教育学刊,2021(10):1-7.
④ 田健.如何吸引并留住乡村教师[N].中国教师报,2020-12-23(3).
⑤ 李涛,邬志辉.让乡村教师职业"香"起来[N].光明日报,2014-10-21(15).

相同,乡村教师生活待遇水平仍然偏低。在教师培训方面,调查发现,当前乡村教师培训"向城性"倾向明显,与乡村教师的教学实际结合度较弱。[①] 在职称评审方面,近年来国家政策提出要对乡村教师在职称评聘上实行"倾斜",但在政策落实过程中,在村庄小学、教学点任教的教师、新入职教师和青年教师被忽视。[②] 在荣誉体系建设方面,荣誉评选、荣誉奖励和荣誉管理等方面存在问题,乡村教师荣誉制度建设仍存在诸多问题。[③] 可见,提升乡村教师待遇,政策制定只是基础和条件,而政策执行才是决定乡村教师待遇提升的关键。

本研究通过系统查阅相关文献,发现目前有关乡村教师政策待遇的研究成果数量并不多,并且内容上缺少学理性和系统性。第一,在乡村教师待遇政策结构的构建方面,多数研究从"待遇"的狭义层面着手,主要关注乡村生活补助或生活待遇方面。事实上,教师待遇政策涉及关于教师工资福利、职业发展、地位权利等。[④] 将教师待遇视为一种综合待遇,并对执行情况进行研究的相关成果目前仅有一篇硕士论文,该研究结合史密斯模型对安徽省的县域内乡村教师待遇政策执行情况进行调查。[⑤] 所以,关于乡村教师各项待遇政策执行的现状有待进一步挖掘。第二,当前针对乡村教师待遇政策执行研究方面的成果主要着眼于政策执行现状,但对政策内容的梳理与分析还比较少。全面把握政策内容要求不仅是开展政策执行的前提,也是开展政策执行研究的关键。第三,在对政策执行影响要素的分析上,虽然已有研究关注到政策资源对政策执行的影响,但研究者主要着眼于经济资源方面,忽视了信息资源、制度资源等对政策执行所起到的作用,并且对政策本身进行分析时忽视了政策目标对政策执行的影响。第四,在研究视角上,有研究依据"教育公平""史密斯政策执行模型""马斯洛需要层次理论"对乡村教师待遇政策执行情况进行研究,但是尚未有研究者运用霍恩—米特模型分析乡村教师政策执行情况。

---

① 江宏,江楠,李志辉.乡村教师专业发展政策支持困境调查研究——以重庆市乡村教师支持计划实施为例[J].教育理论与实践,2021(13):51-54.
② 王红,邬志辉.乡村教师职称改革的政策创新与实践检视[J].中国教育学刊,2019(2):42-47.
③ 刘悦,姚建龙.教师荣誉制度法定功能的缺憾及其制度完善[J].湖南师范大学教育科学学报,2022(1):116-122.
④ 石长林.中国教师政策研究——基于教育政策内容的视角[D].武汉:华中师范大学,2005:19.
⑤ 徐祎.县域乡村教师待遇政策执行研究——以安徽省Q县为例[D].芜湖:安徽师范大学,2020.

第五,在调查对象上,研究者侧重对政策目标群体(乡村教师)的调查,但对一线政策执行人员的关注不够。总而言之,乡村教师待遇政策执行研究无论是研究内容、研究视角,还是调查对象方面均需进一步深化和拓展。

基于以上分析,本研究力求在应然层面对乡村教师待遇政策要求进行审视,结合对政策目标群体和政策执行者的实地调研,在实然层面上呈现乡村教师待遇政策执行的现状,运用修正后的霍恩—米特模型探讨影响政策执行的相关因素,进而提出改进乡村教师待遇政策执行的对策建议。研究结论可以帮助政策执行者把握影响政策执行的各种因素,从而有针对性地解决乡村教师待遇政策执行过程存在的问题,以促进乡村教师待遇政策各项要求的落实。鉴于此,本研究在系统梳理各级乡村教师待遇政策要求的基础上,以政策执行者和政策目标群体作为调查对象,对河南省D县的乡村教师待遇政策执行现状展开探究,研究的核心问题如下:第一,各级乡村教师待遇政策的内容要求是什么?第二,乡村教师待遇政策执行取得哪些成效?存在何种问题?第三,导致乡村教师待遇政策执行出现问题的原因有哪些?第四,如何提升乡村教师待遇政策执行成效?

第一节 研究设计

一、何为乡村教师待遇政策

在了解何为乡村教师待遇政策之前,首先需要厘清何为"教师待遇"。"待遇"一词意蕴丰富,《辞海》对其有三种释义:一是接待,二是对待、看待,三是指福利及物质报酬,亦指权利、社会地位等;《新华字典》对其有四种释义:一是看待、接待,侧重表示对待他人的态度或方式;二是指享有的权利,社会地位等;三是在物质上获得的回报或政治上所得到的权利和地位;四是指优待或恩惠。[①] 从上述界定可知,"待遇"一词除了包括经济层面获得的物质报酬,政治

---

① 徐祎.县域乡村教师待遇政策执行研究——以安徽省Q县为例[D].芜湖:安徽师范大学,2020:21.

层面享有的地位和权利,还涉及精神层面得到的满足。

关于教师待遇,学界有广义和狭义之分,狭义的教师待遇特指生活待遇。石长林从广义视角进行研究,认为教师待遇应包括教师地位、职业权利、教师工资和福利等内容。[①] 刘常娟也持广义视角,将教师待遇分为物质报酬和精神待遇两个层面。其中物质报酬主要包括薪俸、各种津贴补助等;精神待遇分为职业进修、职级晋升等。[②] 也有学者认为,教师待遇可以分为四个方面:工资福利、生活保障、职业发展和荣誉表彰。[③] 而庞丽娟等将工资收入和生活保障纳入基本保障类待遇的范畴,将教师待遇划分为三大维度,即基本保障类待遇、职业发展类待遇及奖励激励类待遇。[④] 无论是四个方面还是三大维度的划分,整体来看,教师待遇应是一种综合概念。基于此,本研究侧重将教师待遇视为一种综合待遇,是满足教师工作和生活所需的保障,包括生活保障类待遇、职业发展类待遇以及荣誉激励类待遇。其中,生活保障类待遇是教师在经济层面获得的报酬;职业发展类待遇是教师作为从事教育教学工作的专业人员应该享有的基本权利;荣誉激励类待遇是提高教师社会地位和声望,满足其精神需要的重要保障。

目前学界关于教师待遇政策概念的讨论如下:王安全从狭义层面对教师待遇政策进行界定,他认为新时期我国教师待遇政策主要包括教师工资待遇政策和福利待遇政策两个方面。[⑤] 对于广义上的教师待遇政策,较有代表性的解释如下:孙绵涛等指出,教师待遇政策是关于教师工资、职称、奖惩、福利等方面的规定,其中职称对工资待遇具有直接影响。[⑥] 石长林认为,教师待遇政策是国家为促进教师队伍建设,提升教师整体素质,激发教师积极性,根据教师职业特点及其在教育上做出的贡献而制定的战略性规定,主要涉及职业权

[①] 石长林.中国教师政策研究——基于教育政策内容的视角[D].武汉:华中师范大学,2005:20.
[②] 刘常娟.南京市小学教师待遇研究(1927—1937)[D].南京:南京大学,2012:7.
[③] 刘善槐,李梦琢,朱秀红.乡村教师综合待遇的劳动定价、差异补偿与微观激励研究[J].东北师大学报(哲学社会科学版),2018(4):183-189;徐祎.县域乡村教师待遇政策执行研究——以安徽省Q县为例[D].芜湖:安徽师范大学,2020:21.
[④] 庞丽娟,杨小敏,金志峰,等.构建综合待遇保障制度 提升乡村教师职业吸引力[J].中国教育学刊,2021(4):34-40.
[⑤] 王安全.西部农村教师政策的发展与改进研究[M].北京:科学出版社,2018:57.
[⑥] 孙绵涛,等.教育政策论——具有中国特色的社会主义教育政策研究[M].武汉:华中师范大学出版社,2002:320-321.

利、工资和福利等内容。[①]

根据前文对教师待遇与教师待遇政策的梳理，本研究认为，乡村教师待遇政策是党和国家为发展乡村教育，建设乡村教师队伍，对乡村教师的生活保障、职业发展以及荣誉奖励方面提出的战略性和准则性规定。其内容包括三个维度：一是乡村教师生活保障类待遇政策，这是保障乡村教师工资收入和基本生活的政策规定，具体包括工资待遇和社会保障两个方面。工资待遇是教师最基本的待遇[②]，由基本工资、绩效工资、津贴补贴三部分构成；社会保障主要涉及住房保障、医疗保障、五险一金。二是乡村教师职业发展类待遇政策，这是服务乡村教师专业成长需求的政策规定，包括教师培训、职称评聘两个方面，在现行的乡村教师工资结构体制中，职称待遇是影响教师工资水平的关键因素。[③] 三是乡村教师荣誉激励类待遇政策，其以乡村教师荣誉制度建设为主要内容，包括荣誉评选、荣誉奖励两方面，相关规定对提高乡村教师社会地位和增进其身份认同具有重要意义。基于对乡村教师待遇政策的内涵阐释，本研究形成如图 5-1 所示的分析框架。

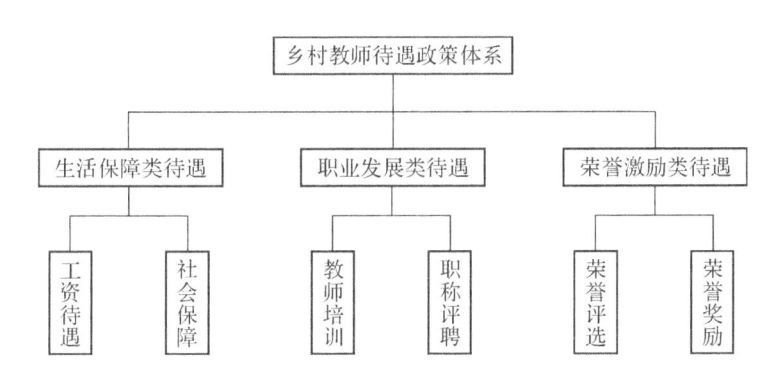

图 5-1 乡村教师待遇政策体系

[①] 石长林.中国教师政策研究——基于教育政策内容的视角[D].武汉：华中师范大学，2005：19.
[②] 朱新民.改革开放以来农村中小学教师待遇政策变迁研究——以 P 县为个案[D].南京：南京师范大学，2008：8.
[③] 孙绵涛，等.教育政策论——具有中国特色的社会主义教育政策研究[M].武汉：华中师范大学出版社，2002：320-321.

二、理论基础与分析框架

霍恩—米特模型由美国政策学家范霍恩和范米特提出。[①] 二者主张政策执行是由政府和社会团体共同实施的旨在实现既定政策目标的活动,此过程受多种因素影响,包括政策的目标、资源,职能部门的沟通与执行活动,执行机构的特点,执行人员的处置以及经济、社会与政治环境等。[②] 霍恩—米特模型认为以上因素在政策执行中缺一不可。

当前在教育政策执行研究领域,运用该模型进行政策执行研究的领域涉及体育[③]、高等教育[④]、老年教育[⑤]、青少年体质健康[⑥]、教师绩效工资[⑦]等。从霍恩—米特系统模型在公共政策领域的广泛应用可见,该模型所提供的解释性框架具有较强的适用性。通过考察,本研究认为霍恩—米特系统模型对本研究来说具有高度的适切性。基于此,本研究以霍恩—米特模型为政策执行的理论框架。为进一步贴近研究主题,本研究对该模型涉及的相关要素进行一定程度的修正。首先,基于对政策文本的分析,本研究将模型中的政策标准与目标改为"政策质量"。其次,本研究将"目标群体"纳入该模型,以更加充分地挖掘乡村教师在政策执行中所起的作用。再次,由于霍恩—米特模型中的"组织间的沟通与执行活动""执行机构的特征"二者均属于"执行组织"要素,所以两个因素合并为"政策执行组织"较为合适。最后,为了表述的简洁性,本研究将霍恩—米特模型提出的经济、社会、政治环境统称为"政策环境"。由此

---

① 邱芸婕.惠阳区非物质文化遗产政策执行有效性研究[D].广州:华南理工大学,2017:7-8.
② Van Meter D,Van Horn C. The policy implementation process:A conceptual framework[J]. Administration & Society,1975(4):445-488.
③ 李锦琼,王德慧,李丽慧."米特—霍恩"模型视角下校园足球发展政策执行问题研究[J].体育研究与教育,2018(5):63-67.
④ 周君佐,咸春龙."双万计划"执行的现实困境及其突破路径——基于米特—霍恩模型的分析框架[J].高教探索,2021(11):25-33;俞快.基于"核心"系统模型的地方高校人才引进政策执行研究——以杭州地区为例[D].上海:华东师范大学,2016.
⑤ 毛果.广州市老年教育政策执行研究——基于霍恩—米特模型视角的分析[D].桂林:广西师范大学,2021.
⑥ 杨成伟,唐炎,张赫,等.青少年体质健康政策的有效执行路径研究——基于米特—霍恩政策执行系统模型的视角[J].体育科学,2014(8):56-63.
⑦ 胡耀宗,童宏保.义务教育教师绩效工资政策执行中的问题及解决策略[J].教师教育研究,2010(4):34-38.

形成了由政策质量、政策资源、政策目标群体、政策执行组织、政策执行人员、政策环境六要素组成的乡村教师待遇政策执行分析框架(见图5-2)。

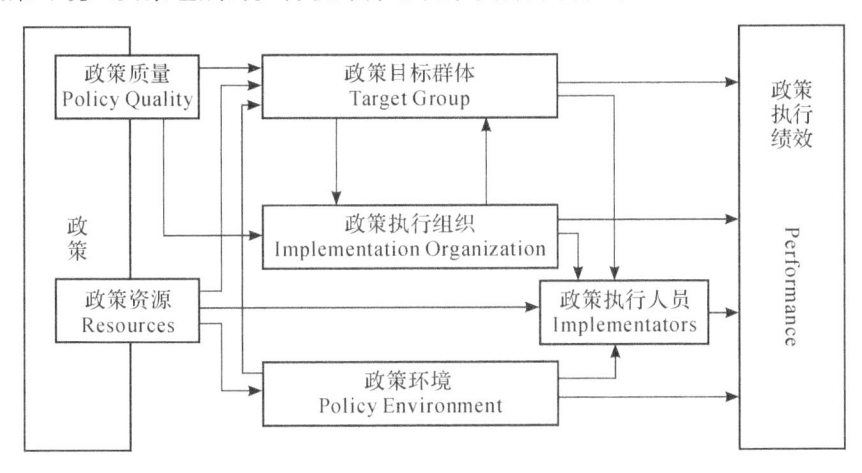

图 5-2　基于霍恩—米特模型的乡村教师待遇政策执行分析框架

三、调研的准备与开展

(一)研究方法的选择

1. 文献研究法

文献研究法的具体运用步骤如下：首先，在确保文献资料权威性和饱和度的基础上，对搜集到的文献资料进行梳理，从而把握乡村教师待遇政策执行研究领域的整体概貌。其次，深入分析该研究领域的空白与不足之处，明确开展本研究的意义与方向。再次，通过对文献资料的系统整理与分析，为乡村教师待遇政策执行研究找寻适切的理论框架与研究方法。最后，融合该领域的权威观点，为乡村教师待遇政策执行研究的探讨提供论点与论据。

2. 文本分析法

政策文本是政策执行的向导[①]，文本分析是理解政策的起点，在政策执行研究中不可忽视文本分析法的作用。文本分析法是围绕研究主题对文本进行

[①] 鲍尔.教育改革——批判和后结构主义的视角[M].侯定凯,译.上海：华东师范大学出版社,2002:29-44.

整理、比较与分析,从中提炼出系统观点的研究方法。[①] 在本研究中,文本指乡村教师待遇政策文件,主要是《国家中长期教育改革和发展纲要(2010—2020年)》出台以来由中央政府、河南省政府和 D 县所属的 A 市政府颁布的乡村教师待遇政策文件。由于县级政府出台的政策文件较少且公开度较低,调查了解到 D 县政府在执行乡村教师待遇政策时主要依据上级政策文件,所以对 D 县的政策梳理部分主要根据市级政策文件做进一步说明,以"市县政策的承接细化"表述。在了解各级政策关系的基础上,结合前文梳理的乡村教师待遇政策的三个维度,下面将对各类各级政策的内容要求进行系统归纳。

(1)生活保障类待遇政策

第一,国家政策的宏观部署。乡村教师生活待遇政策涉及工资待遇和社会保障两个方面[②],国家级政策文件如表 5-1 所示。通过对相关政策文本的初步分析发现,在基本工资方面,2015 年,国务院办公厅转发人力资源社会保障部、财政部《关于调整机关事业单位工作人员基本工资标准和增加机关事业单位离退休人员离退休费三个实施方案的通知》,文件将乡村教师的基本工资上调一倍,并确定了"每年或每两年调整一次"的动态调整机制。2009 年起,根据《关于义务教育学校实施绩效工资的指导意见》对义务教育学校绩效工资制度进行改革,2020 年颁布的《教育部等六部门关于加强新时代乡村教师队伍建设的意见》进一步完善绩效工资政策,在核定绩效工资时,对乡村小规模学校、寄宿制学校、民族地区、艰苦边远地区学校给予适当倾斜[③]。在津贴补贴方面,为使"乡村教师实际工资收入水平不低于同职级县镇教师工资收入水平"[④],国家不断为乡村教师增加各项津贴补贴项目,并不断提升各项津补贴额度。例如,2013 年,《中共中央、国务院关于加快发展现代农业进一步增强农村发展活力的若干意见》提出为乡村教师提供生活补助。2015 年,《人力资源社会保障部、财政部关于乡镇机关事业单位工作人员实行乡镇工作补贴的通知》规定,对公

---

① 钱梦兰.职业教育扶贫政策演变趋势研究——基于政策文本分析法[D].武汉:中南民族大学,2018:16.
② 朱永新.切实提高地位待遇增强教师职业吸引力[J].中国教育学刊,2018(4):1-4.
③ 教育部等六部门关于加强新时代乡村教师队伍建设的意见[EB/OL].(2020-07-31)[2023-11-21]. http://www.moe.gov.cn/srcsite/A10/s3735/202009/t20200903_484941.html.
④ 国务院关于统筹推进县域内城乡义务教育一体化改革发展的若干意见[EB/OL].(2016-07-02)[2023-11-20]. https://www.gov.cn/gongbao/content/2016/content_5095494.htm.

务员实行的乡镇工作补贴也将适用于乡村教师。2021年,中共中央办公厅、国务院办公厅印发《关于进一步减轻义务教育阶段学生作业负担和校外培训负担的意见》(简称"双减"政策),在乡村教师津贴中增加了"课后服务补助"。可以看出,乡村教师津贴补贴的类目框架不断丰富,渐趋稳定。

表5-1 国家级乡村教师生活保障类待遇政策方面、要素及内容要求

方面	要素	内容要求
工资待遇	基本工资	包括岗位工资和薪级工资,执行国家统一的政策和标准
	绩效工资	①完善绩效工资政策,在核定绩效工资时,对乡村小规模学校、寄宿制学校、民族地区、艰苦边远地区学校给予适当倾斜 ②核定义务教育学校绩效工资总量时统筹考虑当地公务员实际收入水平,确保县域内义务教育教师平均工资收入水平不低于当地公务员的平均工资收入水平
	津贴补贴	①落实并完善集中连片特困地区和边远艰苦地区乡村教师生活补助政策,因地制宜稳步扩大实施范围,按照越往基层、越往艰苦地区补助水平越高的原则,使乡村教师实际工资收入水平不低于同职级县镇教师工资收入水平 ②落实艰苦边远地区津贴、乡镇工作补贴,以及集中连片特困地区和艰苦边远地区乡村教师生活补助政策。完善老少边穷岛等贫困艰苦地区教师待遇政策,依据艰苦边远程度实行差别化补助,做到越往基层、越往艰苦地区补助水平越高 ③认真落实艰苦边远地区津贴等政策,全面落实集中连片特困地区乡村教师生活补助政策,依据学校艰苦边远程度实行差别化补助,鼓励有条件的地方提高补助标准,努力惠及更多乡村教师 ④课后服务经费主要用于参与课后服务教师和相关人员的补助,有关部门在核定绩效工资总量时,应考虑教师参与课后服务的因素,把用于教师课后服务补助的经费额度,作为增量纳入绩效工资并设立相应项目
社会保障	住房保障	①中央安排基建投资,支持建设农村艰苦边远地区学校教师周转宿舍 ②将符合条件的边远艰苦地区乡村学校教师纳入当地政府住房保障体系,加快边远艰苦地区乡村教师周围宿舍建设 ③按规定为教师缴纳社会保险费及住房公积金
	医疗保障	各地按照有关规定使符合条件的乡村教师享受医疗救助等政策。保障基本医疗卫生服务,定期对乡村教师进行身体健康检查,以学区为单位建立心理辅导中心

续表

方面	要素	内容要求
社会保障	社会保险	①依法为教师缴纳各项社会保险费 ②国家建立基本养老保险、基本医疗保险、工伤保险、失业保险、生育保险等社会保险制度,保障公民在年老、疾病、工伤、失业、生育等情况下依法从国家和社会获得物质帮助的权利

第二,省级政策的配套衔接。河南省出台的乡村教师生活保障类待遇政策不仅沿袭了国家政策向乡村教师倾斜的精神,还进一步细化了政策内容(见表5-2)。比如,在工资待遇方面,河南省在贯彻《中共中央、国务院关于深化新时代教师队伍建设改革的意见》精神的基础上,重点对津贴补助内容做出具体要求;在周转住房建设方面,《中共河南省委、河南省人民政府关于全面深化新时代教师队伍建设改革的实施意见》给出明确规划,即"3年内基本完成农村中小学教师周转房建设,5年内基本完成中小学教师保障性住房建设"。

表5-2 河南省乡村教师生活保障类待遇政策方面、要素及内容要求

方面	要素	内容要求
工资待遇	工资水平	明确健全中小学教师工资长效联动机制,做到"两个确保":确保中小学教师平均工资收入水平不低于或高于当地公务员,确保乡村教师实际工资收入水平不低于同等条件县镇教师
	绩效工资	①继续实施义务教育学校乡村教师生活补助和在绩效工资总量内发放农村学校教师补贴、超课时津贴、班主任工作津贴、教师教龄津贴、课后服务补助等政策 ②县级政府要确保县域内义务教育教师工资按时足额发放,教育部门在分配绩效工资尤其是分配增量时,要进一步加大对艰苦边远贫困地区和薄弱学校的倾斜力度
	津贴补助	①生活补助:从2019年7月1日起,27个国定和省定贫困县的乡镇、村、教学点教师生活补助标准分别按每人每月200元、400元、600元标准发放,其他105个县(市、区)的乡镇、村、教学点教师生活补助标准分别按每人每月200元、300元、500元标准发放 ②岗位津贴:从2019年7月1日起实施中小学(中职学校)班主任津贴,发放标准是每月最低400元,同时各地可结合实际情况提高标准 ③教龄津贴:从2019年7月1日起,中小学(中职学校)教师教龄津贴在落实国家规定标准基础上,按照每增加一年教龄增加10元的标准累计计算核定 ④课后服务补助:课后服务经费主要用于参与课后服务的教师和相关人员补助

续表

方面	要素	内容要求
社会保障	住房保障	①各地要依法依规为教师缴纳住房公积金 ②3年内基本完成农村中小学教师周转房建设，5年内基本完成中小学教师保障性住房建设
	医疗保障	在现行制度框架内，做好乡村教师重大疾病救助工作
	社会保险	依法为教师缴纳各项社会保险费

第三，市县政策的承接细化。在国家系列政策的统一部署下，省级政府文件的系统衔接下，在津贴补助、住房保障和社会保险的缴纳方面，A市政策文件内容与省级政策的要求保持一致(见表5-3)。值得注意的是，该市对寄宿制学校教师补助方面的规定更为具体，政策要求"在确保按标准落实农村教师生活补助的基础上，按不低于40%的标准提高农村寄宿制学校教师生活补助，承担班主任工作的教师按不低于80%的标准给予补助"，从而为寄宿制学校教师补贴发放提供明确参考。

表5-3 A市乡村教师生活保障类待遇政策方面、要素及内容要求

方面	要素	内容要求
工资待遇	绩效工资	核定绩效工资总量时向乡村小规模学校和乡镇寄宿制学校适当倾斜，确保乡村中小学教师平均工资收入水平高于当地中小学教师平均工资收入水平
	津贴补助	①乡村教师生活补助：全面落实河南省集中连片特困县乡村教师生活补助政策，依据乡村学校艰苦、边远程度实行差别化补助标准。具体来说，从2019年起依据学校艰苦边远程度，乡镇、村、教学点教师生活补助标准分别提高为每人每月200元、500元、800元 ②寄宿制学校教师生活补助：在确保按标准落实农村教师生活补助的基础上，按不低于40%的标准提高农村寄宿制学校教师生活补助，承担班主任工作的教师按不低于80%的标准给予补助
社会保障	住房保障	①要根据农村和深山区学校布局情况，结合县域实际，因地制宜建设学校周转房，做好农村和深山区教师的安居工作。各县要高度重视、统筹规划教师新村等项目的建设，对农村、山区教师到城镇新村购房要给予特别优惠 ②为教师缴纳住房公积金 ③将符合条件的乡村教师纳入当地政府住房保障体系，加大乡村教师周转宿舍建设力度

续表

方面	要素	内容要求
社会保障	医疗保障	对患重大疾病的乡村教师进行救助,对因遇突发事故或突患重大疾病、家庭生活特别困难的乡村教师进行救助帮扶。各县(市、区)要每年组织乡村教师体检一次
	社会保险	按规定为教师缴纳各项社会保险费

(2)职业发展类待遇政策

第一,国家政策的宏观部署。职业发展类待遇政策包括乡村教师培训和职称评聘两个方面[①](见表5-4)。通过对相关政策文本的初步分析发现,在乡村教师培训方面,国家政策分别从培训制度、培训对象、培训内容方面做出具体说明。在培训制度上,强调实行五年一周期不少于360学时的教师全员培训制度。[②] 在培训对象上,要求"国培计划"优先支持艰苦边远贫困地区乡村教师培训[③],加强农村紧缺薄弱学科课程教师培训[④]。在培训内容上,关注师德教育。[⑤] 在职称评聘方面,将"职称评聘向乡村教师倾斜"作为职称改革的目标予以推进,并从评定标准、评审程序等方面协同发力,确保乡村教师能获得更多的职级晋升机会。

---

① 徐祎.县域乡村教师待遇政策执行研究——以安徽省Q县为例[D].芜湖:安徽师范大学,2020:22;刘善槐,李梦琢,朱秀红.乡村教师综合待遇的劳动定价、差异补偿与微观激励研究[J].东北师大学报(哲学社会科学版),2018(4):183-189.

② 国务院关于加强教师队伍建设的意见[EB/OL].(2012-08-20)[2023-11-17].https://www.gov.cn/gongbao/content/2012/content_2226134.htm.

③ 国务院办公厅关于全面加强乡村小规模学校和乡镇寄宿制学校建设的指导意见[EB/OL].(2018-04-25)[2023-12-15].http://www.moe.gov.cn/jyb_xxgk/moe_1777/moe_1778/201805/t20180502_334855.html.

④ 教育部、中央编办、国家发展改革委、财政部、人力资源社会保障部关于大力推进农村义务教育教师队伍建设的意见[EB/OL].(2012-09-20)[2024-01-04].http://www.moe.gov.cn/srcsite/A10/s3735/201211/t20121108_145538.html.

⑤ 教育部等五部门关于印发《教师教育振兴行动计划(2018—2022年)》的通知[EB/OL].(2018-03-22)[2024-01-24].http://www.moe.gov.cn/srcsite/A10/s7034/201803/t20180323_331063.html.

表 5-4　国家级乡村教师职业发展类待遇政策方面、要素及内容要求

方面	要素	内容要求
教师培训	培训制度	实行五年一周期不少于 360 学时的教师全员培训制度
	培训对象	①"国培计划"优先支持艰苦边远贫困地区乡村教师培训 ②加强音体美、科学、综合实践等农村紧缺薄弱学科课程教师和民族地区双语教师培训
	培训内容	将师德教育作为乡村教师培训的首要内容
职称评聘	评定标准	放宽学历要求，不作论文、职称外语和计算机应用能力要求，提高教育教学实绩的评价权重
	评审程序	实行乡村教师和城镇教师分开评审，允许乡村小学教师按照所教学科评聘职称，不受所学专业限制
	评聘结合	落实中小学教师职称评聘结合政策，确保乡村学校教师职称即评即聘

第二，省级政策的配套衔接。通过对省级乡村教师职业发展类待遇政策文件的分析可知，该类政策主要涉及教师培训和职称评聘两个方面，这与上级政策高度一致，同时河南省也结合自身实际进行了一定程度的创新和细化。

如表 5-5 所示，河南省出台的乡村教师培训政策文件聚焦培训制度、培训对象和培训内容三个方面，并且在内容要求上进行细化。在培训制度上，政策强调将教师培训学分与职业发展和荣誉表彰挂钩，同时对中小学教师的培训时长进行了强制性规定。在培训对象上，重点关注师资紧缺学科和艰苦边远地区的乡村教师。在培训内容上，省级政策同样关注师德教育。[①]

在职称评聘方面，除了评聘结合，河南省出台的文件均对评定标准和评审程序进行细化。在评定标准上，政策明确强调要放低乡村教师职称评审标准，对在乡村学校任教满 20 年及以上的教师开辟职称"绿色通道"。在评审程序上，政策除了强调城乡教师分组，还强调简化申报材料。但是，对于教师即评即聘缺乏系统部署，为该类规定无法切实落实埋下隐患。

---

① 河南省教育厅关于组织实施"国培计划（2021）"——河南省中小学幼儿园教师培训项目的通知[EB/OL].(2021-08-20)[2023-06-17].https://jyt.henan.gov.cn/2021/08-20/2297795.html.

表 5-5 河南省乡村教师职业发展类待遇政策方面、要素及内容要求

方面	要素	内容要求
教师培训	培训制度	推行教师培训学分制度,教师培训学分情况作为教师职称评聘、岗位聘任(用)、教师资格定期注册、教师考核和评先表优的必备条件
	培训对象	①加强乡村学校音乐、体育、美术等师资紧缺学科教师培训 ②"国培计划""省培计划"优先支持艰苦边远地区乡村教师培训
	培训内容	将习近平新时代中国特色社会主义思想、师德师风、心理健康教育等作为教师培训必修内容,以网络课程的形式供参训教师自主学习
职称评聘	评定标准	①乡村教师评聘职称(职务)时,评价标准在城市标准的基础上适当降低要求,外语成绩(外语教师除外)、发表论文不作刚性要求,注重师德修养,注重教育教学工作业绩,注重教育教学方法,注重教育教学一线实践经历 ②在农村学校累计从教 20 年的在岗在编教师,符合申报条件的,可不受单位岗位结构比例限制,直接评聘中小学一级教师。在农村连续从教满 30 年且离法定退休年龄不满 5 年的农村教师,可不受单位岗位结构比例限制,通过职称"绿色通道"考核认定中小学一级教师 ③对在农村教学第一线连续从事教育教学工作满 30 年,且当年年底距离法定退休年龄不满 5 年的农村教师,可以不受单位结构比例限制,专设职数考核认定和聘任中小学一级教师,通过考核认定取得的资格与评委会评审具有同等效力 ④对在农村学校从教且教龄男满 30 年、女满 25 年的在岗在编教师,符合申报条件的,可不受岗位结构比例限制,直接评聘为中小学高级教师
	评审程序	讲课答辩分学科、城市学校、农村学校进行
	评聘结合	落实职称评聘结合政策,确保乡村学校教师职称即评即聘

第三,市县政策的承接细化。通过梳理 A 市出台的乡村教师培训政策,发现其主要关注培训对象、培训内容、评聘标准等内容(见表 5-6)。在培训对象上,除了关注艰苦边远地区乡村教师,还要求优先支持乡村小规模学校教师培训,但政策方面并未对薄弱学科教师的培训进行说明。在培训内容上,与上级政策要求一致,尤为关注师德教育。在职称评聘上,除了要求降低评价标准,还强调完善乡村小规模学校和乡村寄宿制学校教师职称评聘标准,强调对在乡村学校从教满 30 年的教师开辟"绿色通道"。

表 5-6 A 市乡村教师职业发展类待遇政策方面、要素及内容要求

方面	要素	内容要求
教师培训	培训对象	"国培计划""省培计划""市培计划"优先支持艰苦边远地区乡村教师和乡村小规模学校教师培训
	培训内容	各县(市、区)要结合实际,制订科学合理的农村教师培训计划,开展以新理念、新课程和师德师风等为重点内容的农村教师培训
职称评聘	评聘标准	①乡村教师职称评价标准适当降低,对外语成绩(外语教师除外)、发表论文不作刚性要求 ②完善教师职称评聘评价标准,充分考虑实际,注重师德素养、教学实绩和农村一线教学经历,切实改变过分强调论文、学历、证书级别的倾向 ③对在农村教学一线连续从事教育教学工作满 30 年,且当年年底距离法定退休年龄不满 5 年的农村教师,可不受单位结构比例限制,专设职数考核认定和聘任中小学一级教师

(3)荣誉激励类待遇政策

第一,国家政策的宏观部署。通过分析国家发布的相关政策文件可知,乡村教师荣誉激励类待遇政策内容主要包括荣誉评选、荣誉奖励和对特定群体的荣誉激励(见表 5-7)。在荣誉评选方面,政策强调向乡村教师倾斜。在荣誉奖励方面,政策围绕精神奖励和物质奖励进行规定,前者关注荣誉表彰和宣传推介力度,后者强调建立专项基金用于奖励乡村优秀教师。对于特定群体的荣誉激励,政策层面主要以在乡村学校从教年限为依据提出不同程度的奖励,如为从教满 30 年、满 20 年和满 10 年的乡村教师给予国家级、省级、县级的荣誉奖励。此外,乡村青年教师以及在乡村小学和教学点任教的教师也受到了政策层面的关注。

表 5-7　国家级乡村教师荣誉激励类待遇政策方面及内容要求

方面	内容要求
荣誉评选	①在评选表彰教育系统先进集体和先进个人等方面要向乡村教师倾斜 ②在各类人才项目、荣誉表彰、评奖评优中,向乡村教师倾斜
荣誉奖励	①精神奖励 a.广泛宣传乡村教师坚守岗位、默默奉献的崇高精神,在全社会大力营造关心支持乡村教师和乡村教育的浓厚氛围 b.对长期在乡村学校任教的优秀教师给予荣誉表彰 ②物质奖励 鼓励和引导社会力量建立专项基金,对长期在乡村学校任教的优秀教师给予物质奖励
对特定群体的荣誉激励	①在表彰奖励等方面向乡村青年教师倾斜 ②2016年,为纳入首次颁发范围的400万名在岗和离退休教师颁发"乡村学校从教30年教师荣誉证书" ③各地对在村小学和教学点工作满10年、继续在村小学和教学点工作的优秀教师给予奖励。国家对在村小学和教学点工作满30年并作出突出贡献的优秀教师给予表彰奖励 ④省(区、市)、县(市、区、旗)要分别对在乡村学校从教20年以上、10年以上的教师给予鼓励。各省级人民政府可按照国家有关规定对在乡村学校长期从教的教师予以表彰

第二,省级政策的配套衔接。通过梳理省级政策文件可知,历年来河南省出台的乡村教师荣誉激励类待遇政策在具体实施办法上做到了进一步细化。根据政策要求,可将内容划分为荣誉评选、荣誉奖励和特定群体三个方面(见表5-8)。首先,省级政策对乡村教师荣誉评选的占比进行明确规定,增强了国家级政策要求的可操作性。其次,对于乡村教师的荣誉奖励要求,除了精神奖励和物质奖励,还增加了职级晋升奖励方面的内容。在对特定群体的关注上,省级政策主要关注在乡村学校从教20年以上和10年以上的教师,进一步扩大了荣誉奖励的对象,体现了省级政府对长期在乡村学校任教的乡村教师的关照。

表 5-8　河南省乡村教师荣誉激励类待遇政策方面及内容要求

方面	内容要求
荣誉评选	推荐的基础教育领域先进集体,县镇以下(含县镇)的农村学校占本地推荐名额的 60%以上。推荐的先进个人,县镇以下(不含县镇)的乡村中小学教师占本地推荐总名额的 35%以上
荣誉奖励	①精神奖励:利用线上线下宣传形式,通过电视、广播、报纸、网站及"两微一端"等新媒体形式,大力宣传我省新时代广大教师阳光美丽、爱岗敬业、甘于奉献、锐意改革新形象 ②物质奖励:鼓励和引导社会力量建立专项基金,对长期在乡村学校任教的优秀教师给予物质奖励 ③职级晋升奖励 a.在农村连续从教满 30 年且离法定退休年龄不满 5 年的农村教师,可不受单位岗位结构比例限制,通过职称"绿色通道"考核认定中小学一级教师 b.对在农村学校从教且教龄男满 30 年、女满 25 年的在岗在编教师,符合申报条件的,可不受岗位结构比例限制,直接评聘为中小学高级教师 c.任现职以来获得以下业绩之一的人员,经省人力资源社会保障部门批准,可以不受单位结构比例限制,专设职数评聘中小学高级教师:(一)教师节期间综合表彰的全国模范教师、全国教育系统先进工作者或者获得省级及以上政府综合表彰;(二)国家基础教育教学成果二等奖及以上奖励的完成人(限前 6 名);(三)中原名师;(四)省级名师、教师节期间综合表彰的河南省优秀教师或河南省教育系统先进工作者,同时获得省基础教研室规范组织的省优质课一等奖人员
对特定群体的荣誉激励	省政府对在乡村学校从教 20 年以上的教师按照有关规定颁发荣誉证书,县政府对在乡村学校从教 10 年以上的教师给予鼓励

第三,市县政策的承接细化。通过对市级政策文件进行梳理发现,市级的乡村教师荣誉激励类待遇政策的内容和上级政策保持一致,主要围绕荣誉评选和荣誉奖励两个方面(见表 5-9)。在荣誉评选方面,强调评优评先活动要向农村中小学倾斜,并且对农村教师所占比例进行明确说明。例如,2011 年 A 市人民政府《关于鼓励中小学教师到农村任教的意见》要求"原则上要保证各类评优评先活动中,农村教师所占比例高于平均比例的 5—10 个百分点",加大对乡村教师的倾斜力度。在荣誉奖励方面,市级政策要求与省级政策文件保持一致,但在内容表述上较省级政策的表述略显笼统、单薄。

表 5-9　A 市乡村教师荣誉激励类待遇政策方面及内容要求

方面	内容要求
荣誉评选	①各项评优表先工作中,确保农村教师的比例不低于平均比例 ②评优评先活动要向农村中小学倾斜,可根据实际情况单独设立农村中小学教师评优评先标准。原则上要保证各类评优评先活动中,农村教师所占比例高于平均比例 5—10 个百分点
荣誉奖励	对在乡村学校从教 20 年以上的教师颁发荣誉证书,对在乡村学校从教 10 年以上的教师给予鼓励

3.调查研究法

调查研究法是通过与事实现状进行接触,整理分析已获得的资料,不断发现并解决问题的研究方法,如问卷调查、访谈调查等。[①]

(1)问卷调查

问卷调查是一种应用较广的研究方法,通过精心设计的书面调查项目或问题收集调查者信息[②],具有高效率、易统计、调查范围广等优势。问卷调查的重点包括问卷编制、试测、发放和统计等环节。[③]

第一步,调查问卷的编制。为明确研究问题,本研究系统梳理了 2010 年以来各级乡村教师待遇政策,归纳生活保障类、职业发展类、荣誉激励类三个维度的待遇政策规定,明确乡村教师各项待遇的政策目标,在此基础上设计调查问题及其选项。同时,参考李宁设计的《乡村教师生活待遇政策执行情况调查问卷》[④]和徐祎设计的《乡村教师待遇政策执行情况调查问卷》[⑤]等,编制本研究所需的调查问卷。在相关专家的指导下,最终形成由三个部分共计 38 个题目构成的调查问卷[⑥]。

第二步,调查问卷的试测。为了解设计的调查问卷是否合理有效,在问卷

[①]　马云鹏.教育科学研究方法[M].长春:东北师范大学出版社,2001:89.
[②]　金娣,王钢.教育评价与测量[M].2 版.北京:教育科学出版社,2007:131.
[③]　李宁.乡村教师生活待遇政策执行研究——基于政策工具的视角[D].长春:东北师范大学,2019:23.
[④]　李宁.乡村教师生活待遇政策执行研究——基于政策工具的视角[D].长春:东北师范大学,2019:144-147.
[⑤]　徐祎.县域乡村教师待遇政策执行研究——以安徽省 Q 县为例[D].芜湖:安徽师范大学,2020:99-108.
[⑥]　详见附录三。

编制完成之后,需要对调查问卷进行试测。在试测开始前,将电子版书面问卷输入问卷网以生成电子问卷,之后借助微信、QQ等网络平台,邀请D县乡村教师进行作答。试测阶段共收到60位乡村教师作答的问卷。剔除无效问卷(身份不符、用时短、IP地址显示有误等)7份,共计回收53份有效问卷,回收率达88.3%。借助SPSS 26.0软件对问卷进行信度分析,计算得出信度系数值为0.858,说明问卷具有较好的信度水平[①],可在D县对乡村教师待遇政策执行现状开展大范围的正式调查。

第三步,问卷的发放与统计。本研究的调查地区是河南省D县,调查对象为县域内九所乡公办义务教育学校的长期在编教师。2022年2月起,研究者实地走访了D县九个行政乡,共计30所乡村学校(12所村庄小学,7所乡中心小学,11所初级中学),在走访过程中面向乡村教师实地发放了365份问卷,剔除作答不全、用时过短、选项一致以及身份不符等59份无效问卷,最终回收306份有效问卷,问卷有效回收率为83.8%。

(2)访谈调查

问卷调查为我们获取大量面上数据提供了便利,但难以解释那些乡村教师待遇政策执行过程中深层次、复杂性的问题,需要访谈调查加以辅助。本研究对D县乡村教师、乡村学校校长和D县教育行政部门工作人员进行了半结构化访谈,将搜集到的访谈资料与《乡村教师待遇政策执行情况调查问卷》的数据进行补充与印证,以确保调查结果的可靠性。访谈提纲的编制和访谈的开展情况具体如下:

第一,访谈提纲的编制。访谈提纲围绕乡村教师待遇政策要求和政策执行的影响要素,参照调查问卷的相关题项,并根据不同的访谈对象进行设计。本研究的访谈对象包括政策目标群体和政策执行人员,前者指乡村教师,后者包括乡村教师、乡村学校校长和教育行政部门工作人员,分别针对不同调研对象设计访谈提纲[②]。

第二,访谈类型、方式与次数。本研究采用的是半结构化访谈,根据访谈提纲对D县乡村教师、乡村学校校长、D县教育行政部门工作人员提出问题,

---

① 约克奇.SPSS其实很简单[M].刘超,吴铮,译.北京:中国人民大学出版社,2010:60.
② 详见附录四、附录五、附录六。

在此过程中根据访谈对象的回答或临时情况灵活调整提问。在访谈方式上，以被调查者方便为首要原则，采用现场面谈、电话和语音通话等不同访谈形式。在访谈次数上，除了对 D 县教育行政部门工作人员进行了三次访谈，对其他受访对象均进行了五次及以上的访谈。

(二)研究对象的确定

1.问卷调查对象

问卷调查对象是政策目标群体，具体来说就是河南省 D 县乡村教师。根据研究需要，乡村教师基本情况统计结果见表 5-10。

表 5-10　D 县乡村教师基本情况统计

项目	类别	数量/人	占比/%
性别	男	99	32.4
	女	207	67.6
年龄	35 岁及以下	101	33.0
	36—45 岁	104	34.0
	46—55 岁	95	31.0
	56 岁及以上	6	2.0
教龄	不满 10 年	98	32.0
	10—19 年	103	33.7
	20—29 年	91	29.7
	30 年及以上	14	4.6
职称	三级	11	3.6
	二级	150	49.0
	一级	109	35.6
	高级	36	11.8
所在学校	村庄小学	71	23.2
	乡中心小学	101	33.0
	乡初级中学	134	43.8
总计		306	100.0

2.访谈对象的选择

一是政策目标群体,即乡村教师。本研究在九个乡镇中各选择了一名乡村教师,以便了解每个乡域教师待遇的整体情况。访谈对象的基本信息见表 5-11。

表 5-11 受访教师基本信息

受访教师	性别	任教学校	任教科目	教龄	职称
CJ-T	女	乡初级中学	语文	22 年	一级
CW-T	男	乡初级中学	生物、美术	7 年	二级
JK-T	女	村庄小学	英语	4 年	二级
ZC-T	女	村庄小学	数学	18 年	一级
CS-T	男	乡中心小学	体育	4 年	二级
DZ-T	女	村庄小学	数学、英语	9 年	二级
XJ-T	女	乡初级中学	英语	8 年	二级
XSD-T	男	乡初级中学	数学	31 年	高级
LL-T	女	乡中心小学	语文	5 年	二级

二是政策执行人员,该群体主要包括三类:教育行政部门工作人员、乡中心校校长和乡村学校校长,访谈对象的基本信息见表 5-12。

表 5-12 受访政策执行人员基本信息表

受访对象	职务	性别	工龄/教龄(年)	职称	任教科目
A	教体局计财股股长	男	30	—	—
Z	乡中心校主任	男	33	高级	—
CJ-X	村庄小学校长	男	26	一级	品德
CW-X	乡初级中学校长	男	33	高级	安全教育
JK-X	村庄小学校长	男	24	高级	数学
ZC-X	村庄小学校长	女	28	高级	数学、美术
CS-X	乡中心小学校长	女	23	一级	语文
DZ-X	村庄小学校长	男	26	高级	数学、科学、品德
XJ-X	乡中心小学校长	男	31	一级	品德
XSD-X	乡初级中学校长	男	34	高级	数学
LL-X	乡中心小学校长	女	21	一级	英语

第二节 乡村教师待遇政策执行的现状考察

一、乡村教师待遇政策执行的成效

(一)生活保障类待遇政策的执行成效

1.工资收入有所提升

工资收入是吸引并留住优质师资的关键。[①] 为增强乡村教师职业吸引力，各级政策强调，绩效工资和津补贴的发放应向乡村教师倾斜。同时，随着"双减"政策的出台，课后延时补贴的下发也使乡村教师的收入有所提升。如表5-13所示，D县乡村教师全年月平均收入在4001—5000元的占比最大，并且有近两成的教师全年平均收入在5001元及以上。访谈中有校长表示："现在教师收入确实提高了不少，我89年(1989年)就在乡下教书了，刚开始工作的时候一个月工资还不到100元，2000年以前，我们一个月才发200元，少也就不说啥了，而且经常半年都不发工资，当时花钱啊都是到处借的，现在经济收入慢慢提高了点，一个月到手四五千元，在农村还算可以了。"

除此之外，也有教师提及了"普调"一事，"上班以来工资一(旦)普调就有变化，确实记了大功。上次普调之后，工资又增加了230元，而且教龄不一样调整额度还不一样，好像增加一年涨10元吧"。

表5-13 乡村教师月工资水平情况

问题	选项	频次/人	占比/%	累积/%
从任教期间的各项薪酬总计来看，您全年平均月收入大约为	不足3000元	50	16.3	16.3
	3000—4000元	94	30.7	47.0
	4001—5000元	103	33.7	80.7
	5001元及以上	59	19.3	100.0

[①] An X. Teacher salaries and the shortage of high-quality teachers in China's rural primary and secondary schools[J]. Chinese Education & Society, 2018(2): 103-116.

2.津贴补助类目齐全

如图 5-3 所示,D 县乡村教师津贴补助类型比较丰富。进一步分析可知,当前乡村教师生活补助、教龄津贴、延时服务补贴占比较大,说明绝大部分乡村教师可以享受到这三类津贴补助;接近一半的乡村教师可以享受乡镇工作补贴、班主任补贴、寄宿制学校补贴;近三分之一的乡村教师可以享受住房补贴。

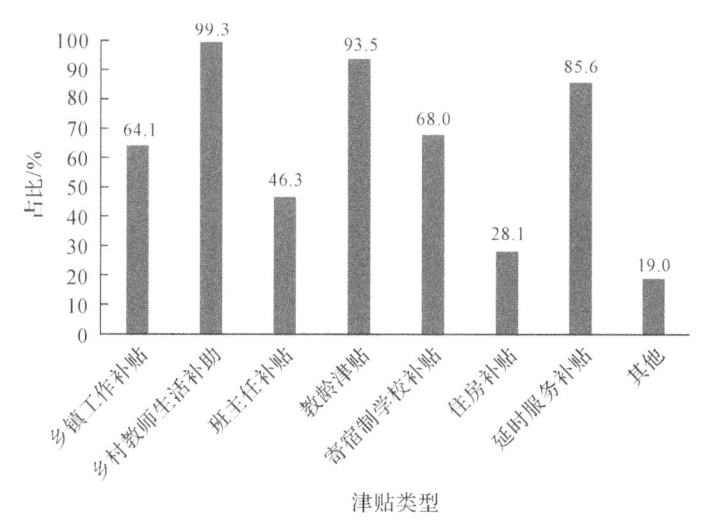

图 5-3 乡村教师各项津贴补助的发放情况

为减少课后延时服务给教师带来的压力,D 县政府根据《中共河南省委教育工作领导小组秘书组关于印发〈省委常委会"我为群众办实事"重点项目全面推广义务教育阶段学校课后服务工作专项工作规划〉的通知》要求,规定全县凡是参与课后服务的学生每人按每小时两元缴纳延时费,其中家庭困难或建档立卡户的子女无需缴费。延时服务补助在一定程度上增加了 D 县乡村教师的工资收入,尤其对于在办学规模较大、学生数量较多的乡初级中学任教的教师来说更是如此。有教师表示:"上学期收三个月,一个教师到手 1000 多元。我们学校延时是中午 1 个小时和下午 1 个小时,不占用晚自习时间。"

由表 5-14 可以看出,D 县乡村教师津贴补助的月均额度集中在 1001—1200 元,近三分之一的乡村教师月均津贴补助额度在 1201 元及以上。对于各项补助的额度,中心校领导给予了明确回答:"乡镇工作补(贴)一个月 200—300 元,生活补助一个月 300—800 元不等,教龄补助的话是一年 10 元。延时服务补贴按小时收费,一小时两元。寄宿制学校补贴如果是班主任的话每个月是280元,如果不是班主任的话发140元,远处的可能发到200元不止。"可以看出,D县乡村教师津贴补助发放标准明确,超过一半的乡村教师月均享受补助在1001元及以上,在一定程度上可以满足乡村教师需求。

表5-14 乡村教师津贴补助的月均额度情况统计

问题	选项	频次/人	占比/%	累积/%
您的津贴补助总额度平均每月大约为	不足800元	50	16.3	16.3
	801—1000元	63	20.6	36.9
	1001—1200元	109	35.6	72.5
	1201元及以上	84	27.5	100.0

3. 周转宿舍普遍完工

2010年以来,D县周转宿舍经费累计投入5878万元。为了保障教师周转宿舍工程的顺利推进,D县特别成立了教师周转宿舍建设工作领导小组,并制定了《县农村中小学教师周转宿舍管理办法》。截至2020年底,全县共建成周转宿舍902套,其中862套已经投入使用。如表5-15所示,有70.3%的乡村教师表示所在学校周转宿舍已经全部完工,说明越来越多的乡村教师实现了"住有所居、居有定所"。在调研走访中,有教师说道:"你看,我们宿舍挺新的吧,这里面热水器、电磁炉、抽烟机……都有,做饭、休息都可方便。"可以看出,"完善乡村教师生活用水、用电等配套设施,积极推动乡村教师住房待遇向城镇化标准迈进"的政策要求在D县得到一定程度的落实。

表5-15 乡村教师住房待遇基本情况统计

问题	选项	频次/人	占比/%	累积/%
您所在学校的教师周转宿舍建设情况是	全部未完工	27	8.8	8.8
	部分已完工	64	20.9	29.7
	全部已完工	215	70.3	100.0

4. 医疗保障稳步推进

为保障乡村教师身心健康,病有所医,从国家到地方发布的政策都围绕重大疾病救治、教师体检和心理咨询室建设提出明确要求。调查发现,近年来D县大力推行医疗体制改革,为患有重大疾病的乡村教师提供帮扶。如表5-16

所示,绝大部分乡村教师表示会定期参加体检。有教师表示:"学校每年都会安排体检,县级、市级医院都去过,不过县里去的(次数)比较多吧。"也有教师表示:"学校每年都发体检卡,里面额度有将近1000元,让我们拿去体检。"可见,D县政府能够将乡村教师定期体检的工作落实到位。

表 5-16 乡村教师定期体检情况统计

问题	选项	频次/人	占比/%	累积/%
您是否定期参加教师体检	是	292	95.4	95.4
	不清楚	2	0.7	96.1
	否	12	3.9	100.0

5.社会保险如期缴纳

乡村教师社会保险既关系到乡村教师队伍的稳定,也关系到广大乡村地区教育事业的长远发展。[①] 从图 5-4 可以看出,D县乡村教师各类社会保险得到较好的落实,其中对医疗保险和养老保险的重视程度最高。这是因为医疗保险和养老保险作为最基本的保障,有利于减轻乡村教师的心理压力。有教师表示:"在编教师五项保险都有,一般根据工资基数扣缴。"有校长进一步解释:"教师工资一下发,工资条上会把各项保险缴纳额度显示出来,这样教师能够及时知情。"可见,D县乡村教师社会保险落实情况比较到位。

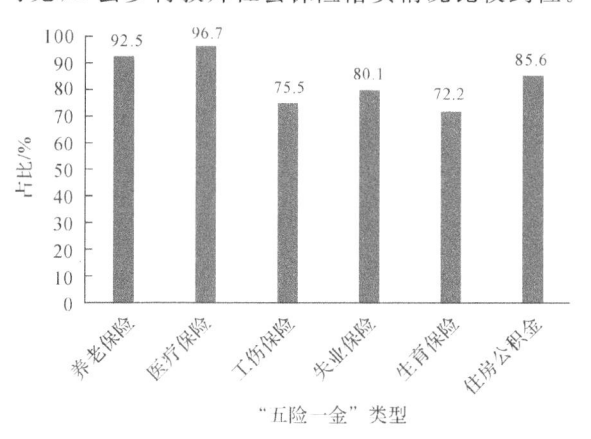

图 5-4 乡村教师"五险一金"缴纳情况统计

---

① 庞丽娟,金志峰,杨小敏.新时期乡村教师队伍建设政策研究[J].中国行政管理,2017(5):109-113.

(二)职业发展类待遇政策的执行成效

1.薄弱学科培训机会增多

乡村教师培训不仅是贫困地区孩子接受高质量教育的有效途径和乡村人才振兴的重要手段,还是建设优质乡村教师队伍的必然要求,事关全面实施乡村振兴战略落地见效,事关促进乡村乃至全国教育现代化的实现,可谓当前乡村教育发展的重大时代命题。[①] 通过对前文各级政策文本的梳理发现,2010年以来,国家级、省级和市级政策文件中均强调"优先支持艰苦边远地区乡村教师培训",为了解该政策要求的落实情况,本研究对乡村教师培训机会进行了调查。如表5-17所示,68.6%的乡村教师表示培训机会在近年来有所增加,说明该政策要求在D县基本得到落实。在培训对象方面,政策要求加强音体美、科学、综合实践等紧缺学科课程教师培训。为了解这一政策是否得到落实,本研究对以上紧缺薄弱学科教师培训机会是否增加的回答情况进行筛查,77.3%的科学教师、65.7%的艺术(音、美)教师以及68.4%的综合实践课教师对此问题均进行了肯定回答。可见,D县在积极落实紧缺薄弱学科教师培训方面取得一定成效。

表5-17 乡村教师培训机会增加情况统计

问题	选项	频次/人	占比/%	累积/%
近年来,您的培训机会是否有所增加	是	210	68.6	68.6
	不清楚	17	5.6	74.2
	否	79	25.8	100.0

2.培训内容注重师德教育

在乡村教师培训内容方面,各级政策规定将师德师风教育作为乡村教师培训的首要内容。为了解该政策要求的落实情况,研究者对师德培训进行了针对性的访谈调查。对于师德教育常态化,有教师表示:"师德规范、准则之类的,每次开会校领导都会强调,并且我们校长是魏书生、李镇西的忠实粉丝,会

[①] 肖林,郑智勇,宋乃庆.嵌入性理论视域下乡村教师培训动力机制探赜[J].东北师大学报(哲学社会科学版),2022(4):128-136.

规定我们一起读他们的书,定期谈一谈感受。"在师德教育所占课时上,有教师进一步补充道:"师德教育在培训课时中占比还挺大的吧,今年暑假参加的班主任培训一共有六节课,师德教育就占了三节,其中一节的授课方向就是师德师风,非常醒目。"可见,当前乡村教师培训中师德培训受到较高的重视。为进一步了解乡村教师培训内容,本研究对D县乡村教师的继续教育平台,即"河南专技在线"提供的培训课程进行分析。以2022年为例,60个学时的专业课中有6个学时的心理健康教育课程,并且公需课中的"思想政治学习"就有52个学时。[1] 进一步统计发现,政治理论学时在公需课中占比达80%—93%。由此可知,省级政策中"专业技术人员参加公需课学习不少于30学时/每年"的要求得到落实。

3. 职称评定标准调整完善

中小学教师职称制度是基于中小学教师专业技术能力的管理制度,运转良好的中小学教师职称制度能够充分调动中小学教师的从教热情、激励教师自身发展。[2] 通过调查发现,当前乡村教师职称评定时,不仅职称评审条件有所放宽,还非常重视乡村教师的一线教学经历和教学实绩。首先,农村学校教师获评县级荣誉即可具备参评资格,而城市学校教师则需要获得县级以上的荣誉。如表5-18所示,D县有68.0%的乡村教师对职称条件放宽给予了肯定回答。有教师表示:"我下次再评就是'中一'了,乡村教师评选'中一'的时候条件会放宽一点,(有)县级荣誉的三等奖就可以参评。"其次,在乡村从教满20年及以上的教师在晋升中高级职称时可以通过"绿色通道"。有校长表示:"现在有'绿色通道'了,职称评审只要到年限,不受指标限制可以评一级或者高级。"最后,教学实绩成为晋升的硬性条件。近六成的乡村教师表示,当前职称评审环节中教育教学实绩受重视程度已得以提高,说明在职称评审环节注重教学工作业绩和实践经历的要求在D县得以落实。

---

[1] 参阅河南专技在线2022年度课程目录。
[2] 尹昊,王智超.中小学教师职称制度结构问题审思[J].中国教育学刊,2023(11):55-60.

表 5-18　乡村教师职称评定标准调整落实情况统计

问题	选项	频次/人	占比/%	累积/%
在申报职称时,对乡村教师的评价标准是否会在城市标准的基础上适当降低	是	208	68.0	68.0
	不清楚	59	19.3	87.3
	否	39	12.7	100.0
当前的职称评审环节中,是否提高了教育教学实际业绩的评价权重	是	178	58.2	58.2
	不清楚	70	22.8	81.0
	否	58	19.0	100.0

4.职称评审程序有所优化

乡村教师职称评聘应以助力教师专业发展、职业成长为最终价值旨归,而非增加教师工作烦恼。契合乡村教师工作场域与教育教学实际的职称评定政策,能够为乡村教师提供较为公平的职业发展环境,畅通的职业发展通道,增加乡村教师实质收益。[①] 第一,乡村教师基本按照所教学科参加职称评审。有中心校中层领导表示:"咱县现在乡小教师评职称就看教的是哪门科目,教语文的就按语文晋升就可以了。"一位在村庄小学任教的一级教师对此表示认同:"我是 2019 年评上的一级职称,我现在教的是数学,就直接按数学教师评的。"可以看出,乡村小学教师按所教学科评聘职称的政策要求在 D 县得到落实。第二,乡村教师职称评审程度更加合理。乡村教师普遍反映已和城区教师分组参加讲课答辩,有教师对这种职称评审程序表示认同:"答辩环节城乡分开,乡村教师先去答辩,城乡教师教学水平上毕竟有些差距,所以这样会更合理些。"D 县基于乡村教师工作的特殊性,设置乡村教师职称评审的单独分组,既有利于衡量乡村教师专业能力,又有利于改进乡村教师教育教学。第三,精简乡村教师职称评审程序。河南省在推行职称制度改革时强调简化申报材料,D 县一位乡村学校校长对此进行正面回应:"现在职称评审减少了很多烦琐材料,奖项方面满足三个证就行,包括优质课、综合表彰、课题,大家都不麻烦了。"如此一来,可以减轻乡村教师职称评审过程中的申报负担,也有利于降低职称管理的行政成本,提升职称申报与评审效率。

---

① 王红,邬志辉.乡村教师职称改革的政策创新与实践检视[J].中国教育学刊,2019(2):42-47.

(三)荣誉激励类待遇政策的执行成效

1.事迹宣传推介形式多样化

为了在全社会营造关心支持乡村教师的浓厚氛围,D县教体局、融媒体中心、电视台等部门持续举办大型公益活动——"寻找最美乡村教师",对其奉献乡村教育的炽热情怀给予褒赏和赞扬。在线上宣传形式中,D县相关部门除了通过电视,还利用广播、网站及"两微一端"等新媒体大力宣传该县广大乡村教师爱岗敬业、扎根乡村教育的崇高形象。其中,在由D县教体局、宣传部和融媒体中心创办的公众号平台展示的乡村教师人物事迹推文的阅读量也比较高。在线下宣传活动中,除了《河南日报》在"农村""教育"等固定栏目中宣传乡村教师人物事迹,D县教体局还会在每年的教师节来临之际组织优秀乡村教师代表进行个人事迹宣讲。这些做法不仅鼓励了广大扎根一线的乡村教师,还激励了社会各界向乡村教师学习。

2.荣誉证书颁发工作得到落实

为了提高乡村教师荣誉感和社会地位,吸引优秀教师到乡村从教,从2016年开始,国家为在乡村学校从教满30年的教师颁发荣誉证书。通过调研了解到,D县各乡中心校领导负责教师名单的统计与公示,教体局和人社局将审核通过的名单在政府网站上进行再公示,上级部门审核通过后进行最终公示。本研究对D县教龄满30年的乡村教师进行筛选,发现85.7%的教师获得过这一国家级荣誉。有教师表示:"证书发了,咱县一般在教师节前后发,当时只要符合条件的乡村教师都得到了证书。"可见,乡村学校教师从教30年荣誉证书的发放工作得到较为规范的落实。

3.荣誉奖项与职级晋升挂钩

梳理各级政策发现,乡村教师所获荣誉奖项在很大程度上影响职级晋升。有教师表示:"现在被评为中原名师、省级优秀教师或者优质课拿省赛一等奖的,职称上从中级可以直接评为高级。"可见,关于教师荣誉奖励与职称方面的政策规定在D县已得到落实。除了以上荣誉,系列政策还为从教满30年的乡村教师开辟了职称评审"绿色通道"。调查发现,D县人力资源和社会保障局每年会定期对符合职称倾斜政策的乡村教师进行统计与评定,2020年至2022

年,共有 19 位从教满 30 年的乡村教师被认定为中级职称。随着一系列政策的调整与落实,乡村教师的职称倾斜政策真正成为乡村教师评聘职称时的"快速通行证"。

二、乡村教师待遇政策执行的困境

研究发现,D 县乡村教师待遇政策执行虽然取得了一定成效,但与政策目标还存在一定差距。

(一)生活保障类待遇政策的执行问题

1.工资水平横向对比仍有差距

一方面,为提升教师待遇,系列政策强调要确保中小学教师平均工资收入水平不低于或高于当地公务员平均工资收入水平。然而,上述政策要求并未在 D 县得到落实。81.4%的乡村教师表示平均工资仍然低于当地公务员。另一方面,虽然各级政策一致强调乡村教师工资应该高于当地中小学校教师平均工资,然而,58.8%的乡村教师认为其目前月平均工资与城镇同职级教师相比仍存在差距。对于此问题,有教师给出解释:"延时对我们是一个特别的大冲击,因为乡下学生少,再加上建档立卡户、贫困生之类的学生不用交延时费,所以乡下教师的延时补贴就低,我们一个学期才发了 1700 多元的延时补助。县城教师发得多的有一万多元,五六千元那都不算啥,你想想他们比我们多拿多少钱。"在村庄小学从教的一位校长同样表示:"我们学校是小校口,学生少,所以一学期下来教师在延时补贴上只有 300 多元。"

2.津贴补助发放不及时、不同步

调查发现,当前乡村教师绩效工资和各项津补贴发放时间通常很难做到每月按时足额发放。首先,绩效工资每三个月发放一次的情况比较普遍。有教师表示:"绩效工资跟打卡工资不一样,打卡工资每个月定时到账,绩效工资基本三个月发一次。"其次,乡镇工作补贴、班主任补贴、寄宿制学校补贴通常每半年发一次,同时以上补贴还存在未能足额发放的情况。有位中心校中层领导反映:"咱这里的乡村教师生活补助、班主任补贴这两年总是拖欠着呢,去年只发到 8 月份,后面的(月份)到现在都没有再发。另外有的地方寄宿制学校补贴和班主任补贴280元这两年都没怎么发。"最后,在"三项补贴"(卫生、住房、物业)发放方面,不同区域间还出现发放步调不统一的现象,有教师表示:"'三项补贴'前两年说的是有,但今年(2023年)才开始发,之前的也不会再补了。"而来自另外一个乡的教师表示:"'三项补贴'现在是发着呢,随每个月工资发,这是从2020年7月份开始的。"可见,D县不同乡域在"三项补贴"发放中也未能同步。

3.周转宿舍使用不便、分配不均

2021年3月至4月,D县审计局对教师周转宿舍进行了专项调查,结果显示有463套乡村学校周转宿舍在生活设施的配置方面不达标。正如有教师讲的那样:"乡里面各项设施还没建好,导致周转房里的配套设施好多用不成,变成了摆设。"另外,周转宿舍还存在分配不均的问题。调研发现,D县距离县城较近且规模较小的学校普遍存在周转宿舍闲置的情况。有校长表示:"大家晚上都不住这里,白天偶尔休息的时候会用,旁边那个一直闲置着。"但是,D县距离县城较远或规模大的乡初级中学多出现周转宿舍数量不足的问题。有校长说道:"学校有21位教师,公寓有10间,比较缺,宿舍先分给女教师,男教师没有分到,男教师有的住在学生公寓楼或者办公室里。"

4.保障性住房建设未能如期落实

在城镇购房优惠上,各级政策一致强调对符合条件的乡村教师在城镇购买住房方面给予一定优惠。然而,D县有66%的乡村教师反映在城镇购房并没有获得相应优惠。在保障性住房建设方面,河南省在2019年强调要在五年内基本完成中小学教师保障性住房建设。但调查发现,由于各方面原因,保障性住房建设在D县尚处于规划期,工程建设并未如期落实。对此,D县某乡中心校领导表示:"保障性住房前些年省里下发了一个文件要求各县在县城附近给没有住房的教师配置保障性住房。结果咱县选址一换再换,弄了好几年,现在这事也搁置了……"

5.体检流于形式且未建设心理辅导中心

调研发现,D县乡村教师体检存在流于形式、体验感差的问题。一方面,乡村教师体检医院级别没有城区学校教师体检医院的级别高。有教师表示:"县城很多学校和市医院有合作,但我们乡一般都是县级医院,很少去市里。"

另一方面,有教师表示,集体体检与单独的付费体检存在差别,检查结果不够精准。比如,有教师表示:"我们拿着体检卡去体检,有的医护人员会觉得拿着卡不用掏钱是免费的,给我们做检查的时候不是很负责任,有的病症明明已经确诊了,体检的时候却检查不出来。"此外,政策虽然强调各地要"以学区为单位建立心理辅导中心",但D县乡村教师普遍对"教师心理辅导中心"比较陌生。调查中,有13.1%的教师对此表示不清楚,69.6%的教师表示其所在学区并未建立教师心理辅导中心。可见,乡村教师心理健康未得到应有的重视。

(二)职业发展类待遇政策的执行问题

1.为凑学时而培训的现象普遍

河南省规定,专业技术人员参加继续教育的时间,每年累计应不少于90学时。除了有明确的学时要求,政策还规定将教师培训学分情况作为教师职称评聘、岗位聘任(用)、教师资格定期注册、教师考核和评先表优的必备条件。[①] 这样一来,教师培训学时达标情况不仅影响乡村教师的培训考核,还关涉教师的职业发展和荣誉奖励。在教师培训学时含金量愈加凸显的趋势下,D县乡村教师群体间普遍存在"为挣学时而培训""为凑学时而培训"的强功利主义现象。有教师表示:"这不学也不中,我们每年培训的学时要够,这种强制性培训,网上有记录,培训完后面会有合格证,我们得要这个合格证呢。因为没有合格证会影响职称,所以一般网上培训要是没有时间学,有的教师会把自己的账号给别人,掏钱让别人帮忙学,最后能完成就行了。"

2.学校之间教师培训机会不均

调查发现,D县村庄小学教师的培训机会没有乡中心校教师多。调查显示,D县71位在村庄小学任教的教师仅有28位反映培训机会增加了,占比为39.4%;101位在乡中心小学任教的教师有73位反映培训机会有所增加,占比为72.3%;134位在乡初级中学任教的教师有109位反映培训机会有所增加,占比为81.3%(见表5-19)。访谈中,有位在村庄小学任教九年的教师表示:"我没怎么出去培训过,这种出去培训或者骨干教师培训之类的,乡中、乡小教

---

① 河南省人民政府关于全面加强教师队伍建设的意见[EB/OL].(2013-09-18)[2023-06-14]. https://www.henan.gov.cn/2013/10-28/238723.html.

师去得多。"另一位在村庄小学任教的教师也表示："培训一般乡中、乡小的教师参加得多,这种事先轮着他们。"对于信息技术2.0培训,在学校之间机会分配存在不均衡现象。相关领导对此做出解释："这个是线上培训,前两年开始的。每个乡安排比较大一点的校口,比如乡中、乡小安排了这种培训,小校口的还没有弄。"

表 5-19　乡村教师培训机会情况统计

问题	选项	村庄小学 频次/人	村庄小学 占比/%	乡中心小学 频次/人	乡中心小学 占比/%	乡初级中学 频次/人	乡初级中学 占比/%
近年来,您的培训机会是否有所增加	是	28	39.4	73	72.3	109	81.3
	不清楚	3	4.2	5	5.0	9	6.8
	否	40	56.4	23	22.7	16	11.9

3.教师职称评聘分离现象普遍

职称评聘是教师发展的重要一环,当前政策强调要确保乡村学校教师职称即评即聘。[①] 但调研发现,该政策目标并未落实。如表5-20所示,认为职称评审中不能实现即评即聘的教师占85.3%,多数乡村教师反映在职级晋升之后相应的福利待遇常常不能及时跟进。有校长表示："去年评上了高级,今年说聘任,不过还没开始呢,年底能给你发都不赖了。现在各项工资补贴还是按一级教师标准发的。"可见,D县乡村教师高职低聘的问题仍比较突出。

表 5-20　乡村教师职称评审聘任情况统计

问题	选项	频次/人	占比/%	累积/%
职称评审通过的教师通常多久可以得到聘任	即评即聘	45	14.7	14.7
	半年以内	69	22.5	37.2
	半年至一年	151	49.4	86.6
	一年以上	41	13.4	100.0

(三)荣誉激励类待遇政策的执行问题

1.荣誉评选倾斜力度较小

一是乡村教师在荣誉评选中所占比重较小。在荣誉评选方面,政策强调

---

① 国务院关于统筹推进县域内城乡义务教育一体化改革发展的若干意见[EB/OL].(2016-07-02)[2023-11-20]. https://www.gov.cn/gongbao/content/2016/content_5095494.htm.

乡村教师在基础教育领域先进个人推荐中应占本地推荐总名额的35%以上。为了解该政策的落实情况,本研究系统梳理了河南省人民政府、河南省教育厅、A市人民政府、A市教体局等网站,发现D县乡村教师在各项荣誉评选中所占比重较小。例如,在2022年A市教体局公示的优秀教师评选名单中,有24位来自D县的教师,但乡村教师仅有5位,占比20.8%,并且入选的乡村教师均来自乡中心小学或乡初级中学。2022年A市教体局表彰2022年普通中小学优秀班主任的名单中共有55位来自D县,但其中只有15位班主任在乡村学校任教,占比27.3%。可见,评优评先活动中乡村教师所占比例并未达到政策要求。

二是乡村教师的荣誉机会被挤占。乡村教师优质课比赛作为面向乡村教师群体的专项比赛,参赛对象中也有来自镇区学校的教师,使乡村教师获得荣誉的机会在无形中被挤占。有校长表示:"这两年针对乡村教师专门开设了优质课比赛,不过乡镇教师都能参加。"另外,县直学校的教师可通过"学校联盟"参加此类专项比赛,进一步加大了乡村教师获得荣誉的难度。有教师对此解释道:"之前为了扶贫,县政府根据地域分片划区,学校也跟着分片划区,然后出现了联盟,一般这种优质课比赛县里面会从联盟中推优,只要从联盟中推选出来的就有资格参加,不管是不是乡村教师,这也算是地方小政策吧。"

三是荣誉评选标准的合理性不足。调研发现,D县对乡村教师评优表先的倾斜力度并不明显。一方面,有领导表示:"荣誉评选名额是按乡镇教师人数拨的,也没有听说对乡镇有倾斜。"另一方面,在评优评先工作中,学生成绩仍然是重要的考核指标之一。有校长表示:"每年教师节,乡政府也会对教师进行表彰,领导注重实际成果的评定,如果哪个乡近几年教学质量或者其他各项活动在县里取得的成绩比较好,那给的荣誉指标肯定多一点。"

2.荣誉奖励激励作用有限

由于当前的职称评审主要依据的是县级及以上荣誉,所以本研究侧重于对乡村教师获得的县级及以上荣誉进行统计。如表5-21所示,D县54.2%的乡村教师任教以来获得最高的荣誉称号是县级荣誉,而市级荣誉获得者占比不足两成,省级和国家级荣誉获得者更少,占比分别为5.6%和3.9%。可见,D县乡村教师所获荣誉称号级别普遍较低。访谈中有部分校长和教师反映当前荣誉获得难度较大。比如,有校长表示:"乡村学校获得荣誉称号的教师没有县城学校教师多,证书不好弄。""现在获评荣誉都是凭本事,像乡下教师获得市级荣誉都难,更别说再上一个等级的荣誉了。"

表 5-21 乡村教师荣誉称号获得情况统计

问题	选项	频次/人	占比/%	累积/%
您获得的最高荣誉称号是哪个级别	无	56	18.3	18.3
	县级	166	54.2	72.5
	市级	55	18.0	90.5
	省级	17	5.6	96.1
	国家级	12	3.9	100.0

政策强调鼓励各地建立专项基金专门用于乡村教师的物质奖励,但是 D 县由于经济发展水平较为落后、市场环境不活跃、外商投资较少,专项资金建设比较缺乏广泛的社会力量支持,对乡村教师的物质奖励比较有限。如图 5-5 所示,对于获奖的教师可以得到的奖励中占比最大的是荣誉证书,但发放奖金和给予培训机会占比较小,均不到三成。有校长表示:"荣誉方面主要以发证书为主,其他奖励基本没有,发到手里不疼不痒,没啥激励作用,只能证明你在这方面表现比较突出。"

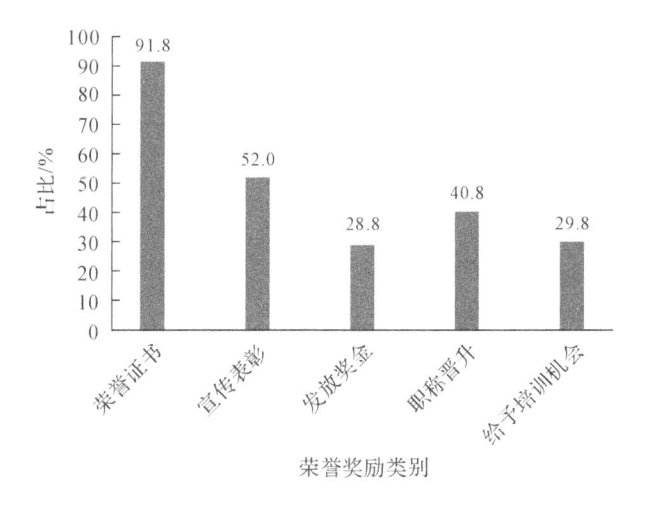

图 5-5 乡村教师所获荣誉奖励情况统计

3. 特定群体表彰奖励较少

梳理各级荣誉激励类待遇政策可知，各级部门对乡村青年教师、乡村任教满 10 年、20 年和 30 年的教师奖励都提出了相应的要求。然而，调查发现，以上特定群体所获得的表彰奖励并未达到政策要求。

为了解不同年龄区间的乡村教师在获奖方面是否存在差异，研究对四个年龄分组的样本进行秩和检验，通过表 5-22 的检验结果可以发现，不同年龄层次在获奖情况上具有显著性差异（$p=0.000$）。针对年龄层次，近年来政策层面尤为关注青年教师群体。为了解乡村青年教师的荣誉待遇现状，研究对获得荣誉称号的教师进行筛查。透视数据发现，35 岁及以下的青年教师中未获得过县级及以上荣誉的占该年龄区间人数的 55.4%，并且获得过县级及以上荣誉的青年教师中，其获奖的数量也都不超过四项，说明乡村青年教师在荣誉获得上不仅等级较低而且数量较少。

在荣誉奖项数量上，运用威尔科克森秩和检验将 35 岁及以下的青年教师的获奖情况和其他年龄区间的教师进行成对比较（见表 5-22），差异具有统计学意义（$p=0.000$）。由此推断，与其他教师相比，乡村青年教师获得的荣誉奖励比较有限。对于该情况，教龄在 10 年以下的教师深有感慨。有位拥有四年教龄的教师表示："在乡村学校参加评优表彰，对我们这种青年教师来说可太难了，根本看不到什么希望，在这里待着有什么劲？"可见，荣誉奖励的获得情况会对乡村教师的留教意愿产生一定影响。

表 5-22　不同年龄区间获奖情况的两两比较结果

年龄组	检验统计	标准误差	标准检验统计	调整后显著性
35 岁及以下与 36—45 岁	−72.067	11.583	−6.222	0.000
35 岁及以下与 46—55 岁	−167.353	11.850	−14.123	0.000
35 岁及以下与 56 岁及以上	−215.168	34.839	−6.176	0.000

第三节　乡村教师待遇政策执行问题的归因分析

基于修正后的霍恩—米特系统模型，本研究将从政策质量、政策资源、政策执行组织、政策执行人员、政策目标群体、政策环境六个方面对乡村教师待遇政策执行的现存问题进行归因分析。

一、政策质量不佳

(一)部分政策目标超出地方执行限度

在生活保障类待遇政策方面,保障性住房和心理辅导中心建设的政策目标脱离D县社会的实际情况。对于保障性住房建设,调查发现,当前教师保障性住房建设工作并未顺利开展。究其原因,用于支持保障性住房的土地资源、财力资源等不符合D县的实际情况,正如相关领导反映的那样:"县里用于该保障性住房的地方少,加上财政紧张,所以选址一换再换。"与之相似的情况还见于心理辅导中心建设方面,教体局工作人员表示:"咱县建设心理辅导中心的条件还达不到,一是缺人,没有相关教师或专家;二是缺钱,资金不够;三是合适的地方还没有找到。"

在荣誉奖励类待遇政策方面,D县未能完全落实乡村教师荣誉激励类待遇政策的相关要求,尤其是在设立专项资金方面。众所周知,设立专项资金需要多方面的支持,如稳定的资金投入、社会各界的支持和完善的管理制度等,而这些对于D县来说都是比较欠缺的。由于D县经济发展水平较低、财政实力较弱,所以政府层面出资设立该项资金较为困难。同时,D县由于招商环境有待改善,所以当地企业、工厂等较少,人员流出率较高,因此专项资金的设立也比较缺少社会力量的支持。

(二)部分政策内容的清晰度有待提升

生活保障类待遇政策方面,虽然相关政策强调为乡村教师发放各项津补贴,但由于政策内容并未对发放时间做出明确规定,所以乡村教师各项津补贴发放的时间难以得到保障,因此在D县出现教师津补贴发放不及时、不同步的情况。针对乡村教师体检中存在的问题,调研发现,政策并未对教师体检单位、体检项目、体检时间等方面做出规定和安排,从而导致同一县域教师的体检单位不同、教师体检流于形式的现象出现。

职业发展类待遇政策方面,首先,相关政策仅对教师培训的时长进行规定,而未对参培过程提出具体要求。受此影响,学分和学时是教师培训最显著的考核指标,进而出现乡村教师为挣学分而培训、为凑学时而培训等不良现象。其次,政策未明确规定参培对象比例,导致艰苦边远地区和乡村小规模学校常被乡村学校替代,使村庄小学教师在培训机会上处于弱势。此外,系列政策虽然强调落实教师职称评聘结合政策,但是职称评审通过后多久得到聘用、聘用后的福利待遇应在何时得到落实等问题并未在政策文本中呈现,从而为"评聘分离"现象的出现留下空间。

荣誉激励类待遇政策方面,虽然相关政策强调在评选表彰全国教育系统先进集体和先进个人等方面向乡村教师倾斜,但未对乡村学校参评先进班集体的比例做出说明,导致荣誉评选政策在执行中缺少明确的任务指令,从而出现荣誉倾斜力度较小、乡村学校教师荣誉机会被挤占的情况。同时,由于未对青年教师应获得的荣誉奖励进行明确说明,所以在D县出现了乡村青年教师获得的荣誉称号和奖励比较少的情况。

二、政策资源匮乏

(一)财力资源的支撑力不足

调研发现,D县财力资源难以支撑政策执行。一方面,县财政对省级转移支付依赖较大,地区"造血"功能较弱。D县虽然于2019年"甩"掉了国家级贫困县的"帽子",但经济发展能力仍然薄弱,离不开上级政府的财政支持。据悉,河南省2020年共补助D县219655万元,其中上级下达一般性转移支付收入182754万元,专项转移支付收入34894万元。[①] 同时,D县近些年的发展需要大量的财政支持,使乡村教师政策执行所需资金被挤占。有校长表示:"这几年县里边发展比较快,各个领域都存在缺钱的情况。"在"以县为主"的财政体制下,县级政府是提升乡村教师待遇的责任主体。但是,D县财政资源有限,最终影响乡村教师工资津贴、保障性住房、心理辅导中心、荣誉奖励等方面

---

① 数据来源:D县2020年财政收支决算。

待遇的落实。

(二)信息资源的传递性不畅

薪酬福利常被视为敏感话题,所以职能部门、乡村学校领导出于多方面考虑通常不会实时公开相关细节,导致乡村教师难以及时发现工资的调整情况,同时也造成了津贴补助发放不同步等问题。有校长表示:"工资补助类的政策一般不会发给教师,害怕成为不稳定因素,毕竟有的补助县城教师没有。关乎教师利益方面的文件倒是不多见。涨工资、发补贴这些都是口头传达,教师还不知道什么情况呢工资就涨了。"

在职业发展类和荣誉激励类待遇政策方面,调查发现,乡村学校常处于政策信息链的尾端,而村庄小学则处于信息链尾端之末端,所以村庄小学教师的信息获取通常比较闭塞。对于教师培训,在培训名额有限且没有规定参培教师类别的情况下,乡中心校领导通常将培训名额发放至乡中心小学或乡初级中学。有教师表示:"我们村小消息很闭塞,有时候即使有培训也不知道。"可见,学校之间教师培训机会不均的情况与政策信息资源传递不畅息息相关。在荣誉评选活动中,部分村庄小学教师也反映了相同的问题,比如,"荣誉评选上我们参加得很少,有些评选什么时候举办的都不知道,更别说报名了"。从D县乡村教师的表述可知,信息传递不畅直接影响了乡村教师在荣誉评选上的参与情况,进而影响乡村教师在荣誉评选活动中所占比重。

(三)制度资源的衔接性不够

一是政策执行的激励机制欠缺,难以调动执行者的执行积极性。完善激励机制将有效激发执行者的执行积极性,有利于确保政策目标如期实现。如果缺少相应的激励机制,不仅会打击执行者的热情,还会影响其在解决政策执行问题时的决断力。在问及D县乡村教师待遇政策执行是否存在相应的激励机制时,相关领导表示:"没什么激励机制,(政策)落实到位大家公认是理所应当的事,不存在什么奖励不奖励。"有校长表示:"前两年咱县作为贫困县摘帽的时候也没有考虑到乡村教师待遇改善这方面,教师的各项待遇倒是没有受到重视,这些毕竟不在上级领导的审查范围之内。"

二是配套政策之间缺少衔接，难以对执行工作开展系统部署。相比教师周转宿舍建设，保障性住房和心理辅导中心建设方面并未出现相关的配套政策。有校长解释："当时就是一个计划，没有说什么时候建、什么时候交房，也没有专门的文件强制推行。"同样，虽然相关政策一再强调乡村教师职称"即评即聘"，但对于"评""聘"衔接的要求不清晰，主要聚焦于"评"，在"聘"和"管"的规定上比较欠缺。由于缺少配套政策衔接，乡村教师职称评聘政策未能落地。

三、政策执行组织缺位

(一)职能部门权责划分不明

在生活保障类待遇政策方面，工资待遇、住房建设和医疗保障等政策的落实是长期工程，在政策执行活动开展前，各部门应当明确划分职责。但调查发现，D县职能部门工作人员对其在政策执行环节的职责并没有清晰的认知。由于各部门权责划分不明，在执行过程中出现了多主体"牵头"的情况，这在一定程度上影响了乡村学校领导对政策信息的处理。有校长表示："局里的科室很多，每个科室都觉得自己科室的工作重要，大家都会不停地发各种文件，有时候都不知道该按哪个文件要求开展工作。"

在职业发展类和荣誉激励类待遇政策的执行过程中，D县部分职能部门主体责任意识比较欠缺。比如，乡村学校领导通常认为乡中心校在政策执行中承担主要责任，自身并没有实质的话语权。"像教师培训、评优表彰之类的名额一般由乡中心校来分，人家是第二级机构，校长没有这权力。"而乡中心校则认为，政策执行的职能部门一端是县教体局，一端是乡村学校，自己只是上传下达的"工具"。"中心校就是个传话筒，没有什么实权，全都落在县教体局还有各个学校的领导班子。"可见，乡村学校与乡中心校对于各自承担的职责认识不清，在相互推诿责任的过程中极易导致政策执行不畅。

(二)职能部门互通交流不畅

县政府、乡镇政府或乡中心校、乡村学校在乡村教师待遇政策执行中扮演不同角色，以上部门的互通交流情况在一定程度上决定了政策能否顺利执行。

调查发现,职能部门之间既缺少自上而下的指导渠道,又欠缺自下而上的问题反馈机制。

一是上级职能部门缺少对下级职能部门的随访与辅助。一方面,D县教育行政部门在对任务进行分配时常以开会的方式"一次性""单向式"地下达,较少对相关人员的工作进展进行随访与指导。"平时开会我们发言的机会很少,把该记住的任务记住就行了,哪够得着和上级领导沟通啊。"另一方面,乡中心校在传达政策任务时往往进行简单的命令式传递,较少对乡村学校进行业务方面的交流与指导。有校长表示:"政策执行人员缺少对学校的技术性指导,具体到学校执行时会出现乱象执行,胡乱念经。"

二是学校领导与上级职能部门缺少沟通和问题反馈。在乡村教师各项待遇中,诸如教师住房的分配、培训机会的指派、职称申报及荣誉评选等方面的执行主体是乡村学校领导。调研中接受访谈的乡村学校领导均表示自己只负责接收指令,几乎不会对接收到的政策过多过问。"学校只管照做就是了,不会过问那么多,问得多了觉得你还怪典型呢。"另外,受"绩效至上"观念的影响,乡村学校领导通常会对执行情况进行选择性汇报。"很多学校为了邀功还表现得可配合,工作汇报时就挑好的说。"

(三)职能部门监督监管不力

一是时间分配上,多为短期监督和事后监督。经过了解,职能部门对教师住房政策落实情况的监督缺乏持续性。有校长表示:"周转房刚投入使用的时候,上面来检查的比较多,投入使用之后一般隔两年会检查一次。"教师周转房的问题常常出现在使用过程中,所以需要过程性和持续性的监督。然而,职能部门的监督主要集中在"验收"环节,使周转宿舍在使用中出现的问题不能及时得到解决。有教师表示:"周转房刚盖好的时候,有关部门会来验收。刚盖好的房子哪都崭新,但教师用一段时间就会发现这样那样的问题,这个时候却没人来问了。"此外,从事件发生的顺序来看,各职能部门常常是事后监督,这种"打补丁"式的监督方式在问题解决上比较滞后,从而造成一定的资源浪费。

二是监督形式上,多为报表监督和走访监督,缺少深入调查。历年来出台的乡村教师待遇政策均对定期监督检查工作做出系统部署,但目前上级机构对县级政府的监督多为报表监督或通过走访巡查的形式进行督察,形式化监督的现象较突出。有教师表示,"检查的时候走马观花,对实际问题的解决不起实质作用。"

三是监督力度上,多为软性监督,缺少威慑力。由于监督机制的缺位,对政策执行者的行为缺少一定的约束力,从而为其留有较多的自由操作空间。在教师保障性住房建设方面,有校长表示:"教师保障性住房建设前期就是一种提倡,这毕竟没有规定政府不盖房子就要把他们抓起来……"在特定群体的表彰奖励方面,相关领导表示:"青年教师或者在乡村教学时间不满20年的教师,没听说过要对他们进行奖励,上面也没有监督过这一块儿。"由此可见,政策监督与追究问责力度不强极易引起执行人员的懈怠。

四、政策执行人员队伍薄弱

(一)执行人员数量较为匮乏

D县在执行乡村教师待遇政策的过程中明显表现出人手不足,这一问题在乡中心校最为严重。据悉,D县负责教师待遇政策执行的部门主要是教体局内的10个股(室),包括行政办公室、电教中心、教研室、体卫办、人事科、师训科、新教育办公室、计财股、基础教育股、德育中心。此外,还包括二级单位,即各乡中心校。由于政府部门编制调整和人员精简,因此平摊到每一位执行人员手上的政策执行任务数量不减反增,使其应接不暇。中心校相关领导说道:"教体局各个科室,中心校都有人负责,基本是一个人负责好几个科室的事。"也有校长表示:"中心校一个对接两个以上科室的情况比较多,各乡都这样,以前中心校大概有十几个人,现在精简到了六七个人了,任务多的时候都应付不过来。"可见,D县乡中心校人员数量较为匮乏,当执行任务超过人员配置时,执行人员容易产生应付的态度,从而影响政策目标的达成。

(二)执行人员借调现象丛生

借调作为一种人员流动的形式普遍存在于各级政府机关和企事业单位。[①]

---

① 周程.论政府机关的借调现象——编制背后的利益博弈[J].法制与社会,2011(9):198,200.

由于乡村政策执行人员匮乏,加之执行任务繁重,所以 D 县政策执行人员借调现象比较普遍。调查了解到,D 县教体局部分科室人员因为从学校借调而来,自身比较缺乏政策执行经验。有校长表示:"教体局占用教师编制的情况比较普遍。他们好多人都是从下面借调的,工作关系还在学校,但在局里上班,等于是'吃着东家住西家',你说他们有啥工作经验、管理经验?"与之类似,中心校部分人员也同样具有双重身份。这些人员虽然属于中心校工作人员,明面上却是学校专任教师。有校长表示:"中心校有些人员被裁掉了,这些裁掉的人到学校里面教课,面上是去教课,但不起什么作用,事实上还是继续在中心校工作。不过这些人开会开得少,接到文件的时候会向学校转达,但问他们,他们有时候也不清楚。"可见,在乡中心校"东食西宿"的借调人员具有双重身份,在兼职学校教学工作的同时还分管着中心校,对中心校所接管的事务不仅业务能力不足,还会因为无暇顾及而对上级文件进行简单照搬执行。

(三)执行人员素质有待提升

一是"经济人"的自利倾向阻滞政策执行力。对于政策执行任务,执行人员一方面会以"大局观"从整体利益出发开展政策执行活动,另一方面也会代表本地区、本部门或自身利益处理政策执行任务。[①] 调查发现,D 县由于政策资源的稀缺性、执行绩效的延时性等特点,执行人员可能会将政策要求进行"拖延"甚至"微调"。例如,在乡村教师保障性住房建设方面,因为土地资源有限,加之保障性住房建设工程较商业工程对地方财政的增收贡献度小,为了追求地方利益,执行人员会拖延执行保障性住房建设的相关规定。与此同时,因为资金有限,D 县政府部门对荣誉奖励对象进行了"微调",仅落实了在乡村教学满 30 年的教师,而并未向满 10 年和满 20 年的乡村教师提供精神激励或物质奖励。

二是执行人员素质不高导致执行偏差。执行人员的素质主要体现在对政策的认知和能力等方面。[②] 一方面,政策执行人员的认知偏差会增加政策执行

---

① 宁骚.公共政策学[M].2 版.北京:高等教育出版社,2011:362.
② 姜翰,金占明,焦捷,等.不稳定环境下的创业企业社会资本与企业"原罪"——基于管理者社会资本视角的创业企业机会主义行为实证分析[J].管理世界,2009(6):102-114.

滞后的可能性。[①] 所以,政策要求能否转化为行动,依赖执行人员对政策的重视程度。调查发现,D县乡中心校之所以会将培训机会指派给乡中心小学或乡初级中学,是因为其未意识到村庄小学教师参加培训的意义,此种情况在特定群体的奖励上也有所体现。此外,执行人员毕竟不是"百事通",加之乡村教师待遇政策涉及教师生活保障、职业发展、荣誉激励等多个方面,相关人员由于缺少系统地钻研,对政策中涉及的新名词难免产生误解。有校长表示:"有时候在局里开会时强调的他们自己都没有吃透,到下面传达的时候会传达不到位。"另一方面,执行人员的业务能力有待提升。D县被访者反映,执行人员常以"局外人"的视角对上级文件进行简单照搬执行。有校长表示:"有时候局里让他们传达政策文件的时候,局里发给他了,他再发给学校,只是简单传递。"

五、政策目标群体消极回应

(一)乡村教师对政策内容的认知有限

调查发现,D县仅有近两成的乡村教师对政策规定比较了解。深入访谈发现,该问题在教师培训方面表现得尤为明显。D县多数乡村教师并不了解培训政策的相关规定,也未能意识到参与培训是自己应尽的职责。他们往往会将"培训"视为一项任务[②],在参与培训的过程中积极性不高,从而出现形式化的问题。此外,受"小富则安,小安即满"心理的影响[③],部分乡村教师在取得比较令自己满意的成绩后,便会放慢职业发展的脚步,将原本属于自己的培训机会进行"转让"。就如有教师表示的那样:"一般学校会出现这种情况,有的老教师摆资历,不想去的培训,就安排给年轻新入职的教师。(在我身上)有过一次,替别人外出了一周。"

---

① 王智超.教育政策执行的滞后问题研究[D].长春:东北师范大学,2009:30-60.
② 陈孝记,谯延富.陕南山区乡村中小学教师专业化成长的困境与对策[J].安康学院学报,2019(4):87-91.
③ 于维涛,杨乐英.县域教师发展支持体系建设研究[M].北京:北京师范大学出版社,2020:277.

（二）乡村教师对政策执行的参与不足

一是科层结构中乡村教师的表达机会有限。面对工资收入与公务员和城区教师存在差距的问题，多数乡村教师对此心存不满，然而，当前的科层管理结构使基层一线教师本就为数不多的话语权被进一步剥夺。[①] 调查发现，乡村教师并没有足够的话语权反馈对于工资的意见。有教师表示："乡村教师的被重视程度事实上与校长相关，中心校与县城校长平级，乡村学校校长受中心校管理，乡村学校校长等级低，我们等级也低，说不上话。"可见，乡村教师在政策执行中并没有平等的发言机会，他们的需求只有通过单向的试探性传递才可能被领导看到。然而，在现实生活中，出于各方面考虑，很多教师在待遇问题上的意见和想法通常不敢或不愿公开。

二是师资短缺和事务繁杂挤占了教师参与机会。由于乡村学校教师数量匮乏，所以乡村教师常年"包班"和"长期待机"，面对教师培训，乡村教师常常"走不掉"。相关领导表示："这两年对乡村教师的培训力度很大，但很多教师不愿意去，因为有值班，还要负责学生吃饭、杂七杂八的各种表册，太忙！学校的事都忙得不亦乐乎了，能闲下来的时候大家都想歇一歇。"同时，教学事务繁杂也削弱了教师参与网上培训的精力。有教师表示："网上培训通知让学就用电脑挂着机，谁也不会坐下去认真学，因为我们常规要备课，要准备两份教案，要上课，还要给学生做思想工作，根本没有时间精力去听。"

六、政策环境匹配度不高

（一）传统观念根深蒂固

一是"考分至上"的观念影响荣誉名额分配。当下"应试教育"的观念仍然在乡村学校中根深蒂固，学校之间会根据高年级的考试成绩和低年级的学情测试进行校际比较。对于学生成绩优异的班级，教师会获得一定奖励。有校长表示："荣誉评选主要看教师的'德能勤绩'，'绩'说白了就是看学生的成

[①] 黄牧乾.乡村教师话语权的失落与重建[J].教学与管理，2021(20)：11-13.

绩。"还有校长表示:"县级荣誉等级最低,像市级或省级荣誉,一个单位给你分一个指标,那肯定优先考虑教学工作搞得比较好的教师。"可见,这种"考分至上"的观念在一定程度上影响荣誉名额的分配。

二是"收入至上"的传统观念使乡村教师职业荣誉感被消磨。在市场经济的影响下,金钱、利益等观念渗透到社会各个领域①,并且给乡村教师的职业荣誉感带来冲击,进而影响其留岗意愿②和专业发展动力。有校长表示:"现在教师工资低,本科毕业的转正之后打到卡上的才 2000 多元,而有的初中毕业出去打工一个月都挣五六千元。教师没有权,加上收入也不高,也没人羡慕,发不发展都那样吧。"通过访谈可知,乡村教师受工资差距的影响,往往会产生一定的心理落差,并降低其职业获得感。

(二)乡村硬件设施落后

一是污水管网和热水管道等设施缺乏,使周转宿舍难以投入使用。2010年以来,D县高度重视乡村教师住房保障工作的推进,然而在建成的周转宿舍中有将近半数未达到标准。据D县审计局反映,当地410套周转宿舍卫生间虽配备有坐便器、热水器等设施,但因污水管网和热水管道等设施尚未建成,致使16套周转宿舍卫生间无排水系统,10套宿舍无污水管网,并且未安装热水管道及插座,导致热水器、冲水马桶等设施无法使用。

二是乡村学校信息技术硬件设施落后,给信息技术培训造成阻碍。调查发现,D县乡中心小学和乡初级中学教师办公室的计算机数量基本可以实现人手一台,而村庄小学尤其是教学点学校的计算机数量比较缺乏,存在多位教师共用一台计算机的现象,导致村庄小学和教学点学校的教师在校内参加网上培训时经常出现"排队"现象。有教师表示:"学校只有一台计算机,大家需要参加网上培训的时候不能一块儿进行,要轮流着来,不太方便,有的干脆不学,要么回家用自己的电脑学,但回到家的话效率又不高。"面对村庄小学和教学点学校缺少计算机的情况,有的乡域甚至将信息技术培训仅在乡初级中学

---

① 于维涛,杨乐英.县域教师发展支持体系建设研究[M].北京:北京师范大学出版社,2020:280.
② 蔺海洋,王孟霞.乡村青年教师获得感如何影响其留岗意愿——生活满意度的中介效应[J].湖南师范大学教育科学学报,2022(2):59-75.

和乡中心小学开展,导致乡村教师培训机会不均衡的问题。相关领导表示:"信息技术 2.0 培训是线上培训,前两年开始的。县里规定有任务,每个乡给了比较大一点的校口,比如乡中、乡小。小校口还没有开展。"

第四节 乡村教师待遇政策执行的优化路径

如前文所述,政策质量不佳、政策资源匮乏、政策执行组织缺位、政策执行人员队伍薄弱、政策目标群体消极回应、政策环境匹配度不高六个方面的问题导致乡村教师政策执行结果并不理想。为提升乡村教师待遇政策的执行成效,本节将逐一提出改进建议。

一、提高政策质量

(一)调整政策目标,提升政策执行效力

政策目标既是政策执行的起点,也是政策执行者开展执行活动所要抵达的终点。如前所述,由于心理辅导中心、保障性住房、专项资金设立等方面的政策目标要求过高,超越了 D 县的承受能力,致使相关政策目标未能如期落实。为了使乡村教师待遇政策目标具有科学性、可实现性,政策制定者应该积极与目标地区执行者进行沟通,对目标地区的资源状况、社会环境等方面进行调研,为其确定适宜的目标要求,使之不仅有一般性的纲领指导,还有针对当地实际情况的特殊考虑。例如,围绕保障性住房和心理辅导中心建设,相关政策应在考虑地区经济状况的基础上设定几个备选方案:经济发达地区 5 年内自主完成,经济欠发达地区 10 年内基本完成。此外,针对建立专项基金为乡村教师提供物质奖励这一政策要求,建议政府部门在提出政策目标时切实考量地方经济发展状况,必要时要为其提供一定的财政支持,支撑其成立专项基金,从而为乡村教师提供强有力的物质奖励。需要强调的是,由于政策目标在质和量上特性不同,前者可提供较为灵活的操作空间但较难衡量,后者客观且

指向性强但忽视了政策环境的复杂性。[①] 为方便政策执行人员明确执行指令,政策制定者在制定政策目标时应将二者结合,使政策目标既有弹性也有规定限度。

(二)精化政策文本,提升表述的明晰性

政策文本是政策执行的行动指南,文本表述完整能够帮助政策执行人员明确执行指令,减少理解偏误。通过梳理各级各类乡村教师待遇政策发现,由于政策规定模糊,D县出现乡村教师各项津补贴发放时间不及时、不同步,体检单位不统一、体检过程流于形式,培训机会不均衡,职称评聘分离,荣誉奖励悬置等问题。鉴于此,各级政府应在政策文本中明确规定乡村教师绩效工资和各项津补贴的发放时间,同时对教师体检单位和项目做出具体说明。此外,政策文本在考虑乡村教师群体属性的同时,还应兼顾乡村教师个体的独特性,尽可能满足不同类别乡村教师在体检上的合理期待,从而避免体检形式化造成的资源浪费和体验感差。针对村庄小学和教学点教师参培机会常被挤占的现象,政策制定者应在参培对象方面明确村庄小学和教学点教师参培比例,加大对村庄小学和教学点教师的倾斜力度。针对地方乡村教师荣誉激励政策文本模糊、缺乏操作性的问题,建议地方政府部门在把握上级乡村教师待遇政策要求的同时,能够根据本地教育发展、财政状况、乡村师资情况等因素制定详细且系统的政策实施办法或执行细则。例如,将荣誉制度与奖励性政策相结合,不仅将在乡村的从教时间纳入考核范围,还要衡量乡村教师给乡村教育事业带来的贡献,为教师提供多方面的优惠和福利,并在奖励标准、责任主体、规定期限、实施细则等方面做出注释说明。[②]

二、丰富政策资源

(一)积极扩充财力资源

D县在借助国家财政资源供给的同时,更重要的是提升地方经济实力,增

[①] 高庆蓬.教育政策评估研究[D].长春:东北师范大学,2008:28.
[②] 杨明月.乡村小规模学校教师获得感视角下《乡村教师支持计划》成效研究[D].长春:东北师范大学,2020:55.

强自身"造血"功能。首先,应积极调整产业结构。D县是河洛文化发祥地,境内有众多文化遗存,并且山清水秀,拥有国家4A级旅游景区以及储水量达13亿立方米的西子湖等自然风景区。相关部门应积极利用本地资源,助推旅游产业的发展。其次,该县素有"北国竹乡""豫西粮仓""最佳林果适生区"等美誉,当地政府应充分利用现有资源,将当地的竹子、小麦、苹果等产业发展壮大。这样不仅可以提高当地经济实力,而且可以改善地方环境。不过,提升地方经济实力属于长远之计,并不能在短时间内取得较大突破。因此,在积极"造血"的同时,县政府还应多渠道筹措资金,通过企事业单位或者个人捐款的方式从社会各界获取资金支持。最后,为了避免地方多领域建设挤占乡村教师待遇提升所需资金的情况发生,各级政府应该按生活保障类待遇、职业发展类待遇、荣誉激励类待遇将所需经费进行单列,优化每部分的经费投入结构,做到专款专用。

(二)助力信息资源传递

乡村教师待遇政策执行的首要环节是政策信息的传播与接收。调查发现,为了规避社会舆论压力,D县政策执行主体对乡村教师待遇政策和政策执行过程的公开力度明显不足。这一现象不仅影响了公众对政策执行工作的信任,而且难以发挥政策本身应有的激励作用。对此,建议加大政策公开力度,保障目标群体和社会公众的知情权。各级政府要加强合作交流,利用政府官网、电视、报纸等工具建立省、市、县、乡、校五级公示体系。为降低层级式信息传递造成的政策信息滞损,建议开发专业化的用于政策信息学习的软件或小程序,提升政策信息的"可获取性"。更为重要的是,乡村教师应积极配合,主动学习,在"双向奔赴"中助推乡村教师待遇政策信息的有效传递。

(三)及时制定配套政策

第一,建立健全执行激励机制。如前文所述,D县正是因为激励机制的缺位,政策执行者的积极性才难以调动。基于此,建议从政治激励、晋升激励和财政激励三个方面建立政策执行的激励机制。一是持续关注政策执行成效,以制度化方式考核地方各级政府的政策执行绩效。二是将乡村教师待遇政策执行效力纳入地方政府领导干部的考核指标,使相关政策的落实程度与领导干部晋升或降级等直接挂钩。三是增加财政转移支付,尤其要加大对乡村教师的资金投入力度,减轻地方政府的财政压力,减少由财力不足带来的阻力。

第二,加大政策间的衔接部署,提升政策系统的关联性和协同性。一是针对教师保障性住房建设缺少配套政策衔接的情况,政策制定者应深入调查县域内的经济资源、土地资源等方面的情况,据此制定实施细则或方案,从而助推乡村教师保障性住房建设工作的开展。二是为促进"评聘结合"政策的落地,上级政策制定部门应明确规定教师职称评审后的管理问题,同时指导市县级的职能部门及时制定执行细则。

三、强化政策执行组织管理

(一)职能部门加强权责分工

乡村教师待遇政策包含乡村教师生活待遇、职业发展、荣誉激励等多个方面,政策种类及数量繁多,相应涉及的政策执行组织众多,所以各职能部门职责划分明确是提升执行效率的关键。调查发现,职能部门在政策执行过程中,如果职权界限划分不清,不仅会使各部门产生利益冲突,还会对基层执行人员产生一定的干扰。为避免因利益冲突而引起职责划分不明、多主体"牵头"的情况,建议在执行活动开展前根据乡村教师待遇政策的各项要求,制定出各部门的任务清单,并在此基础上建立分管领导负责制度。具体来说,就是把总任务划分给各个机构分管政策执行的部门领导,再由部门领导层层逐级下发[1],以减少部门间的摩擦。为强化各职能部门的责任意识,应着手建立执行部门任务协调机制。作为牵头单位的教育行政部门,应与其他部门达成政策执行的合作目标,通过效益共享与风险共担的方式,解决政策执行中主体意识淡薄的问题。

---

[1] 刘阳.史密斯模型视角下乡村教师支持政策执行问题研究——以山东省T市为例[D].大连:辽宁师范大学,2019:63.

(二)职能部门加强互通交流

一是建立组织间的指导服务机制,积极搭建业务指导平台。如前所述,D县在执行乡村教师待遇政策的过程中缺少乡中心校工作人员的指导和辅助。同时乡中心校在传达政策任务时也较少与乡村学校领导进行沟通,造成乡村学校领导对政策任务"囫囵吞枣""机械搬运"。为提升乡村教师待遇政策执行成效,建议教育行政部门在下发政策执行任务时要避免"一次性""单向式"传递,应加强对基层部门的沟通与指导,确保其能够将工作要求接收到位。同时,乡中心校领导在向乡村学校发放指令时要避免"一次性"的命令式的指派,在政策执行过程中应与乡村学校领导保持联系,及时将乡村学校领导在政策执行过程中遇到的困难或存在的问题反馈到上级部门,真正起到上传下达的作用。

二是学校领导应密切与上级部门的联系,并如实汇报政策执行情况。调查可知,D县乡村学校领导通常扮演"接收者"的角色。这种单向服从政策指令的情况在一定程度上给政策的落实带来阻力。乡村学校领导在岗位属性上仅是学校系统的行政管理人员,对于政策辨认、理解、执行的能力比较有限。如果乡村学校领导对于存在的疑虑闭口不谈,那么势必影响其对政策问题的判断和应对。鉴于此,建议加强乡村学校领导主体责任意识,摆脱"绩效至上"的思维,将乡村教师待遇政策执行情况如实汇报给上级职能部门,政府部门应对主动反馈问题的学校领导予以肯定,调动其积极性。

(三)职能部门加强督查监管

一是调整监督时间,注重长期监督和过程性监督。有效的监督是政策执行在正确轨道上规范运行的保障。如前文所述,当前D县职能部门采取的短期监督和事后监督常常不能对乡村教师待遇政策的执行效果进行及时把控,这一现象在乡村教师周转住房建设方面表现得尤为明显。为了解决短期监督的弊端,相关部门应延长监督时间,提高监督频率,注意监督检查的经常性和持续性。针对事后监督预防性不足的问题,为了防患于未然,要适当开展过程性监督。为保障乡村教师周转宿舍建设水平和运行效率,需要对项目准备、正式施工、建设完成、投入使用等各个阶段进行全方位的追踪与评估。

二是调整监督形式,开展多样化的监督检查。职能部门常以走访巡查或者让监督对象填写报表的方式开展政策执行的督察工作,这种"走马观花""隔靴搔痒"的监督形式对乡村教师待遇问题的解决并无实质意义。鉴于此,职能部门应该调整监督形式,针对报表监督和走访巡查难以发现实质问题的情况,开展多样化的监督检查。具体来讲,对于乡村生活保障类待遇政策执行情况,可通过实地观察或田野调查的形式开展督查;对于职业发展类待遇政策,可通过问卷调查或职业能力竞赛等形式监督政策执行成效;对于荣誉激励待遇政策,可通过深入访谈或实地走访的形式调查执行现状。

三是建立追责制度,强化督查监管的威慑力。政策执行者是参与政策执行的主体,其行为和权力的运作在政策执行过程中具有一定的自由空间,如果监督力度不大,那么其权力运作的自由空间将难以受到限制。根据前文可知,乡村教师待遇政策执行中,职能部门的监督力度多为软性监督,对政策执行问题的追责力度不大,难以引起执行人员对乡村教师待遇政策执行的重视,造成教师保障性住房建设一再拖延。基于此,建议强化政策执行的问责机制,对不作为的职能部门进行通报批评和训诫,提高监督监管的权威性。

四、加强政策执行人员队伍建设

(一)积极扩充政策执行人员数量

当前乡村教师待遇政策执行出现问题的主要原因之一是执行人员数量匮乏。由于乡村教师待遇政策执行人员较少,在接收上级摊派下来的任务时,"一人分饰多角"的情况比较普遍。尤其在县域教育行政部门二级机构,即乡中心校中最为常见。鉴于此,政府部门要把握乡村教师待遇政策要求,明确开展政策执行的整体任务,根据任务需求核定执行人员岗位。在设置岗位时,可适当增加聘任制人员的比例,以最大限度地减轻编制不足给政策执行带来的压力。

(二)建立执行人员借调管理制度

政府部门应尽快建立执行人员借调管理制度,对借调人员、调出单位和调入单位进行长期跟踪考核和监督,对长期借调且不履行职责的人员进行责令清退,整治借调环境。从某种程度上来说,借调表面上虽起因于人才短缺、工作需要等,但实际上映射着深层的人事制度和政府工作效能等问题。之所以县域内政府机关会从学校借调编制人员,是因为职能部门对借调有一定需求。所以,解决借调问题,不能只是监督或清退,应该究其根源,治其根本。[①] 为治理借调"乱象",建议相关部门不断苦练内功,着力提升自身能力,积极发挥部门职能,努力打造科学高效的工作局面。

(三)提高执行人员的政策执行力

政策执行者对政策的认知度是其行动的逻辑前提[②],所以,应将政策学习作为培训政策执行人员的首要任务。建议相关部门定期举办培训班,邀请政策专家对政策进行分析讲解[③],组织政策执行人员对政策目标、内容、实施范围等方面进行系统学习,以提升执行人员对政策执行的重视程度,丰富执行人员的知识储备。此外,政策执行过程也是考验执行人员业务能力的过程,为解决照"章"办事、机械执行问题,除了组织理论学习,还应组织专项实践活动,以提升执行人员的业务能力。

五、提升政策目标群体参与度

(一)提高乡村教师政策认知水平

政策目标群体对政策的认知水平会影响其对政策执行过程的参与度。乡村教师对政策的认知程度高低,会影响到他们是否认同政策,并且采取何种方式参与政策,这将在一定程度上影响政策成效的实现。调查发现,D县多数教师对于在职培训的意义缺少正确认知,从而产生将培训机会"转让"的情况。对此,政府和学校首先要加大政策宣传和解读力度,加强对乡村教师的观念教

---

① 邢春雷.关于政府机关借调现象的研究[D].长春:吉林大学,2007:19.
② 王玄武.政治观教育通论[M].北京:高等教育出版社,1999:15.
③ 王吉康,吉标."乡村教师支持计划"实施现状及对策研究——基于甘肃省G县的调查分析[J].广西社会科学,2019(6):179-184.

育,使其意识到提升自身能力是其职责。为提升政策学习效率,政府部门可以邀请专家为乡村教师提供政策目标和内容等方面的解读,也可以将乡村教师待遇政策列入教师培训的必修课,通过组织形式多样的政策学习活动提升乡村教师对政策的认知程度。与此同时,乡村学校应积极举办乡村教师培训成果展示或教学技能大赛等活动,提升乡村教师参与在职培训的积极性。

(二)为乡村教师提供参与机会

一是提升乡村教师话语权,倾听乡村教师心声。毋庸置疑,乡村教师既是乡村教师待遇政策执行的主要对象,又是政策执行的重要参与者。然而,在乡村教师待遇政策执行过程中,乡村教师的参与度很低。原因在于政策执行人员对乡村教师参与的重要性认识不足,认为政策执行是职能部门的职责,乡村教师无需干涉。[①] 鉴于此,职能部门在政策执行过程中应倾听乡村教师的真实心声,重视乡村教师的话语权,使乡村教师从"政策旁观者"向"政策参与者"转变,与此同时,乡村教师对于待遇需求和政策在执行过程中出现的漏洞也要敢于发声。

二是提高乡村学校教师配置比例,为教师参与职业发展留足空间。目前,我国小学、初中、高中的配置比例分别是 1∶23、1∶18 和 1∶13.5[②],这一规定是根据当前学校布局、学生和教师数量等因素配备的,具有一定的合理性,但对于学生数量较少的村庄小学来说存在一定问题。在调查中发现,D县乡村学校中村庄小学的学生数量普遍较少,有的班级学生数量仅有三人,加之教师数量有限,所以一名教师带一个班级的所有课程,甚至承担全校教学任务的现象比较普遍,这种情况直接占用了教师参加培训的时间。为确保乡村教师在参加培训时有充足的时间和精力,建议地方政府及时核定乡村学生和教师数量,根据师生规模的实际情况建立合理的师生配备指标。

[①] Cuervo H. Enlarging the social justice agenda in education: An analysis of rural teachers' narratives beyond the distributive dimension[J]. Asia-Pacific Journal of Teacher Education,2012(2):83-95.

[②] 肖正德,林正范.农村教师的发展状况和保障机制研究[M].杭州:浙江大学出版社,2014:9.

六、优化政策环境

（一）革新社会观念，坚持正确价值导向

一是革新理念，为乡村教师提供公平的发展机会。相关部门应重视乡村教师的职业属性及其价值，秉承"弱势补偿"原则，为乡村教师建立特定的评价标准。特定性主要表现在"乡土性"，乡村教师作为传播乡土文化的主体，在乡村文化建设上发挥重要作用。[①] 政策执行者应革新理念，在荣誉评选过程中关注乡村教师对乡村文化建设所做的贡献，并提高这一方面的权重。同时，应摒弃功利主义的价值观，以一种为乡村教师服务的态度，意识到乡村教师待遇提升对乡村教师队伍建设、对乡村孩子全面发展等方面的重要价值，确保乡村教师获得公平的荣誉评选机会。

二是树立恰当的职业认知观念，提升乡村教师的职业荣誉感。受利益驱动、物质需求的诱惑，部分教师会把教学作为一种谋生手段而非教书育人的神圣职业。受这种认知偏差的影响，部分乡村教师在各行业收入差距的对比中渐渐丧失了从事教师工作的职业荣誉感和获得感。事实上，乡村教师的价值并不能把收入高低作为衡量标准，乡村教师应避免用世俗眼光审视自身从事的职业，在提升自我中获得职业满足感。与此同时，各级政府要加大政策、财政对乡村教师待遇提升的支撑作用，确保乡村教师工资能够足额、如期发放，进一步提高乡村教师工作补贴的额度，不断提升乡村教师的获得感。[②]

（二）完善配套设施，助推教师待遇提升

一是完善污水管网、热水管道等硬件设施。D县和各乡政府应重视乡村环境建设，如污水管网和热水管道等，及时解决周转宿舍建设不达标的问题，为在乡村生活的教师提供方便。在管道建设中，应加强对施工方的考核和监督，并请专业团队测试所用管道的质量。此外，为确保乡村教师周转宿舍的建设质量，应在项目实施前、中、后各个环节广泛征求乡村教师的意见，构建以乡

[①] 刘华锦,叶正茂.人类学视角下的乡村教师文化研究[J].现代大学教育,2019(1):104-110.
[②] 孟令,马香莲.梁漱溟乡村教师观及其当代价值[J].继续教育研究,2022(5):36-41.

村教师需求为导向的供给机制,具体来说可通过教职工大会、问卷调查、民意沟通信箱等形式了解乡村教师对周转宿舍的实际需求和使用过程中存在的问题。

二是积极完善信息技术硬件设施,为教师培训提供设备支持。近年来,中共中央和国务院出台多项政策法规为我国乡村学校信息技术的建设营造了有利的政策环境。一方面,为解决村庄小学和教学点学校缺乏信息技术硬件设施而影响教师培训机会的问题,县级政府部门要抓住问题源头,加强宽带网络的建设,完善办公电脑的配置,为乡村教师信息技术培训提供便利。另一方面,为切实保障乡村小规模学校教师自主参培的效果,教育行政部门要加强对乡村小规模学校教师在参培过程中技术供应和使用情况的指导与监督。

第六章 城乡教师交流轮岗政策执行的案例分析

近年来,国家及地方各级政府部门对乡村学校教师队伍建设工作高度重视,相继出台了一系列重要举措,全力提升乡村教师队伍水平,持续优化乡村教师队伍结构。城乡教师交流轮岗政策是其中的一项关键政策,在我国已实行多年,并且在促进教育均衡化过程中的受重视程度越来越高。例如,2010年《国家中长期教育改革与发展规划纲要(2010—2020年)》提出"建立健全义务教育学校教师和校长流动机制",2013年《中共中央关于全面深化改革若干重大问题的决定》明确提出"统筹城乡义务教育资源均衡配置,实行公办学校标准化建设和校长教师交流轮岗";2014年《教育部、财政部、人力资源和社会保障部关于推进县(区)域内义务教育学校校长教师交流轮岗的意见》提出一系列深化教师交流轮岗的具体措施。之后的《乡村教师支持计划(2015—2020年)》《中共中央、国务院关于全面深化新时代教师队伍建设改革的意见》《教师教育振兴行动计划(2018—2022年)》《教育部等六部门印发关于加强新时代乡村教师队伍建设的意见》等政策也都一再强调城乡教师交流轮岗的意义。2021年,《中共中央、国务院关于全面推进乡村振兴加快农业农村现代化的意见》把城乡教师交流轮岗列为推动乡村振兴的行动之一。可以看出,这些政策充分体现了对城乡教师交流轮岗的重视程度,无论是在当下还是对未来的教育改革,城乡教师交流轮岗意在通过推动城区和乡村教师队伍的合理流动,实现城乡优质师资的共享,对于均衡义务教育阶段城乡师资配置、缩小城乡师资水平差距、最终实现义务教育均衡化及教育公平具有极大意义。

从某种意义上讲,城乡教师交流轮岗之所以能受到关注并进入国家政策议程,是因为其在一开始就被视为一种正义之举,即城乡教师交流轮岗有利于推动教育的均衡发展。国家有关部门制定政策时注重对方向和大局的整体把控,而具体的执行和操作由地方政府或教育行政部门负责。因此,从城乡教师交流轮岗政策的出台到落地实施的过程中,受信息偏差、理解错误和意外事件等原因的影响,容易出现政策异化的问题,导致政策结果与政策目标发生偏离,最终降低政策的实际效果和质量。但是现实情况往往是复杂的,在多种原因的作用下,如城区学校不愿意派优秀教师下乡、教师对于交流轮岗的认识存在"贬抑"或"流放"的误解、教师对于参加交流轮岗的积极性普遍不高等,最终造成城乡教师交流轮岗受到多方利益主体的抵抗,政策精神与文本内容难以落地,无法实现交流轮岗的政策目的,甚至在某种程度上可能会阻碍交流轮岗。[1] 研究者在阅读文献资料的过程中发现,城乡教师交流轮岗存在诸多实践困境,概括起来大致包括以下两点:一方面,在城乡教师交流轮岗政策运行中,经常发生政策执行梗阻的现象。[2] 例如,教师的选定标准不够明确,往往将教师交流轮岗异化为对教师的惩罚[3];教师参与交流轮岗的意愿比较低,多受外部力量驱动而缺乏自主意愿,交流轮岗表现出被动性和强制性。有研究者通过对全国18省35县调查数据的分析发现,县城教师参与乡村学校交流的意愿总体偏低。[4] 教师的交流意愿不高,势必会影响其在交流学校的工作状态与效果。另一方面,城乡教师交流轮岗的效果欠佳。象征性、选择性的交流轮岗方式普遍存在,造成城乡教师浅交流甚至没交流[5],即出现了交流轮岗的形式化。有专家认为,当下城乡教师交流轮岗存在乱象,有些是将刚毕业的学生派往不同的岗位以完成学校的指标,有些教师为了获得"镀金资历"而去轮岗,还有些甚至只是挂了集团化办学的名号,虽然设立了办公室,但每周就是象征性

---

[1] 周险峰,彭礼,吴泽峰,等.乡村教师政策执行绩效问题研究[M].武汉:华中科技大学出版社,2020:54.
[2] 李宜江.城乡教师交流政策实施中问题与对策——基于对安徽省A县的调研分析[J].中国教育学刊,2011(8):5-8.
[3] 王卫,郑友训.教师轮岗制度的问题、困境及路径选择[J].教学与管理,2016(1):4-6.
[4] 付昌奎.县城教师为什么不愿到乡村学校交流?——基于对全国18省35县的调查分析[J].中国教育学刊,2022(2):59-64.
[5] 姜超,高海军.义务教育教师交流的实践类型及其特征——基于天增县的田野考察[J].基础教育,2021(1):51-58,91.

地开会。① 也就是说,虽然国家一次次去推动城乡教师交流轮岗,却并没有达到预期的效果。更糟糕的是,出现了一些不良现象,如"小年轻""混提拔"等通过轮岗名义进行实际上并未轮岗的情况,造成政策异化的问题。

可以看出,虽然国家非常重视城乡教师交流轮岗,出台了一系列保障政策,但是在交流轮岗的过程中仍然出现了很多非理性的行为,并不能充分发挥政策的积极效用。为实现城乡教师交流轮岗的制度正义,首先要推动城乡教师交流轮岗政策的顺利执行,最大限度减少政策执行中的变异,这不仅是现实的需要,也是学界关注的重点。本研究立足于"上有政策,下有对策"的公共政策话语情境,站在政策执行者的立场上,探讨"基层执行者如何执行城乡教师交流轮岗政策"这一主要问题。为了全面分析这个问题,本研究主要包括以下四个子问题:

第一,政策执行者如何理解城乡教师交流轮岗政策?政策执行者是将政策由文本转化为具体行动的实际操作者,他们对政策的理解与认知是影响其行动的关键因素。本研究关注的是政策执行者对城乡教师交流轮岗政策的认知与解构,探讨基层执行者对城乡教师交流轮岗政策的看法。

第二,政策执行者采取了怎样的执行方式?这是本研究重点回答的问题,探讨执行者在对城乡教师交流轮岗政策认知的基础上采取了何种行动,也就是他们对政策的重新建构问题。研究者基于对访谈资料的整理与分析,概括出不同执行者的策略方式,描绘出"对策地图"。

第三,城乡教师交流轮岗政策产生了怎样的政策效果?城乡教师交流轮岗被赋予极强的政策意义,经过数年实践是否实现了预期效果?这部分想要了解的实质上是执行者感知到的政策结果。执行者会根据自己感知到的政策结果对城乡教师交流轮岗政策做出评价,并且持续影响他们日后的决策与行动。因而,对执行者感知到的政策结果进行了解是本研究应重点关注的话题。

第四,如何更加有效地推动城乡教师交流轮岗政策执行?基于前面几个部分的发现,以实现高质量的教育均衡为目的,为促进城乡教师交流轮岗政策的有效推进提出可借鉴的对策建议。

---

① 姚晓丹,刘博超.教师轮岗,能否做到扎实轮岗、真轮岗[N].光明日报,2021-10-12(16).

第一节 研究设计

一、何为城乡教师交流轮岗政策

城乡教师交流轮岗是本研究的核心概念,对其进行准确理解与界定是顺利开展研究的前提。在理解何为城乡教师交流轮岗政策之前,本节打算先厘清城乡教师以及教师交流轮岗这两个概念。

首先来看,何为城乡教师?2008年7月,国务院批复了国家统计局等七部委关于《统计上划分城乡的规定》,城乡划分标准正式出台。该规定以我国的行政区划为基础,以民政部门确认的居民委员会和村民委员会辖区为划分对象,以实际建设为划分依据,将我国的地域划分为城镇和乡村。该规定明确,城区是指在市辖区和不设区的市、区、市政府驻地的实际建设连接到的居民委员会和其他区域;镇区是指在城区以外的县人民政府驻地和其他镇,政府驻地的实际建设连接到的居民委员会和其他区域;乡村是指本规定划定的城镇以外的区域。[①] 在此基础上,城乡教师是对不同地区教师的称呼,指的是在城镇或在乡村工作的中小学教师,他们是承担我国义务教育阶段教学工作的专职人员。本研究中的城乡教师分别指在县政府所在镇区核心区域工作的教师和在乡村地区工作的教师。

接下来看,何为教师交流轮岗?通过对已有研究的回顾和梳理,研究者发现,教师交流轮岗常与以下一些概念混用,或者说研究者直接将教师交流轮岗等同于以下概念,如教师流动、教师交流、教师轮岗等。在此,本研究打算对这些概念进行辨析,在这个基础上结合政策文本的表述,力图对教师交流轮岗做出一个较为准确的定义。

第一,教师流动。从属种关系来讲,教师流动属于社会流动的种概念,要明晰何为教师流动,首先需要了解社会流动的含义。社会流动是社会学中的

---

① 国家统计局.统计上划分城乡的规定[EB/OL].(2008-07-12)[2023-06-09]. https://www.stats.gov.cn/sj/tjbz/gjtjbz/202302/t20230213_1902742.html.

重要概念，哈佛大学社会学系教授索罗金(Sorokin)1927年出版的著作《社会流动》(Social Mobility)，被认为开创了社会流动研究的先河。他认为，社会流动可以被理解为"个人或社会对象或价值，即由人类活动创造的或改变的，从一个位置到另一个位置的任何转变，如职业、收入、贫困、福利、教育"[1]。可以看出，最初的社会流动的内容不仅包括个人，还包括职业、收入等其他社会价值的变化，即虽然一个人的工作、职业等没有发生变化，但他的收入、贫困、福利等发生了变化，也被理解为一种社会流动，这是最早期的社会流动内涵。在之后有关社会流动的研究中，标志个人社会位置的主要变量有三个，分别是个人的社会出身、个人的初始位置和个人的当前社会位置。其中，个人的社会出身一般以父亲的职业来测量，反映了个人家庭背景和教育资源等因素；个人的初始位置一般以个人的第一份职业来测量，反映了个人的起点和初始积累的社会资源等因素；个人的当前社会位置一般以个人当前的职业来测量，反映了个人目前的社会地位和职业成就等因素，这三个变量综合反映了一个人在社会中的相对位置和社会地位。围绕这几个位置的变化所开展的研究构成了社会流动研究的基本问题，关注的主要问题有代际流动、代内流动、国际或地区之间的流动等。20世纪60年代中期，布劳(Blau)和邓肯(Duncan)对美国阶级结构和职业地位获得进行了开创性的研究，他们认为，个人职业地位的获得不仅受先天因素的影响，还与个人后天努力和自身特质有关。先天因素直接影响职业地位的获得，同时也作为中介变量，通过影响个人的后天努力和自身特质间接影响了职业地位的获得。[2] 他们的研究对丰富社会流动、扩充人们对社会流动的认知做出了重要的贡献。我国学者陆学艺指出，社会流动是指人们在社会经济地位上的变动，是社会成员从某一种社会地位转移到另一种社会地位的现象，在既定的社会阶层结构中，如果流入层次高于流出层次，则称为向上流动，反之则称为向下流动。[3]

从以上有关社会流动的解释中可以看出，社会流动在表面上表现为社会成员职业、工资、生活区域等方面的变化，实质上表现为个人社会经济地位的

---

[1] 王甫勤.西方社会流动研究综述[J].兰州学刊,2008(8):203-205.
[2] 王甫勤.西方社会流动研究综述[J].兰州学刊,2008(8):203-205.
[3] 陆学艺.研究社会流动的意义[J].中国党政干部论坛,2004(8):20-22.

变化。在掌握社会流动含义的基础上,有研究者认为,教师流动主要表现为教师工作状态的变化,工作状态的分类主要受工作岗位、工作地点、服务对象及其性质等因素的影响。[①] 从流动意愿的角度看,教师流动包括自主流动与行政流动。[②] 从人事关系变动与否来看,教师流动包括刚性流动与柔性流动。从流动教师的工作量来看,教师流动包括全职流动与兼职流动。从流动的人员范围来看,教师流动包括择优流动与全体流动。从流动地域范围来看,教师流动包括区域内流动和跨区域流动。从流动方向来看,包括以下三类:一是以职业是否变化为依据,包括内部流动和职业外流动;二是以流动教师互动为依据,包括单向流动和双向流动;三是以教师流动去向为依据,包括垂直流动与水平流动,前者表现为由上而下或由下而上,后者指的是教师在条件基本相同的地区和学校之间进行的流动。本研究综合以上对教师流动划分的主要观点,将其绘制为如图 6-1 所示的概念框架。

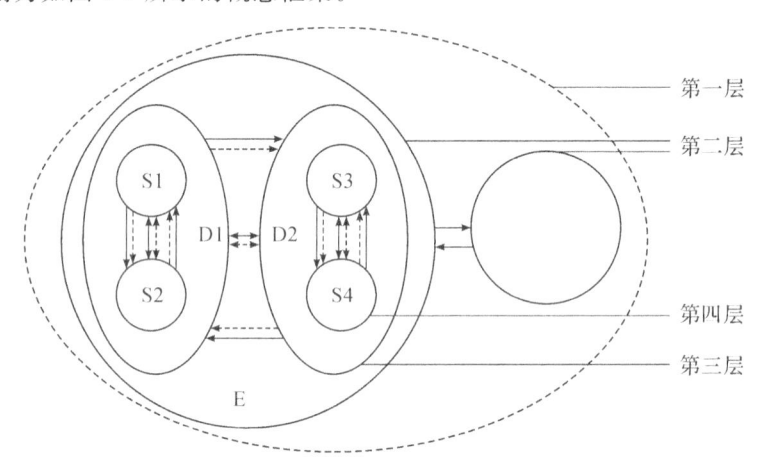

图 6-1 教师流动概念框架

注:图中的圆圈,第一层椭圆代表社会系统;第二层左边的大圈代表教育系统(E),右边的小圈代表社会系统中的其他子系统;第三层教育系统中的两个椭圆分别代表不同的区域(D1 和 D2);第四层中的圆圈代表不同的学校(S1、S2、S3、S4)。

图中的箭头,实线代表带人事关系的流动,虚线代表不带人事关系的流动;双箭头代表双向流动,是同时进行的,单箭头代表单向流动。

---

① 柳卫.江津区中小学教师交流轮岗政策执行研究[D].重庆:西南大学,2019:23.
② 张茂聪,张雷.公平与均衡:义务教育管理体制改革及制度保障[M].济南:山东教育出版社,2013:138.

从图 6-1 清晰可见教师流动是一个非常复杂的现象，尤其表现在教育系统内部。教师流动既有教育系统内的流动，也有教育系统与其他社会系统之间的流动。通常意义上，教师流动到其他系统，我们称之为教师流失；其他系统人员流动到教师队伍，我们称之为教师补充。在教育系统内部，教师流动既有区域内（一般以县/区为划分单位）的流动，也有区域间的流动。先来看区域间的流动，带人事关系的双向流动在实践中通常表现为异地对调，主要指的是异地任教的教师如果满足学科、学段等要求，就可向教育行政部门发起调动岗位的申请，但这种流动通常存在比较大的困难；不带人事关系的双向流动是区域间的交流轮岗，通常为发达地区教师支援薄弱地区教育、薄弱地区派教师去发达地区学习的一种方式；不带人事关系的单向流动与前一种流动形式比较相似，即要么是发达地区教师支援薄弱地区教育但薄弱地区并未派出教师，要么薄弱地区教师去发达地区学习进修，与双向流动的主要区别是地区间是否同时派出教师；带人事关系的单向流动是教师出于自主意愿，通过教师招考或其他社会关系途径而流动到异地工作。再来看区域内部的教师流动现象，也就是学校之间的教师流动，其形式更为复杂。从方向上看，主要分为双向流动和单向流动。双向流动主要包括学区内部的流动、集团校内部的流动、城乡学校之间的流动等，其流动方式随着我国办学形式的改革更新而变化。值得注意的是，目前学校之间的双向流动一般都是不带人事关系的，很少有带人事关系的双向流动。单向流动主要表现为城乡教师的流动，其中带人事关系的单向流动既有乡村学校教师通过考试调动到城区学校，也有城区教师去乡村学校支教，当然还有"县管校聘"中城区落聘教师流动到乡村学校；不带人事关系的单向流动包括城区教师去乡村支教，或者乡村学校教师去城区学校或教育行政部门顶岗、学习。

上述总结或许并不能涵盖教师流动的所有方式，但足以表明教师流动是一种非常复杂的现象，是教师在学校、区域、社会子系统中发生的空间位移活动。对于教师流动，不同的人持有不同的看法。有研究认为，教师流动是在市场经济和人才流动政策的影响下，作为普通人的教师为了追求自身生活品质的提高而选择去经济实力更强的地区从业，主要体现为自主流动、单向流动，同时也伴随着教师流失尤其是农村地区和落后地区的教师流失问题。[①] 也有人对教师流动持乐观态度,认为教师流动包括兼职制、交流制、借调制、优惠制、轮换制等多种方式,其对社会发展具有诸多积极作用,比如教师流动是实现人才流动的必然要求、是合理使用人才的客观需要、是激发教育改革的动力,总体来讲利大于弊,不会造成更大的教师流失。[②] 教师流动是适应社会主义市场经济下人才流动的必然,其本意是将不适合从教的教师从教师队伍"清理"出去,同时吸引优秀人才流入教师队伍,或是推动城乡教师之间的流动,如城镇教师到农村支教,以此激发教师队伍建设的活力。但由于这一行为具有很大的自主性,在实际中普遍表现为为了追求更加优质的生活和工作条件,许多优秀的教师、农村或贫困地区的教师选择职业、地区间的流动,从而导致教师流失。

第二,教师交流。"交流"最根本的意思是在个体之间提供信息并进行相互沟通,并且重点强调对称性或非对称性的互动。那么,我们可以认为,只要教师之间产生了互动行为就可以视其为教师交流,这种交流既可以是正式的、官方的,也可以是非正式的。前者是狭义的教师交流,后者是广义的教师交流。非正式的教师交流是教师自发的、无需通过组织引导或制度安排进行的活动,比如教师在课后相互探讨教育教学问题。目前学界所关注的教师交流多指狭义的、正式的交流活动。例如,《教育大辞典》将"教师交流"定义为:在各国和国内各地区、各级各类学校之间进行的有组织、有计划互派教师的活动,根据教学、科学研究和师资培养提高的需要,一些城市与乡村、沿海与内地互派教师、互相观摩教学和教研活动,或聘请国内外专家、学者讲学、兼职、交流访问,促进教师的相互学习和教育、教学质量的提高。[③] 这个界定是从一种正式制度的视角理解教师交流,将教师交流视为一种官方活动,且教师在组织间产生了流动。据李宜江教授所述,教师交流是指在县域范围内,教育部门通过法律或行政方式,依据相关要求组织一些教师在当地学校之间进行轮岗任

---

① 邵学伦.关于中小学教师流动问题的思索[J].山东教育科研,2002(8):13-14.
② 洪哲.论教师流动[J].教育理论与实践,1995(3):28-30.
③ 教育大辞典编纂委员会.教育大辞典(第2卷)[M].上海:上海教育出版社,1990:18.

教,以保障义务教育学校的师资力量。[①] 从这一概念的表述中可以明显看出,李宜江教授将教师交流与教师轮岗并为一谈,这也反映了大部分学者对教师交流的认识。此外,陈琳认为,教师交流除了是一种政策指令下的行动,还需要个体内心的认同与参与,既要有信息的交换,又要有思想的碰撞和心灵的交流。[②] 在对教师交流进行大致了解之后,本研究发现,教师交流一般是放在教师流动的政策语境中使用的,也就是说教师流动的含义部分涵盖了教师交流的内容。

第三,教师轮岗。根据语义解释,轮岗即岗位轮换,是指单位有意安排职工轮流担任不同岗位,以促进职工的适应性和能力多元化发展,同时这也是一种在职培训和管理人员的方式。在教育领域,教师轮岗指的是教师在不同学校间进行岗位交替,而不会影响其原有的专业职称和教学性质,只是变更为其他年级或在不同区域的学校任职。有时候教师轮岗也被称为教师轮岗制,如陈正华和范海燕认为,教师轮岗制是指义务教育阶段教师轮换岗位的制度,该制度由县级教育部门安排当地教师在县内的学校之间进行流动,以达到优化师资配置、缩小城市和乡村学校之间差距的目的,帮助薄弱学校拥有更多的优秀师资,从而推动义务教育的均衡发展。[③] 在我国,教师轮岗是一种制度安排,已经具有规定性含义,很少有学者对这个概念进行细致剖析。但可以肯定的是,教师轮岗是教师流动与教师交流的一种方式。

分析了教师流动、教师交流、教师轮岗的内涵之后,本研究发现它们之间存在这样一种关系:首先,教师流动的涵盖范围最广,其包括教师交流的部分内容,教师轮岗是教师流动的形式之一,但是教师流动并不等同于教师交流与教师轮岗(见图6-2)。具体来讲,教师交流和教师轮岗是政策安排的教师流动方式,具有明确的政策目标,通常提出具体的交流或轮岗目的、时间、形式、对象、保障等要求,具有一定的强制性。而教师流动是指教师工作空间在自然状态下发生的变化,虽然也可能与政策相关,但也可能是教师自主选择的结果,

---

[①] 李宜江.城乡教师交流政策实施中问题与对策——基于对安徽省A县的调研分析[J].中国教育学刊,2011(8):5-8.
[②] 陈琳.义务教育阶段教师交流政策制定与实施的连续性问题研究[D].上海:华东师范大学,2014:5.
[③] 陈正华,范海燕.教师轮岗制的问题与政策建议[J].教学与管理,2009(34):9-11.

是一种"引导"而不是"强制"的流动方式和政策设计的结果。① 其次,从政策层面来讲,教师交流和教师轮岗常常被同时提及,因为它们的共同目标是优化师资配置,促进教育均衡发展,维护教育的公平性。马焕灵和景方瑞指出,"教师交流"又称"教师轮换制"或"教师交流制",其通常是在县级及以上的教育行政部门的安排下,组织当地教师在不同的学校之间任教,从而促进学校均衡发展,同时为教师提供更多的成长机会。② 研究者一般不会详细论证教师交流与教师轮岗之间的细微区别,而是采取一视同仁的态度,所以在研究中经常会看到教师交流与教师轮岗混用的现象。但是仔细分析之后可以发现,我国的教师交流更侧重于城镇教师去乡村支教与援助,而教师轮岗则突出强调教师在不同学校之间的岗位轮换,尤其是城乡教师之间的轮岗。

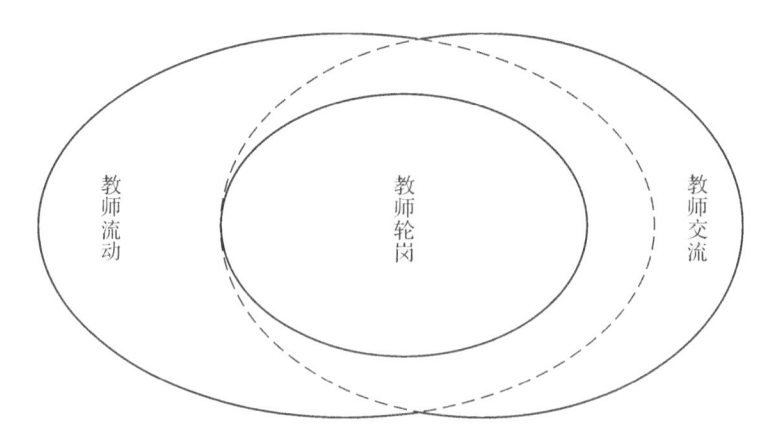

图 6-2 教师流动、教师交流、教师轮岗的关系

那么何为城乡教师交流轮岗呢?通过前面的分析可知,城乡教师交流轮岗是教师流动的一种形式,此处对其在教师流动概念框架中的位置进行说明(见图 6-3)。

---

① 姜超,高海军.义务教育教师交流的实践类型及其特征——基于天增县的田野考察[J].基础教育,2021(1):51-58,59.
② 马焕灵,景方瑞.地方中小学教师轮岗制政策失真问题管窥[J].教师教育研究,2009(2):61-64.

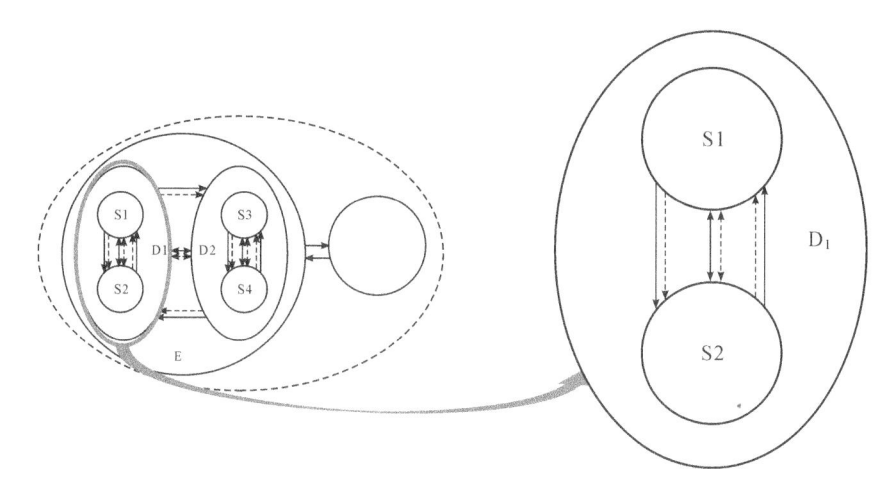

图 6-3　城乡教师交流轮岗概念

图 6-3 虽然对城乡教师交流轮岗的概念进行了定位，但并不是县域内发生的所有教师流动现象都属于城乡教师交流轮岗。本研究根据教师流动的方向与人事关系是否变动绘制了图 6-4，试图更精准地呈现城乡教师交流轮岗形式。

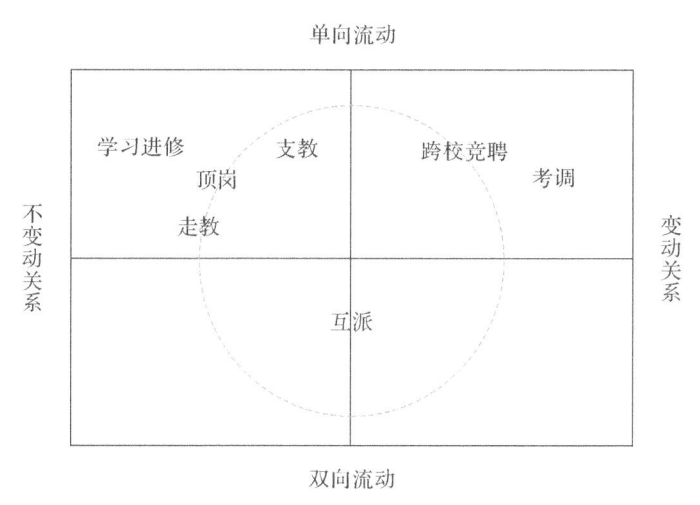

图 6-4　城乡教师交流轮岗形式

教师流动形式纷繁复杂，图 6-4 从"方向—关系"层面大致对县域内教师流动方式进行划分，圆圈内表示城乡教师交流轮岗的形式。清晰可见，城乡教师交流轮岗既有单向的，也有双向的，既可以带人事关系，也可以不带人事关系,主要以单向不带人事关系的交流轮岗为主。支教、顶岗、走教在我国是常见的教师流动形式。支教一般是城区优质学校支援乡村学校的活动,2006年,中共中央组织部、人事部、教育部、财政部、农业部、卫生部、国务院扶贫开发领导小组办公室、共青团中央发布《关于组织开展高校毕业生到农村基层从事支教、支农、支医和扶贫工作的通知》,开始在全国范围开展支教活动,这也为城乡教师交流轮岗奠定了主基调。目前,很多地区仍然认为城乡教师交流轮岗就是教师支教。顶岗一般是指由于学校师资短缺而请大学生实习任教的一种方式,城乡教师交流轮岗中的顶岗也是为了解决师资短缺问题,但是其主要是在职教师在不同学校之间的流动,既有城乡学校之间的顶岗活动,又有城区内部或乡村内部的顶岗活动。因此,笔者将其放在了城乡教师流动圈层的边缘位置。同样的,走教是同一教师在不同学校之间流动任课,这种现象也不一定是发生在城乡学校之间的,所以也将其置于圈层边缘。互派是支教与顶岗同时发生的教师流动,其中城区学校教师到乡村既可以带人事关系,也可以不带人事关系,而乡村学校教师到城区学校则不可以带人事关系。跨校竞聘是在"县管校聘"改革背景下产生的一种教师流动形式,指的是教师因未竞聘到本校岗位与学科而参加外校的竞聘,这些学校可能是乡村学校,也可能是城区学校,所以跨校竞聘会发生教师流动,但不一定会发生城乡之间的教师交流。

那么,相关研究是如何对城乡教师交流轮岗进行界定的呢?有研究者认为,教师交流轮岗是指针对公办中小学义务教育阶段教师的一种行政管理措施,其目的是通过区(县)级教育部门的组织安排,实现教师资源的均衡配置和交流互动,推动教育的均衡发展。教师交流轮岗可以采用多种方式和途径,如定期交流、跨校竞聘、学区一体化管理、学校联盟、名校办分校、集团化办学、对口支援、乡镇中心学校教师走教等。[①] 也有研究者认为,教师轮岗交流是教师在优质学校与薄弱学校之间的双向流动。[②] 还有研究者认为,教师交流轮岗比教师流动和教师交流的范围都要小,仅限于校与校之间,其目的是促进教师资源的合理流动,一方面发挥优秀教师资源的辐射带动作用,另一方面给薄弱学

---

① 柳卫.江津区中小学教师交流轮岗政策执行研究[D].重庆:西南大学,2019:20.
② 汪婷玲.云南省县域内教师轮岗意愿及轮岗现状研究[D].昆明:云南师范大学,2018:55.

校的教师提供学习的机会。[①] 可以看出,研究者对城乡教师交流轮岗的认识基本上是从政策层面提出的。所以,本研究打算系统梳理城乡教师交流轮岗政策,厘清其内在含义。

我国城乡教师交流轮岗始于20世纪90年代,目前学界已有部分研究对相关政策进行阶段划分,此处列举几个有代表性的阶段划分(见表6-1)。

表6-1 城乡教师交流轮岗政策历史分期划分

分类依据	政策阶段	特征
流动时长、人数等占比指标[②]	1.0版:1996—2012年	广义的教师流动,形式多样,时间较短,没有明确的比例要求
	2.0版:2013—2021年	教师轮岗要求明确
	3.0版:2022年开始	大面积、大比例、网状交流
文本解读[③]	1993—2000年	国家提倡鼓励
	2001—2009年	构建教师交流政策体制基础与试点探索
	2010年至今	教师交流制度的规范化与常态化
以"交流""县域内""轮岗""县管校聘"等关键词为阶段划分标准[④]	1996—2005年	起步探索
	2006—2010年	持续发展
	2011—2014年	基本定型
	2015年至今	深化完善
文本理解[⑤]	2002—2010年	强调教师"交流"
	2011—2015年	强调在县域内建立校长教师"交流轮岗"制度

从表6-1可以看出,目前对于城乡教师交流轮岗政策的阶段划分基本是从研究者的主观愿望出发的,没有形成固定的标准,具有比较强的随意性。但

---

① 程程.集团化办学背景下教师轮岗交流的困境及成因研究[D].上海:华东师范大学,2019:40.
② 操太圣.推进"大面积、大比例"校长教师轮岗交流的策略选择[J].人民教育,2022(8):18-21.
③ 安雪慧,杨银付.中国义务教育学校教师交流政策分析[J].中国教育科学,2016(4):115-139,114,235-236.
④ 李茂森.中国城乡教师交流政策的梳理与反思[J].当代教育论坛,2020(5):113-121.
⑤ 马用浩,谷莎.城乡教师交流轮岗制度运行的困境与对策[J].北京教育学院学报,2016(5):1-6.

是从形式各样的划分阶段中也可发现其存在如下共识:基本以 1996 年为政策始点,以 2010 年和 2015 年为重要的时间分割点。这将为本研究确定城乡教师轮岗历史分期时提供启发与重要依据。研究者从城乡教师交流轮岗目的出发,将其划分为以城带乡、城乡互动、城乡互促这三个发展阶段,下文将对这几个历史分期进行详细阐述。

首先是 1996—2009 年,以城带乡。1996 年,国家教育委员会(1998 年更名为中华人民共和国教育部)印发《关于"九五"期间加强中小学教师队伍建设的意见》,首次在政策文件中明确提出"积极进行教师定期交流……采取切实的政策措施,鼓励教师从城市到农村,从强校到薄弱学校任教"。这是义务教育教师交流的思想首次出现在国家政策中,但是对于教师交流并未采取强制措施,而是通过鼓励与引导的方式促进教师从城市流动到农村。1999 年,国务院批转教育部《面向 21 世纪教育振兴行动计划》,创造性地提出"完善师范毕业生的定期服务制度,对高校毕业生(包括非师范类)到边远贫困的农村地区任教,采取定期轮换制度"。面对 21 世纪的到来,国家加大对农村教育的扶持力度,为鼓励高校毕业生到农村任教,采取定期轮换岗位的措施,这一举措为农村补充高质量师资提供了一定保障。同年,《中共中央、国务院关于深化教育改革全面推进素质教育的决定》首次提出"城镇中小学教师原则上要有一年以上在薄弱学校或农村学校任教经历,才可聘为高级教师职务"。这一规定表明,城乡教师交流轮岗得到国家大力支持,教师的轮岗经历与自身发展紧密关联,在很大程度上为教师参与交流轮岗提供动力保证。但由于此时的规定不具有强制性,对教师参与交流轮岗的激励效果并不明显。2003 年,人事部与教育部联合印发《关于深化中小学人事制度改革的实施意见》,明确提出"建立城镇教师到农村或薄弱学校任教服务期制度。坚持城镇中小学教师晋升高级职务应有一年以上在农村或薄弱学校任教的经历"。可以看出,国家对城镇教师支援农村的政策话语变得愈发强硬,城乡教师交流轮岗势不可当,正在由鼓励向制度化方向转变。在《国务院关于进一步加强农村教育工作的决定》和《教育部 2005 年工作要点》中,直接明确"地(市)、县教育行政部门要建立区域内城乡'校对校'教师定期交流制度"①,"积极推动各地建立城镇中小学教师到乡村学校服务期制度,加大教师交流工作力度"②,城乡教师交流轮岗正式由国家的政策话语落实到地方的实际行动。为了进一步推进师资协调与共享,2005年发布的《教育部关于进一步推进义务教育均衡发展的若干意见》对城乡教师交流轮岗做出进一步指导,提出"骨干教师巡回授课、紧缺专业教师流动教学、城镇教师到农村学校任教服务期制度"等多种灵活形式,以促进教师流动、推动城乡义务教育的均衡发展。2006年,《教育部关于大力推进城镇教师支援农村教育工作的意见》对农村教师队伍建设做出统筹安排,强调落实好"大中城市中小学教师到农村支教""县域内城镇中小学教师定期到农村任教""农村教师特设岗位计划""高校毕业生支援农村教育"等工作。同年修订的《中华人民共和国义务教育法》规定,"县级人民政府教育行政部门应当均衡配置本行政区域内学校师资力量,组织校长、教师的培训和流动,加强对薄弱学校的建设"。自此,城乡教师交流轮岗作为城镇教师支援农村教育的帮扶性质以法律的形式正式被确定下来,这也奠定了其之后的发展基调。但是,对城乡教师交流轮岗更多是从工具性的角度看待,而没有真正认识到它与教育均衡和公平的紧密联系,表面上是为了解决农村教师流失和治理教师无序流动的问题,实际上只是一个补偿性的反哺策略。③

其次是2010—2018年,城乡互动。如果说2010年以前的城乡教师交流轮岗强调的是城镇教师单向支援农村教育,那么从2010年开始,城乡教师交流轮岗开始逐渐由单向交流转为城乡教师之间的双向流动。2010年,《教育部关于贯彻落实科学发展观进一步推进义务教育均衡发展的意见》在继续强调"建立完善城镇教师到农村学校任教服务期制度"的同时,提出"健全城乡教师交流机制,推动校长和教师在城乡之间、校际之间的合理流动,鼓励优秀校长和骨干教师到农村学校和薄弱学校任职、任教,发挥示范、辐射和带动作用"。可以看出,在城乡一体化发展的背景下,国家在这一时期对交流轮岗的对象做

---

① 国务院关于进一步加强农村教育工作的决定[EB/OL].(2003-09-17)[2024-02-03].https://www.gov.cn/gongbao/content/2003/content_62440.htm.
② 教育部2005年工作要点[EB/OL].(2005-01-04)[2024-02-03].http://www.moe.gov.cn/jyb_sjzl/moe_164/201001/t20100128_5090.html.
③ 谢延龙,李爱华.我国教师流动政策:困境与突破[J].当代教育与文化,2013(5):88-92.

出明确规定——优秀校长与骨干教师,并且不再仅仅将教师交流定位于农村师资的补充方面,更加强调交流教师通过发挥自身作用带动农村教育水平的提高。2012年,《国务院关于加强教师队伍建设的意见》提出,"建立县(区)域内义务教育学校教师校长轮岗交流机制,促进教师资源合理配置",这是"轮岗"首次出现在国家的政策文件中,一方面表明教师长期在同一所学校任职的现象将被颠覆,另一方面也说明国家已下定决心大范围推开教师轮岗。《教育部关于2013年深化教育领域综合改革的意见》提出"全面推行中小学教师交流制度",教师交流轮岗在全国范围展开。经过试点推广,2014年,《教育部、财政部、人力资源和社会保障部关于推进县(区)域内义务教育学校校长教师交流轮岗的意见》对教师交流轮岗的对象、时间、方式方法等进行全面部署,将教师在申报评审高级教师职务(职称)和特级教师时的"到农村学校、薄弱学校任教1年以上的工作经历"由原则性条件上升为必备条件,为各地提供了指导性框架,拉开了全面实施城乡教师交流轮岗的大幕。2016年,国务院印发《"十三五"促进民族地区和人口较少民族发展规划》,提出"建立健全校长、教师交流轮岗和城镇教师支援农村教育等制度"。2018年,《国务院办公厅关于全面加强乡村小规模学校和乡镇寄宿制学校建设的指导意见》要求"大力消除城乡教师交流轮岗障碍,统筹调剂县域内城乡学校编制……各地要强化对两类学校教研工作的指导,鼓励城乡间学校采取同步教研等多种方式开展交流"。可以看出,这一时期国家在政策上将教师交流轮岗与城镇教师支援农村教育视为两种不同性质的制度,前者在一定程度上淡化了城乡教师轮岗的帮扶功能,侧重教师的交流与岗位轮换。

最后是2019年至今,城乡互促。2019年,《中共中央、国务院关于深化教育教学改革全面提高义务教育质量的意见》提出"加大县域内城镇与乡村教师双向交流、定期轮岗力度",这是城乡教师双向交流思想首次明确出现在国家政策文本中。2020年,《教育部等六部门关于加强新时代乡村教师队伍建设的意见》更是明确提出"加强城乡一体流动……重点引导城镇优秀校长和骨干教师向乡村学校流动。统筹安排乡镇中心学校和所辖村小、教学点教师交流任教。城镇学校要专设岗位,接受乡村教师入校交流锻炼"。2021年,国务院发布《"十四五"推进农业农村现代化规划》,提出"推进县域内义务教育学校校长教师交流轮岗,支持建设城乡学校共同体"。可以看出,城乡教师交流轮岗因支援乡村教育而在我国立足生根,在教育改革大变革、大发展的时代背景下,其不再局限于单一的帮扶作用,在更高质量的教育均衡目标的指引下,城乡教师交流轮岗正在以更大力度打破教师队伍的沉寂状态,走向真正的大轮岗。

基于以上对教师流动、教师交流、教师轮岗的分析以及对关键政策的梳理,本研究认为,城乡教师交流轮岗首先属于一种教师流动现象,这种流动是有计划、有组织、有目的的。城乡教师交流轮岗形式多样,意在通过盘活教师存量,促进教师合理流动,实现教育均衡发展。从政策走向来看,城乡教师交流轮岗正在走向真正的师资大循环。

二、理论基础与分析框架

本研究以政策过程阶段理论、霍因(Hoing)的政策执行理论、基层官僚理论与意义建构理论作为理论基础,下面将对这些理论观点及其在本研究中的运用进行详细说明与阐释。

第一,政策过程阶段理论可以为研究者提供一种思考真实世界复杂性的理性结构,它的每一个阶段都能够为多种不同的框架提供使用平台,供研究者以此为线索展开分析。[1] 不同的学者对政策执行阶段进行了不同的划分,并得到不同程度的认可,表明政策过程阶段理论已经在政策执行研究中得到了广泛运用,对于政策执行研究产生了极大的启示意义。城乡教师交流轮岗政策执行是一个极为复杂的过程,本研究在政策过程阶段理论的启发下,同时借鉴已有研究对政策执行阶段的划分,认为城乡教师交流轮岗政策执行研究可以从以下的框架展开。一是识别政策问题。城乡教师交流轮岗政策具有原则性、宏观性与指导性,在执行城乡教师交流轮岗政策的过程中,第一步便是根据地方情境识别政策问题,其中可能包括的内容有政策解读与学习、制定执行方案、政策宣传等。二是选择执行策略。如果说识别政策问题是准备阶段的话,那么这一步便围绕城乡教师交流轮岗政策方案开始了真正的行动,是这项政策由文本转化为实践活动的核心环节。三是评价政策结果。城乡教师交流

---

[1] 张金马.公共政策分析:概念·过程·方法[M].北京:人民出版社,2004:316.

轮岗政策的主要目的是通过城乡师资的合理流动实现城乡教育的均衡,从而促进优质均衡教育的实现。但是,实现教育均衡是一个庞大的系统工程,师资只是其中一个影响因素,而且各种因素是综合作用的,很难客观地衡量师资在其中发挥了多大的作用。所以,此处提到的政策结果指的是执行者感知到的结果。

第二,霍因的政策执行理论揭示了政策执行影响因素的作用过程以及政策在复杂的情境中是如何运行的。[①] 霍因在对美国30多年教育政策执行研究文献的梳理与分析基础之上,提炼出了一个"政策—人员—地域"三维度的政策执行理论框架,认为政策执行是一个具有极高偶然性与情境性的过程。这一观点启发人们从静态的执行观转为动态与偶然的执行观。作为公共政策的一种,城乡教师交流轮岗政策执行同样具有复杂性,会受政策、环境以及执行者的多重影响。一是城乡教师交流轮岗是一种再分配政策,这种复杂的性质决定了人们对于城乡教师交流轮岗政策的认识与认同也表现出复杂性,必然会影响政策执行过程与政策结果。二是城乡教师交流轮岗政策执行是发生在组织环境中的复杂性活动,为了既满足政策规定的合法性要求,又满足当前教育改革的效率需要,城乡教师交流轮岗政策在制度环境与技术环境的双重作用下,必然会呈现出复杂性的样态。三是城乡教师交流轮岗政策需要每一个具体的政策参与者去落实。这项政策虽是促进教育均衡的良策,但具体落实到每一位政策参与者身上时,就被赋予了新的意义。基于此,这项政策在执行的过程中实际上已经转化为政策参与者基于自身、组织及其他方面考虑的社会行动。

第三,基层官僚理论强调基层执行者与社会大众的互动接触,核心问题是自由裁量权。此处要说明的是,本研究借助基层官僚理论表达的是对政策执行过程中的基层执行者的关注,并未带有任何消极的感情色彩。在城乡教师交流轮岗政策执行中,县域教育行政部门、学校与教师虽然处于政策链条末梢,但他们是政策的最终落实者,掌握了一定程度的自由裁量权,他们对城乡教师交流轮岗政策执行的态度与行为结果可能对实现我国城乡教育师资队伍

---

① Honig M. New Direction in Education Policy Implementation: Confronting Complexity[M]. Albany: State University of New York Press, 2006: 1-24.

均衡的改革目标产生直接影响,这与基层官僚的基本观点是相契合的。一是城乡教师交流轮岗政策执行主要发生在县域范围内,县教体局自然就是关键的政策执行者。有研究者认为,县教体局是"行政人"的角色,但是本研究发现,在很多教育改革中,教育行政部门作为基层组织不只是负责上传下达,还会参与具体的政策执行过程,因此可以将其视为基层执行者。二是虽然县域层面的教育行政部门是负责本地区教育改革的行政单位,但是学校作为单位最小、最基本的教育组织,几乎所有的基础教育政策都要经由学校才能落到实处,一切教育行政职能只有通过学校这个特定环境才能实现与论证。从这个角度来讲,中小学这一重要的基层组织的负责人理应被视为基层执行者。尤其是中小学校长,他们作为基层单位的负责人,不仅在日常工作中与教师、学生等教育政策涉及的对象会产生直接交集,而且可以根据对情境的自主判断做出有关学校教育改革的决策。三是虽然教师在很多情况下被视为政策对象,但不可否认他们同时具有执行者的身份。事实上,每一项教育改革都依赖教师的积极参与,如果在教育政策执行中忽视教师群体的力量,那么很难保证这项政策可以顺利实施。

第四,斯皮兰(Spillane)提出的意义建构理论倾向于强调认知过程,认为政策问题并非已经存在的社会事实,相反地,政策问题是由社会构建的。[1] 众多研究表明,意义建构理论在解释政策执行方面发挥了关键作用。从目前政策执行越来越关注复杂性的现实状况来看,意义建构理论无疑为解释我国政策执行提供了一个很好的分析视角,也为分析城乡教师交流轮岗政策执行过程提供了可能性。当把意义建构理论引入城乡教师交流轮岗政策执行研究时,它就成为政策、情境、个人认知结构等范畴组成的统合体,既突出了政策执行者的中心地位,又体现了政策执行的复杂性。城乡教师交流轮岗政策作为一项国家政策,需要经由教育基层组织才能得到落实。由于我国各地政策环境不一样,执行者对政策的理解不甚相同,即使在同一个地区,不同学校对政策的理解也不一样,从而会出现差异化的政策执行行为与结果。所以,从根上

---

[1] Coburn C. Framing the problem of reading instruction: Using frame analysis to uncover the microprocesses of policy implementation[J]. American Educational Research Journal, 2006(3): 343-379.

讲,城乡教师交流轮岗政策执行过程其实就是执行者意义建构的过程。

本研究立足于政策过程阶段理论、政策执行理论、基层官僚理论与意义建构理论,围绕本研究的核心问题进行分析论证,构建了如图 6-5 所示的分析框架。

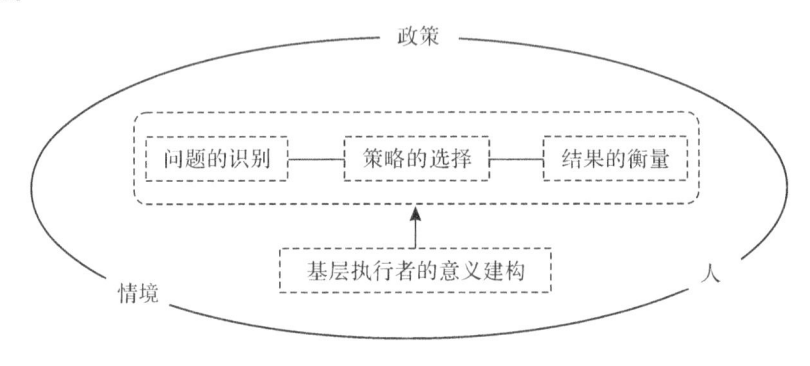

图 6-5　本研究分析框架

首先,政策过程阶段理论作为政策执行研究的基础框架,为分析城乡教师交流轮岗政策执行提供了一种可供操作的概念图谱。本研究立足于政策过程阶段理论将城乡教师交流轮岗政策执行视为问题的识别、策略的选择、结果的衡量三个方面。但这里要注意的是,政策执行过程的这三个方面并非线性的。在实际操作中,也可能是先展开了政策执行活动,根据政策的推进情况对政策问题进行识别与判断。但是从逻辑上讲,往往是先识别政策问题,再制定相应的方案。同时,为了分析的可行性与便利性,本研究从上述三个方面对城乡教师交流轮岗政策执行情况进行分析是比较合理的。

其次,基层官僚理论与意义建构理论分别为本研究提供了分析视角与解释方法。就前者而言,其帮助本研究明确从基层执行者的视角切入政策过程,政策执行作为一项社会活动,必然少不了"人"的参与,每一项政策落实的关键都在于基层执行者的选择与行动。就后者而言,以往的政策执行研究已经认识到了基层执行者的重要性,但往往将政策失败归咎于他们为了满足自己的利益需要而破坏政策。然而,意义建构理论为我们分析这一问题提供了一个新的解释视角,执行者实际上在个人认知、情境认知与政策表征识别的基础上对政策进行社会性建构。因此,本研究打算运用意义建构的方法分析基层执行者的政策行动。

最后，城乡教师交流轮岗政策执行是一项具有复杂性的活动，会受诸多因素的限制与影响。对政策执行影响因素的探讨几乎是每一项政策执行研究的关注重点，学界现有的种种政策执行理论也无不涉及对政策执行影响因素的讨论。但总的来看，自霍因将影响政策执行的复杂因素概括为人、情境、政策三维度，目前的政策执行研究也越来越倾向于关注那些对政策执行产生影响的关键性因素。因此，本研究打算在上述三维度的指导下对城乡教师交流轮岗政策执行的影响因素进行详细考察，并在此基础上为政策执行提供相应的对策建议。

三、调研的准备与开展

（一）研究方法的选择

为了呈现较为理想的研究结果，研究者应该根据研究对象和研究问题的特点来选择适合的研究方法，以确保所采用的方法能够有效地解决相应的研究问题。[①] 正如社会学家米尔斯（Mills）所言："方法和理论的主要目的在于澄清观念、简化程序，是解放人的思想而不是限制人的思想。"[②]研究方法的选择关系到研究资料收集的可能性与科学性，会在很大程度上影响研究结果的信效度。[③] 根据研究问题，研究者选择了质性研究中的案例研究法，下面是对选用此方法的缘由和具体运用策略的详细阐述。

1. 选择质性研究的缘由

陈向明教授认为，质性研究（qualitative research）是一种将研究者本人视为研究工具的方法，主张通过在自然、真实的情境中搜集相对全面的研究资料，实现对社会现象的综合性探究。该方法主要采用归纳法分析资料和形成理论，倡导在与研究对象的互动中获取数据，深入了解其行为和意义建构，从而获得对研究对象的解释性理解（interpretive understanding）。[④] 那么，本研

[①] 汪明帅.我国近代教师权利变迁研究[D].上海：华东师范大学，2014：44.
[②] 米尔斯.社会学的想象力[M].陈强，张永强，译.北京：生活·读书·新知三联书店，2001：130.
[③] 赵冬冬.政策导向的义务教育学校变革实践研究[D].上海：华东师范大学，2022：77.
[④] 陈向明.质的研究方法与社会科学研究[M].北京：教育科学出版社，2000：7-8.

究为什么采用质性研究？这需要从以下几方面讲起。

第一，长期以来，大家习惯将研究方法划分为量化研究和质性研究。有学者认为，二者之间的基本区别为量化研究是把所有的数据都转化为数字，而质性研究主要是将文字、图片、声像等资料转化为有用的数据。[①] 随着科学主义对现代世界的主宰，量化研究方法在世界范围得到最大限度的支持与拥护，包括教育研究中提倡采用量化方法。正如拉格曼（Lagemann）所言："如果有人说，20世纪影响教育学术的最为强大的社会力量把这个领域推向令人遗憾的方向，即逃离与政策和实践的紧密接触，过度关注定量化和科学主义，我相信，这不会是不准确的。"[②] 对于城乡教师交流轮岗政策执行的研究而言，同样如此。当然，量化研究的重要意义是不可否认的，其确实为大范围地了解城乡教师交流轮岗情况提供了技术支持。但即使是规模宏大、样本充足的量化研究，也面临着陷入数据主义陷阱的风险。为弥补此缺憾，本研究打算采用质性研究，对城乡教师交流轮岗政策执行进行更为深入细致的剖析。

第二，质性研究的目的在于更好地获得当事人的经历以及理解他们的生活，在于描绘与理解意义生成的过程。[③] 从这个意义上说，质性研究有利于人们从深层次理解与认识当事人的经历，并对这些实践与经历进行意义建构。所以，质性研究更注重对研究问题进行细致的描述与分析，呈现意义的生成与对意义的理解。本研究致力于呈现城乡教师交流轮岗政策执行的真实情况，发掘并理解其背后存在的深层次问题，这一需求可通过质性研究的理解与解释功能得到满足。

第三，在质性研究中，研究者应当站在研究对象的角度了解他们的特点，观察他们的心理状态，思考当事人的行为意义，通过这些活动获得对研究对象的解释性理解。[①] 在本研究中，研究者秉持开放的态度，致力于了解并呈现城乡教师交流轮岗政策执行过程中教育行政部门工作人员、校长、教师的真实行

---

① 柯政.理解困境：课程改革实施行为的新制度主义分析[M].北京：教育科学出版社，2011：11-12.

② 拉格曼.一门捉摸不定的科学：困扰不断的教育研究的历史[M].花海燕，等译.北京：教育科学出版社，2006：38.

③ Merriam S. Qualitative Research: A Guide to Design and Implementation[M]. San Francisco: Jossey-Bass, 2009: 4-15.

① 陈向明.质的研究方法与社会科学研究[M].北京：教育科学出版社，2000：7-8.

动选择,"同情"地理解并解释各主体行为背后的依据,从而获得城乡教师交流轮岗政策执行经验和意义建构的"解释性理解"与领会。[①]

第四,不少学者将质性研究看作验证性过程,但其更多地被视为自下而上的归纳过程,也就是研究者对其掌握的数据与资料进行深入细致的分析,在这个过程中建立起相关概念、理论或假设及其之间的关系。[②] 本研究集质性研究的验证性与归纳性于一体,不仅从相应的理论视角对城乡教师交流轮岗政策执行的实然样态进行探索,还从收集到的资料中分析城乡教师交流轮岗政策执行过程中存在的现实问题与影响因素。

第五,质性研究的结果一般采用描述的方式表达,这样有利于呈现研究者对研究对象经历的认识与理解。[③] 也就是说,对来自文件、田野记录和参与性访谈等材料的应用包含于研究发现的支持中。[④] 本研究对城乡教师交流轮岗政策执行相关问题的分析与解读,很多都是建立在对现实状况的描述与分析的基础上展开的。

质性研究是一种将观察者置身于被观察世界中的研究活动,通过阐释性和经验性的实践活动,使被观察的世界变得更为清晰。这些活动包括现场笔记、访谈、交谈、照片、记录以及自我备忘录等,共同构成了一系列"作品"。从这个角度来看,质性研究是一种自然主义和阐释性的探究方式,通过对研究对象进行实地调查,实现研究者对意义现象的理解和阐释。[⑤] 基于以上考虑,本研究旨在揭示与解释城乡教师交流轮岗政策执行在现实中的真实过程,质性研究更有利于回答与解释本文的研究问题。在厘清了研究范式取向之后,接下来说明一下本研究拟采用的具体方法。

[①] 陈向明.质的研究方法与社会科学研究[M].北京:教育科学出版社,2000:7-8.
[②] Merriam S. Qualitative Research: A Guide to Design and Implementation[M]. San Francisco: Jossey-Bass, 2009:15.
[③] Merriam S. Qualitative Research: A Guide to Design and Implementation[M]. San Francisco: Jossey-Bass, 2009:16.
[④] 周坤亮.教师专业伦理决策研究[D].上海:华东师范大学,2016:18.
[⑤] Denzin N, Lincoln Y. Handbook of Qualitative Research[M]. Thousand Oaks: Sage Publications, 1994.转引自:陈先哲.学术锦标赛制下大学青年教师的制度认同与行动选择[M].广州:广东人民出版社,2017:66.

2.案例研究法的选择

"质性研究像一把大伞",是一个跨学科、超学科,有时甚至是泛学科的研究领域。[1] 本研究根据实际需要,选择了其中的案例研究法。案例研究是社会科学研究的基本方法之一,既可以是量化的,又可以是质性的,其目的是通过对具体案例的分析,区分不同事件类型与解决办法,并从中推演出适用于同类事件的一般理论与框架。[2] 殷(Yin)认为,研究方法的选择主要取决于研究问题的类型,并对各研究方法的适用条件进行划分(见表6-2)。

表6-2 不同研究方法的适用条件

研究方法	研究问题类型	是否需要对研究过程进行控制	研究焦点是否集中在当前问题
实验法	怎么样、为什么	需要	是
调查法	什么人、什么事、在哪里、有多少	不需要	是
档案分析法	什么人、什么事、在哪里、有多少	不需要	是或否
历史分析法	怎么样、为什么	不需要	否
案例研究法	怎么样、为什么	不需要	是

资料来源:殷.案例研究:设计与方法[M].3版.周海涛,李永贤,张蘅,译.重庆:重庆大学出版社,2004:7.

根据殷的观点,本研究认为,首先就研究问题类型而言,既要呈现城乡教师交流轮岗政策执行过程中存在的问题,又要对其做出理论性阐述和解释,研究问题集中在城乡教师交流轮岗政策执行中"怎么样"和"为什么"的方面,符合案例研究的旨趣。其次,在研究过程中,案例研究聚焦复杂情境,通过探索复杂社会单元,理解某种现象存在的多种潜在重要变量,从而提供深刻见解并阐明意义,拓展读者的经验。[3] 在本研究中,城乡教师交流轮岗是复杂的政策实践,研究者并不能够对研究对象进行严密的、精确的控制,在某种程度上只

---

[1] 陈向明.质的研究方法与社会科学研究[M].北京:教育科学出版社,2000:5.
[2] 张毅强.风险感知、社会学习与范式转移:突发性公共卫生事件引发的政策变迁[M].上海:复旦大学出版社,2011:14.
[3] 麦瑞尔姆.质化方法在教育研究中的应用:个案研究的扩展[M].于泽元,译.重庆:重庆大学出版社,2008:29.

能作为一个"局外人"去观察进而展开分析,而案例研究为进入复杂情境探究问题提供了机会。最后,就研究对象而言,本文研究的是正在发生的事情,并且有不断扩大之势,它并不完全是一个历史事件,是正在发生并且指向未来的事件。

本研究是对政策执行的研究,在政策执行研究领域,质性研究中的案例研究法已经成为一种非常重要的资源。用学者安德森的话来讲,相比量化研究,案例研究法在政策分析中能更有效地解释某类现象[①],这是因为案例研究法常常比大样本统计分析允许更多、更强的检验。霍因也指出,战略性的案例分析已经在其他政策执行研究中得到长期运用,目前似乎正在成为教育政策执行研究的标准化方法,它可以为政策研究者提供难得的机会以建构有关复杂执行现象的知识。尤其在有理论指导的情况下,这种方法有利于当代研究者详细阐述构成执行的政策、人员和情境等因素的相互作用。[②] 目前,案例研究法已经在教育政策执行研究中得到广泛运用,如表6-3列出了20世纪以来发表在《教育评价和政策分析》(Education Evaluation and Policy Analysis,EEPA)上有较大影响力的、采用了案例研究法的文章。在我国的教育政策执行研究中,对案例研究法的运用更是不胜枚举。

表6-3 2001年以来发表在EEPA上采用案例研究法的教育政策执行研究

作者	政策层次	研究方法	数据资源	政策问题
马伦(Malen)	区	案例研究	半结构化访谈、观察、文件收集	学校转型与重建
达特诺(Datnow)	区、学校	案例研究	半结构化访谈、观察、文件收集	学校改革
戈德斯坦(Goldstein)	州	案例研究	观察、半结构化访谈、调查	教师评价政策;问责制
西普勒(Sipple)	州	案例研究	半结构化访谈	国家标准;课程结业测试

---

① 范埃弗拉.政治学研究方法指南[M].陈琪,译.北京:北京大学出版社,2006:27.
② Honig M. New Directions in Education Policy Implementation:Confronting Complexity[M]. Albany:State University of New York Press,2006:22.

续表

作者	政策层次	研究方法	数据资源	政策问题
霍囚 （Hoing）	市	案例研究	半结构化访谈、观察	政策执行的外部支持
马什 （Marsh）	市	案例研究	半结构化访谈、调查	学校奖金政策

案例研究之所以在政策执行研究中广受欢迎，是因为其为研究者提供了深入研究政策问题的机会，他们不仅可以利用各种理论视角去解释政策过程，也可以根据政策执行者的经验提炼出本土性的执行理论。[①] 综上所述，研究问题类型决定了本研究适宜采用案例研究法。

案例研究通常包括两种类型：单案例研究与多案例研究。单案例研究适用于以下情况：用于检验或挑战现有理论；不寻常、特殊或典型的事件；具有启示性的事件；对同一案例进行纵向比较。[②] 倘若有足够的条件与资源，可以考虑采用多案例研究，即选择多个案例增加研究的代表性与启示性。多案例研究通常被认为具有更强的说服力，因为它们遵循复制法则而非抽样法则，每个案例都旨在证明同一研究对象及相应的结论。这种研究方法更能经受推敲，从而提高研究的可信度。在进行多案例研究设计之前，需要先建立一个分析框架，确定从哪些方面来研究这些案例，再收集、分析每个单独案例的资料，并撰写相应的分析报告，最后将所有单个案例的分析报告综合起来，形成总体结论。

本研究拟采用多案例研究方法，一是因为本研究中的城乡教师交流轮岗不是个别现象，而是一个较为普遍的事件，要使研究具有更高的确定性，单案例研究的结论说服力不强；二是因为本研究想要获得一些普遍性的启示，而单案例研究显得分量不够、说服力不强。

（二）研究对象的确定

通常情况下，有两种选择研究对象的方式，第一种是采用随机抽样方法

[①] Corbin J, Strauss A. Grounded theory research: Procedures, canons and evaluative criteria [J]. Qualitative Sociology, 1990(1): 3-21.

[②] 殷. 案例研究：设计与方法[M]. 3版. 周海涛, 李永贤, 张蘅, 译. 重庆：重庆大学出版社, 2004: 51.

(random sampling),其目的在于确保样本能够最大限度地代表或反映总体情况;第二种是采用理论驱动抽样方法(theory-driven sampling),也称目的性抽样方法,其目的在于确保所选样本能够尽可能地包含研究中可能涉及的重要因素。前一种抽样方法通常在量化研究或实验研究中使用,后一种抽样方法较多地应用于质性研究,用这种方法选取出来的样本叫"关键案例"。正如费尔斯通(Firestone)所持的观点:质性研究样本选择的重点不在于是否能够代表总体,而在于所选样本是否有利于得出研究问题的结论。[①] 陈向明教授将质性研究采用的这种抽样称为目的性抽样,它能够帮助研究者选取可以为研究问题提供丰富信息的案例,这样的案例叫"关键性案例",从而推动对研究问题的深刻探讨。[②] 因此,本研究在选择研究对象时,采用目的性抽样方法选取案例。

第一,地区的选择。本研究在案例样本数量的确定上,并不像调查问卷那样通过统计学意义上的数据知道选择多少个样本是有效的,更多来自研究者本身的需要和理解。一般来讲,最简单的多案例研究设计是选择两个或多个案例。[③] 研究者基于资源条件(时间、经费以及精力等)、代表性以及地域性等方面的综合考虑,选取东部地区 B 县、中部地区 A 县与西部地区 C 县开展研究。一是因为这三个地方在经济发展水平、社会文化、环境资源等方面差异较大,这些差异可为研究提供更丰富的信息与资料,同时从异质性的案例中也可得出较容易接受的普适性观点与结论。二是这三个地方中既有"县管校聘"国家级示范区,也有非示范区,也就是说既有政策先行者,又有后来学习者,这也意味着他们在城乡教师交流轮岗的政策实践方面必然存在差距,研究这三个地方既可以发现城乡教师交流轮岗政策执行存在的普遍问题,又能从中获取丰富经验。三是研究者在这些地方积累了一定的人脉关系,有利于为研究的顺利开展提供便利条件。恰如费孝通先生在《江村经济》中讲到的那样,他之所以将开弦弓村作为研究对象,非常关键的一个因素就是人际关系——费先

---

① Firestone W. Alternative arguments for generalizing from data as applied to qualitative research[J]. Educational Research,1993(4):16-23.
② 陈向明.质的研究方法与社会科学研究[M].北京:教育科学出版社,2000:103.
③ 殷.案例研究:设计与方法[M].3版.周海涛,李永贤,张蘅,译.重庆:重庆大学出版社,2004:57.

生的姐姐生活在这个地方,能够为他开展研究提供支持与帮助。[①] 此外要说明的是,基于研究者自身精力与能力的限制,无法在全国更多的地方做调查,而这三个地方分别属于东、中、西三个地域,只能通过对它们的考察尽量达到以小见大的效果,以此洞察全国的情况。

第二,学校的选择。学校是城乡教师交流轮岗政策运行的主要场所,所以研究资料的收集过程主要集中在学校。本研究中交流轮岗的城乡教师主要指的是义务教育阶段学校的教师,所以调研的学校只包括小学和初中两个学段。考虑到学校的区域差异、制度文化差异和基础条件差异等都可能会影响城乡教师交流轮岗政策的实施状况,为尽可能获取充足的信息资料,研究者选择的学校包括城区学校和乡村学校。在选择学校的过程中,主要采用了两种方法,一是通过教育行政部门介绍的官方渠道进入学校,这种做法的优点是可以将研究者进入学校的阻力降到最小,无论是在人员选择还是在时间安排方面相对容易,资料获取也更便利。但可能遇到的问题是,学校以为研究者是被派下来检查的人,在参与研究的过程中处于一种被动的配合状态。研究者在察觉到学校人员的这种情绪之后,会再次强调自己的身份与意图,并表明他们可以根据自己的意愿来决定是否继续参与访谈。二是通过滚雪球的方法进入学校,比如在 C 县就是采取这样的策略。具体来说,先确定好一所关键性学校,然后通过这所学校联系符合研究需要的其他类型学校,又通过这些学校再联系其他学校,直到研究资料达到饱和为止。这种做法的缺点是在联系学校的过程中会消耗很多的时间与精力,难以取得研究对象的信任,并且学校容易以各种理由搪塞、打发研究者,研究者在收集资料的过程中非常容易"吃闭门羹"。而一旦学校同意让研究者进入学校,往往表明他们参与研究的意愿较高,研究者要抓住这种机会深入访谈,尽量多方面获取研究资料。在以上原则和方法的指导下,本研究一共调研了 23 所学校,其中 A 县 7 所,B 县 9 所,C 县 7 所,包括 16 所小学,5 所初中,2 所九年一贯制学校。这些学校中既有城区学校,又有乡村学校;既有优质学校,又有普通或薄弱学校,总体来看学校差异较大,符合研究基本需要。

---

① 费孝通.江村经济[M].上海:上海人民出版社,2013:32.

第三，人员的选择。本研究中的具体研究对象包括三类：一是教育行政部门工作人员，本研究中关键性的人员有人事科（股）负责人、教科所人员、教研室人员（见表6-4）。二是中小学校长、副校长或相关负责人，他们负责学校教师交流轮岗的具体落实，掌握着最全面的信息（见表6-5）。三是普通教师，包括交流轮岗教师和非交流轮岗教师，其中主要是参加城乡交流轮岗的教师，由于他们有交流轮岗的经历，能够从他们身上获取更加丰富的信息（见表6-6）。

表6-4 教育行政部门受访对象的基本信息

受访对象	性别	职务	受访时长/分钟
CH-01	女	人事科科长	30
PLX-02	男	教科所所长	63
CXQ-03	男	教研室主任	27
WJD-04	男	人事股副股长	70

注："CH"等字母是受访者姓名汉字拼音的缩写；"01"等数字表示受访者的顺序。

表6-5 学校相关负责人的基本信息

受访对象	性别	职务	受访时长/分钟
SYJ-LHY-01	女	教学副校长	186
DJP-WPF-02	男	教学副校长	73
XJP-LYA-03	女	教学副校长	71
GWMJ-HM-04	男	校长	22
GWMJ-ZLH-05	男	教学副校长	64
GWMP-YHP-06	女	教学副校长	56
ZLP-ZXD-07	男	校长	53
ZLP-WX-08	男	教学副校长	57
TZYP-CRJ-09	女	校长	42
SYP-CJB-10	男	校长	63
SYJ-CZH-11	男	校长	57
RCP-CHG-12	男	校长	82
SHP-CLL-13	男	校长	70
SHJ-JWY-14	男	校长	83
JHP-HQS-15	男	校长	58

续表

受访对象	性别	职务	受访时长/分钟
YSP-CYH-16	男	校长	61
AWP-CRR-17	男	校长	69
DPN-CJB-18	男	校长	51
YDP-YW-19	女	办公室主任	68
NQN-WSL-20	男	校长	68
NQN-YZL-21	女	主任	41
SYJ-ZX-22	男	校长	118
YHLP-SYH-23	女	教学副校长	98
JSP-WY-24	男	校长	86
JSP-LZR-25	女	办公室主任	61
MDC-LG-26	男	办公室主任	57
MDP-YW-27	男	校长	33

注:"SYJ"中的"SY"是学校名称首字母缩写,"J"是单词"junior school"的缩写,表示初中,"P"是单词"primary school"的缩写,表示小学,"N"是单词"nine-year school"的缩写,表示九年一贯制学校,"C"是单词"complete school"的缩写,表示完全中学;"LHY"是受访者姓名汉字拼音的缩写;"01"等数字表示受访者的顺序。

表6-6 教师的基本信息

受访对象	性别	教龄/年	任教学科	职称	受访时间/分钟
T-ZQ-01	女	10	语文	一级	44
T-ZLS-02	女	13	英语	一级	32
T-WQE-03	女	24	政治	高级	53
T-ZMJ-04	女	27	语文	高级	53
T-ZY-05	女	16	语文	一级	30
T-GQ-06	女	21	语文	一级	30
T-WYL-07	女	21	语文	一级	43
T-HYX-08	男	16	科学	一级	43
T-DJH-09	女	22	英语	一级	43
T-WLS-10	女	22	英语	一级	58
T-HGF-11	女	16	英语	一级	29

续表

受访对象	性别	教龄/年	任教学科	职称	受访时间/分钟
T-LYX-12	女	26	科学	副高	50
T-SXZ-13	女	26	语文	一级	32
T-ZLS-14	女	8	数学	一级	44
T-CQ-15	女	10	体育	二级	28
T-HJJ-16	女	18	数学	一级	30
T-CXJ-17	女	21	语文	一级	29
T-WLS-18	女	17	语文	一级	41

注:"T"是单词"teacher"的缩写,表示"教师";"ZQ"是受访者姓名的缩写;"01"等数字表示受访者的顺序。

(三)资料收集的方式

在质性研究中,最常见的资料收集方式包括以下两种:访谈与收集实物资料。[①] 本研究交叉使用这两种资料收集的方式,尽最大可能收集丰富的研究资料。

首先是访谈。此处所讲的访谈与日常谈话不一样,访谈不只是一种沟通方式,还具有一定的目的和规则。在访谈过程中,人们不仅可以通过言语表达自己的意思(locutionary act),还可以通过言语行动来实现某种目的(illocutionary act),如请求、承诺、命令等,同时也能通过言语取得某些效果(perlocutionary act),如影响对方的态度、改变对方的观点等。[②] 访谈包括结构性访谈、非结构性访谈和半结构性访谈三种,通常来讲,后两种访谈方式较多地运用在质性研究中。丰塔纳(Fontana)和弗雷(Frey)认为,非结构性访谈包括下面七个特点:一是进入研究情境,二是理解受访者的语言与文化,三是思考如何呈现自我与表达目的,四是找寻适当的联系人,五是获取研究对象的信任,六是与研究对象建立亲密关系,七是搜集经验资料,这些特点意味着研

[①] Stake R. The Art of Case Study Research[M]. Thousand Oaks: Sage Publications, 1995: 23-27.

[②] 陈向明. 质的研究方法与社会科学研究[M]. 北京:教育科学出版社, 2000:165-168.

究者需要长时间浸润在当地的文化情境中。① 从本研究的实际情况出发,采用非结构性访谈的难度很大,研究者决定采用半结构性访谈。这种访谈方式既有利于帮助研究者聚焦研究问题,又具有开放性和生成性的特点②,比较符合本研究需要。

其次是收集实物资料。实物之所以会被纳入质性研究资料,缘于任何实物都是特定情境、特定文化中特定人群对一定实物的看法的体现,也就是说任何实物都被赋予一定的文化属性。实物资料可以是历史文献(如传记、史料等),也可以是现时记录(如信件、作息时间表、作业等);可以是文字资料(如文件、课本、成绩表单、课表、日志等),也可以是影像资料(如照片、录像、录音、影片、广告等)、平面资料(如书面材料)和立体物品(如陶瓷、植物、路标等)。③ 本研究中的实物资料不仅包括地方和学校提供的有关城乡教师交流轮岗的政策文件、规章制度、交流轮岗名单,还包括工作汇报稿、宣传资料等。所有实物资料都是在访谈对象允许的前提下获得的。

(四)资料分析的程序

资料分析是研究者根据研究目的对获取的研究资料在进行系统化、条理化处理以后,逐步提炼与表达出资料的核心部分,最终达到对资料进行意义解释的目的。④ 虽然质性研究在资料分析方面没有一套固定的、适用于所有情境的规则和程序,但这并不意味着可以对资料进行无规则的创造,而是需要专业的方法与知识指导。⑤ 一般来讲,对研究资料的分析涉及以下几个方面:整理与组织资料、对资料进行逐级编码、归类与综合等。⑥ 据此,本研究的资料分析步骤大致如下。

---

① Fontana A, Frey J. Interviewing: The art of science[M]//Denzin N, Lincoln Y. Handbook of Qualitative Research. Thousand Oaks: Sage Publications, 1994:361-376.
② 周坤亮.教师专业伦理决策研究[D].上海:华东师范大学,2016:17.
③ 陈向明.质的研究方法与社会科学研究[M].北京:教育科学出版社,2000:257.
④ 陈向明.质的研究方法与社会科学研究[M].北京:教育科学出版社,2000:269.
⑤ 沈伟.中国大陆教育质量保障系统中的教研员:H市教研员的角色、身份与能动性变迁的研究[D].香港:香港中文大学,2012:101.
⑥ Bogdan R, Biklen S. Qualitative Research for Education: An Introduction to Theories and Methods[M]. 5th ed. Boston: Pearson Education, 2007:103.

首先，将访谈资料整理、转化为书面文字，在这个过程中进行初步的反思性阅读。研究者保持审慎的态度整理资料，在原始资料中寻找对研究问题有意义的话语，并将其用一些关键词进行初步标识，同时记录下自己在阅读与整理资料时的想法与感受。其次，对访谈资料进行第二次阅读与分析，确定主题关键词，将关键词按照一定的维度进行分类与编码。最后，对关键词进行概念化处理，并进一步从整体上阅读访谈资料，确保能够全面与准确地理解资料。

这里要注意的是，质性研究的资料阅读一般包括三种方式：字面性阅读、反身性阅读和诠释性阅读。字面性阅读主要关注研究资料的形式、内容和结构，研究者"空着脑袋"阅读研究资料；反身性阅读强调研究者发挥主观能动性，对研究资料进行一定程度的反思；诠释性阅读要求研究者对资料进行意义建构，看到资料本身以外蕴含的价值。[1] 在本研究中，研究者在阅读与分析访谈资料的过程中反复运用这些策略。此外，为了提高研究的效率和精准度，研究者借用质性分析软件 NVivo 12 作为资料整理和分析的辅助工具。

(五)研究可靠性的保证

不同于量化研究分别强调研究结果的信度与效度，质性研究更侧重强调研究的效度而非信度，如陈向明所言，"质的研究不认为事物能够以完全同样的方式重复发生，因此目前大多数质的研究者基本上达成了一个共识，即在质的研究中不讨论信度问题"[2]。因而，本部分所说的研究可靠性其实指的是研究效度。效度即研究结果在多大程度上反映了研究对象的实际情况[3]，强调研究效度的目的在于提升对社会现象和问题理解与分析的真实程度[4]。目前，学界公认的提升质性研究效度的方法有侦探法、证伪法、相关检验法、参与者检验法等八种。为保证本研究的可靠性，研究者主要使用了以下几种方法。

第一，参与者检验法。参与者指的是参与本研究的研究对象。这种方法

---

[1] Crabtree B, Miller W. Doing Qualitative Research[M]. Thousand Oaks: Sage Publications, 1999: 127-144.
[2] 陈向明.质的研究方法与社会科学研究[M].北京:教育科学出版社,2000:101.
[3] 陈向明.质的研究方法与社会科学研究[M].北京:教育科学出版社,2000:388.
[4] Golafshani N. Understanding reliability and validity in qualitative research[J]. The Qualitative Report, 2003(4):597-607.

强调通过研究对象对研究资料的真实性、准确性进行判断来提高研究结果的可靠性,避免研究者对研究对象观点的误读或曲解。在本研究中,研究者每次访谈结束后会尽快整理好资料,请研究对象审视资料是否恰当地反映了他们的观点,若研究对象对访谈资料存有异议,研究者严格尊重他们提出的意见,对研究资料重新修改、分析,直至研究对象满意(事实上,在本研究开展的过程中,没有研究对象对访谈资料存有异议)。

第二,相关检验法。这个方法又被称为三角检验法(triangulation),是指采取多样化的方法对不同情境中的研究资料与研究结果进行验证,从而最大限度保证研究的真实程度。[①] 一般来讲,三角检验有四种形式,即资料来源的三角检验(data source triangulation)、分析者的三角检验(investigator triangulation)、理论观点的三角检验(theory triangulation)与方法的三角检验(methodological triangulation)。[②] 本研究主要使用了资料来源的三角检验提高研究的可靠性。一是研究者通过访谈、收集政策文件与结合自身的观察等途径获取研究资料,这样不仅可以收集到丰富的研究资料,还有利于从不同方面对研究资料进行比较。二是研究者选取了不同情境脉络(区域、职务等)的研究对象进行访谈,情境差异有利于研究者从多方面考察与理解城乡教师交流轮岗的现实状况与问题所在。此外,本研究选取了大量的教师与校长进行访谈,有利于从与不同研究对象的交谈中进行比较,获得更加真实的信息,从而在一定程度上提高研究的可靠性[③]。

第三,收集丰富的原始资料。陈向明认为,质的研究应当尽可能收集丰富的原始资料,这些资料不仅包括从研究对象那里得来的资料,还包括研究者在研究过程中记录的田野笔记和备忘录等。[④] 原始资料越充分,研究者越有可能对研究结论做出可靠的判断。在本研究中,研究者在收集资料的过程中,尽可能多地获取相关政策文件,对调研地点拍照记录,访谈结束后及时记录当时的

[①] Creswell J, Miller D. Determining validity in qualitative inquiry[J]. Theory into Practice, 2000(3):124-130.

[②] Denzin N. The Research Act: A Theoretical Introduction to Sociological Methods[M]. New York: Praeger, 1973: 297-313.

[③] 陈向明.质的研究方法与社会科学研究[M].北京:教育科学出版社,2000:401.

[④] 陈向明.质的研究方法与社会科学研究[M].北京:教育科学出版社,2000:405.

情景、心情、感悟等,便于在分析资料时获得足够强的"真实性"。

第四,研究者的个人品性。质性研究中,研究者本人就是研究工具,个人品性是影响研究结果可靠性的关键因素。为了减少研究者的主观思维可能带来的误差,本研究在研究过程中应当做到以下几点:一是找准自己的定位,以局外人的身份进入研究,尽可能多地"悬置"自己的先见观点。二是将反思贯穿研究始终,在研究过程中不断思考自己的分析过程、方法、研究问题、研究伦理与自己的经历等对研究的影响①,尽可能完善研究的每一环节,提高研究结果的准确性与可靠性。

(六)研究的伦理观照

质性研究关注研究者与被研究者之间关系对研究的影响,研究的伦理规范和研究者个人的道德品质一直备受关注。② 通常认为,在质性研究中需要遵守以下几条关键性伦理原则:一是研究对象自愿参与;二是保护研究对象的隐私;三是尊重研究对象并寻求与他们的合作;四是避免研究对象受到伤害;五是共同商定研究活动的时间、地点;六是研究对象有知情权;七是研究者需遵守研究协议。③ 本研究在伦理方面主要遵循以下几点原则:一是知情原则。研究者首先向研究参与者表明自己的身份与研究意图,保证每位研究者知晓本研究的目的与用途。二是自愿原则。在研究对象知情的基础上,根据研究对象的意愿确定其是否参加本研究,避免研究对象带有负面情绪参与研究。三是保密原则。研究者向每位研究对象做出保密承诺,在资料处理与结论撰写过程中统一进行编码处理,人名、地名等真实信息以匿名形式出现,以此打消研究对象的担心与顾虑。四是尊重原则。在每次研究活动开始前与研究对象商量时间、地点等,以不干扰研究对象正常的生活与工作为前提。同时,在这个过程中研究对象可以随时退出。五是适当回报原则。对每位参与和支持本研究的研究对象表示感谢并给予适当回报,向访谈对象赠送了书签、笔记本等

---

① 王晓莉.中国大陆教师理解的专业伦理[D].香港:香港中文大学,2009:83.
② 陈向明.质的研究方法与社会科学研究[M].北京:教育科学出版社,2000:426.
③ Bogdan R,Biklen S. Qualitative Research for Education: An Introduction to Theories and Methods[M]. 5th ed. Boston: Pearson Education,2007: 49-50.

物质形式上的小礼物,还在教师专业发展方面为其提供指导与帮助。

第二节 城乡教师交流轮岗政策执行现状

一、A县:保守与坚持

A县对城乡教师交流轮岗的制度正义抱有怀疑的态度,甚至在某种程度上充斥着普遍悲观的论调。按照富兰(Fullan)等对政策实施取向的划分,可以认为A县的政策执行是一种得过且过的过程,执行部门与执行者对城乡教师交流轮岗政策的预期目标持怀疑态度,他们更多的是避开问题,而不是朝向目标。按照《山西省教育厅关于分解义务教育学校布局优化工作任务的通知》(晋教基函〔2021〕9号)要求,A县计划通过三年时间使全县80%以上的小学集中在乡镇以上,90%以上的初中集聚在县城,消除乡村学校空心化现象,使全县义务教育学校布局更加合理。为此,A县近两年扩建了两所县直初中,新建一所县直小学,同时另一所初中也在筹建之中,以此应对乡村学生城镇化的现象。按照省政府对义务教育学校布局的调整规划,A县还将继续缩减乡村学校数量,尤其是各乡镇初中。"按照县里的规划,咱们县最后只在下面乡镇上留两所初中,其他乡镇的初中就都撤了。"费孝通在《乡土中国》中提道:"中国社会是乡土性的,乡土社会的生活是富于地方性的,他们活动范围有着地域上的限制,生活隔离,各自保持着孤立的社会圈子,是一个熟悉的、没有陌生人的社会。"[①]在这样一个环境中,乡村学校对于文化的传承起到至关重要的作用。然而,乡村学校的消亡正在清除学校教育当中的乡土特质,"去地方化"现象的出现成为必然。在这种情况下,A县的学校领导和教师认为,随着乡村学校的消亡,作为支援乡村学校的交流轮岗不再具有继续实施的必要性。也就是说,城乡教师交流轮岗其实在某种程度上遭到了消解。尽管A县为了保持制度合法性,制定了很多推动城乡教师交流轮岗的文件,但并未发生实质性的

---

① 费孝通.乡土中国生育制度[M].北京:北京大学出版社,1998:9.

制度更新。

首先,在对政策问题的认识方面,城乡教师交流轮岗在 A 县被理解为技术取向下的单向"输血"过程,只有城区教师流向乡村,并未真正实现教师在城乡之间的互动交流,这是 A 县教育部门在综合考虑当地实际情况与政策依赖的影响下做出的最优选择。从内部环境来看,A 县长久以来都陷于教育质量难以提高的困境,存在教师短缺尤其是乡村学校教师短缺的问题,提高教育质量尤其是乡村学校教育质量是 A 县教育改革的主要任务。在城乡二元结构和教育资源不平衡的情况下,教师交流轮岗被视为城乡学校、中心与边缘学校以及优质与薄弱学校之间单向"输血"的一种方式。交流轮岗教师通常具备优质教学经验,并且在进入乡村学校后被寄予在较短时间内解决城乡教育不均衡问题的期望。从外部条件来看,一直以来,我国相关的教师交流轮岗政策从之前的利用鼓励性举措引导城镇教师支援乡村,到如今的城镇教师去乡村任教成为职级晋升的硬性要求,充分体现了支教帮扶性的政策目标。开展城镇学校优质骨干教师支援乡村学校工作,意在通过城镇教师传播先进的教育理念、教学方法与技能,从而帮助乡村教师提高教育教学水平,提升乡村学校办学质量。这种帮扶与支援乡村教育的做法早在 2006 年就开始由国家推动、在地方层面广泛推行,虽然后来出台了专门的教师交流轮岗政策,但是由于教师交流轮岗与教师支教在某些方面具有共同特征,而且在支教政策的惯性影响下,城乡教师交流轮岗通常仍被视为补充乡村学校教师的"支教"活动。可以说,教师交流轮岗政策传承了教师流动政策的支教帮扶思维方式,致使城镇教师流向薄弱学校成为一种常态。在政策执行中,执行者倾向选择与他们已有的信仰和价值观相一致的解释。与外部专家相比,执行者个人的经历与经验在选择执行策略的决策中占更大的比重。

其次,A 县采取了一系列鼓励城乡教师交流轮岗的举措,在很大程度上提高了城区教师流动到乡村学校的积极性。但通过仔细分析可以发现,这些举措实质上是对支教政策的巩固,与真正的制度创新尚有差距。在稳定的组织环境中,教育行政部门与学校习惯照章办事,按部就班,存在求稳怕乱、不愿担风险的思想,一旦感觉到政策实施具有较大难度,就会选择维持现状或表面应付了事。① 政策是有惯性的,就像物理学中的物体那样,一旦开始运行,通常难以改变其状态,因为在政策执行过程中形成了自我增强机制和政策退出成本效应,以及随后产生的政策矩阵网络。教育行政部门在考虑政策退出成本的情况下,倾向继续推行现有政策,并期望在执行过程中单位成本逐渐降低。为了降低政策改革的成本和风险,在政策路径依赖的影响下,A县对教师支教政策进行渐进的修补,使帮扶性流动与政策对象单一化相互强化。有研究者认为,教师交流轮岗对已有政策的路径依赖并不是一种贬义的表达,而是政策改进的一种保守策略,以保证政策的稳定性。② 通过A县的变革情况可以看出,我们不得不承认其虽然在路径依赖的作用下追求稳定,但从长远来看,其创设出的制度环境不利于政策创新。

最后,在对政策结果的认识上,城乡教师交流轮岗只能发挥部分制度正义,主要表现为这项政策重在补充乡村学校教师数量,提高教学质量的作用微乎其微,这也和执行者对城乡教师交流轮岗的政策认识相一致。在推行政策的过程中,无论是教育行政部门还是学校,对这项政策均抱有较低的期待,都将实现交流轮岗要求的数量目标视为核心任务,为了追求硬性指标的合格,制度规定就变成一种"符号暴力"的存在。同时,对交流结果缺乏必要的考核与监督,在制度缺失的情况下,教师可能更多关注的是履职经历换来的个人物质生活保障、福利和前途等,短暂的支教活动给学校改进、教师专业发展、教育教学等带来的影响极其微弱,政策仅仅实现了部分"输血"功能,很难达到"造血""活血"的层面。

二、B县:忠实与激进

B县相对真实地还原了国家层面的政策要求,并在政策变迁的过程中进行了适当调整。作为发达省份的欠发达山区县,B县教育虽然有相对的劣势,但是由于其所处的制度环境较好,为城乡教师交流轮岗政策实施提供了相对有利的执行条件。改革是B县所在省份的主旋律,在很多改革政策推行中成

---

① 雷冬玉.基础教育课程改革预期目标的偏离与调控研究[D].长沙:湖南师范大学,2010:77.
② 仲米领,于宝禄."县管校聘"改革下教师交流轮岗政策对象单一化问题研究[J].教育与经济,2022(4):90-96.

为"排头兵""先行者"。在这样的情况下,执行者对教育改革具有相对敏锐的"嗅觉",政策理解更加准确。

首先,在对政策问题的认识方面,B县在很大程度上受制度环境的影响,将城乡教师交流轮岗与教育共同体建设任务相联系,对交流轮岗的理解不再停留在简单的支教层面,而将其视为教育共同体建设的重要任务和举措之一。教育共同体建设是我国教育改革的一个重要方向,其核心思想是以学校为基础、教师为主体,以教师合作、资源共享为特征,促进优质教育资源在地区和学校之间的均衡分配,提高教育质量和公平性。实施城乡教师交流轮岗不仅是为了满足乡村学校教育资源的需求,更是为了促进教育公平的实现,推动教育质量提高。这种对政策的理解和认识,使B县在执行城乡教师交流轮岗政策时更加注重政策的效果和实际意义。同时,由于B县所在省份是我国多项教育改革的先行区,已经积累了丰富的改革经验,在社会上获得了相对高的评价与肯定。出于对自身合法性身份的认知与维护,政策执行与基层政府的利益总体保持一致,执行者的行动意愿相对较高。

其次,在执行策略的选择上,B县出于对自身合法性身份的认知与维护,通常对政策有较高的认同度,会倾向将政策文本忠实地付诸改革实践。其中,主要存在两种行动逻辑:积极转化与基层共谋下的消极变通。一方面,B县在执行城乡教师交流轮岗政策的过程中,受多任务制度情境的影响,积极转化政策目标并在合法性范围内采取相应的行动策略。B县的城乡教师交流轮岗与共同体建设紧密关联,并且将前者视为教育共同体建设的举措之一,甚至将教师交流轮岗局限于教育共同体内部,从而达到"一石二鸟"的目的。另一方面,基层部门位于政策执行组织体系末端,需要同时完成多个政策任务,但受各种因素的限制,常常需要对政策的优先次序进行排列,并采取不同的策略进行变通执行。针对多项任务的执行情境,上级机构对政策项目设计的激励和问责水平成为影响基层部门政策执行策略选择的关键因素。为了获取奖励激励和避免惩罚问责,基层部门会比较不同政策项目之间的激励和问责水平的差异,并将需要同时执行的多个政策项目划分为不同类型,确定各政策的优先级和行动方向,以选择相应的变通策略,协调资源差异。虽然B县教育行政部门和学校都认同"县管校聘"作为促进优质师资流动的政策价值,但在实际操作中,由于理解的偏差、教师不愿意交流、学校担心损失优质师资等多重原因,在教育行政部门和学校基层共谋的作用下,"县管校聘"最终沦为淘汰师资的手段。我国的政策执行制度情境与西方国家不同,以目标考核制为核心,建立了一套推动基层部门政策行动的制度安排,目标考核成为管理基层部门的重要方式,同时也是运转压力型体制的重要手段。在保证过程合规性和程序正当性的基础上,全力释放一种"全力执行、严格落实"的信号,避免出现根本性的政治问题,将上级部门的问责控制在可接受的范围内。[1] 现有的政策运行系统中,各级教育行政部门主管惧于承担政策风险和责任,在选择执行策略时"唯上唯原",很难做到人性化执行与合理变通。

最后,在对政策结果的认识方面,政策效果受政策执行力度的直接影响,城乡教师交流轮岗政策在 B 县的效果喜忧参半。从 B 县城乡教师交流轮岗的实际样态来看,政策行动呈现出忠实执行的表征,政策效果也非常容易体现出来。在教育共同体建设的任务导向下,交流轮岗成功与否最终应取决于教师进入学校后能否用得上、用得对、用得好,能否人尽其才、物尽其用。无论是城区的派出校还是乡村流入校,在选择轮岗教师时都尽量选派优质教师,以此谋求学校可以在政策中获益。B 县的城乡教师交流轮岗尽量以外援型机制为辅助手段,以内生型机制的形成为最终目的,充分发挥轮岗教师的示范引领作用,从优秀师资平移到优秀师资创生,促进流入学校教师专业发展,自力更生,实现内生性造血功能。但通过对访谈资料的分析可以看出,政策结果离实质效益还是有很大差距的,尤其是在对"县管校聘"的理解与实践上,存在明显的"政策失败"特征。有研究者认为,以效率为唯一中心,我们将难以充分承担民主责任,因为我们几乎只关注如何用最小的成本达到既定目标,而忽略了促进社会价值的表达。[2] 所以,尽管"县管校聘"可以有效推动教师流动,但如果我们去适当了解,就会发现目前极力追求的目的居然与教育均衡的理想是大相径庭的。

---

[1] 吴克昌,唐煜金.权衡于奖惩之间:多任务情境下基层部门政策执行策略的选择逻辑[J].公共行政评论,2022(6):42-62,197.

[2] 丹哈特.公共组织理论[M].项龙,译.北京:华夏出版社,2002:165.

三、C县：自主与稳健

C县在推行城乡教师交流轮岗运行的过程中，积极探索"县管校聘"和城乡教师交流轮岗的关系，形成了具有贴近国家要求、体现本土特色特征的行动策略。虽然C县具有显著的城乡差异特征，但其城市化水平相对较高，这为推行城乡教师交流轮岗提供了相对便利可行的客观条件。同时，作为第一批"县管校聘"改革国家级示范区，C县经过多年的实践打磨，在城乡教师交流轮岗的运行方面形成了一套有较高认可度的行动逻辑。

首先，在对政策问题的认识上，提高C县城乡教育均衡程度是教育改革当务之急。C县具有明显的"小城市、大农村"的地域特征，农村占地面积约占总面积的90%以上，这成为桎梏其教育发展的重要原因。同时，农村与农村之间的发展水平也参差不齐，有些地区交通比较便利，有产业、工厂为当地人口提供就业机会，经济条件相对较好，有利于获得高质量的教育资源。然而，仍然有很多偏远的农村地区，交通不便、经济落后、教育发展水平不高。也就是说，C县不仅有城乡发展不均衡的问题，农村之间也存在明显差异，教育发展水平高低不等。所以，在调研过程中有校长说："只有农村的教育好了，我们的教育才能真正好起来。"对于城市化水平较高但城乡教育差异较大的C县来讲，利用教师交流轮岗提高城乡教育均衡水平是合乎情理的。

其次，在执行策略的选择上，与A县和B县不同，C县在稳定的原则上采取了多样化的交流轮岗形式。在B县，"县管校聘"被理解为一种特殊的教师交流轮岗形式，而在C县则完全相反，城乡教师交流轮岗被认为是"县管校聘"管理体制下的教师流动形式之一。就如有校长提到的那样："我们这里的教师交流都是在'县管校聘'框架之下进行的，教育行政部门根据各个学校的需求合理分配教师，具体的实施方法主要有交流、走教、互派顶岗，总的来说就是相互交流。"目前，全国范围内的"县管校聘"改革还处在试点探索阶段，在制定和执行政策时缺乏相对成熟的、可供学习的经验。C县作为"县管校聘"改革的国家级示范区，在强大的执行压力作用下，为了尽可能规避"县管校聘"政策运行中的风险，政策执行者与目标群体共同制定了一套由他们共同承担责任的"稳健式执行"的行动模式。尽管不同层级的执行者在"县管校聘"政策网络中拥有不同的角色、资源、位置和权力,也会采取不同的行动策略,但是他们都追求一个共同的行动目标,即实现政策的平稳运行。需要说明的是,"稳健式执行"并非一个带有贬义的词汇,不等同于政策执行的失败,政策执行成功与否应该根据执行结果做出评判。由此,在"稳健式执行"的行动框架下,C县尽量采取多样化的交流轮岗方式推动教师在城乡间的流动,政策执行者尽最大可能尊重教师的自主意愿,确保程序正义。

最后,对于城乡教师交流轮岗的政策效果,有访谈者表示:"我们教师交流做得很好,获得了国家级奖项,当时局里领导去教育部汇报过的,周边很多地方都来我们这里取经学习。"衡量政策效果的标准有很多,获得外部尤其是官方认可无疑是具有绝对权重的指标。也就是说,外部感知是影响基层执行者认定政策执行成功与否的重要因素,"追求卓越"也成为C县教育改革的强大动力。与A县和B县不同的是,C县虽然具有明显的城乡二元结构特征,但是其城市化发展水平较高,农村教育质量与A、B两县相比具有明显优势。从调研情况来看,C县在"县管校聘"体制保障下采取了多样化的交流轮岗方式,无论是城镇教师去农村支教,还是农村教师在城区顶岗,虽然所占比例很小,但多样化的交流轮岗方式在很大程度上盘活了县域内教师存量,优化教师分配,满足缺编学校需求,有利于促进城乡教育一体化建设进程。但是需要注意的是,C县的教育改革仍然是不彻底的,比如交流轮岗虽在"县管校聘"体制下运行,但实际采取的是"人走关系不动"的模式。在这种情况下,无论是对教师来讲还是对学校来讲,去农村支教只是满足某些需求的暂时性应对措施,而在城里顶岗则有机会成为优化未来的长远之计。如果将视线拉长,这样的行动策略虽然有利于"活血",但是对均衡城乡教育的"造血"效果并不明显。

第三节　城乡教师交流轮岗政策执行的影响因素

一、政策特性

马特兰德在解释与评价自上而下和自下而上两种政策执行分析视角后,

开创性地提出了模糊—冲突模型,从模糊性视角为政策执行研究提供了新的思路。在马特兰德看来,政策模糊性包括目标与手段的模糊,指的是政策问题、目标与工具不明晰。[①] 很多学者认为,政策的模糊性不存在"有没有"的问题,只有程度高低的问题。政策的模糊性为执行者理解政策创造了很大的空间,可以在一定程度上避免政策规定过死而造成的"一刀切"问题,软化或钝化政策反对者的抵制,为执行者灵活采取应对策略提供了支持,也为理解国家治理的复杂性提供了积极视角。但是,政策模糊性在调动执行者主观能动性的同时也会造成执行中的诸多问题,比如模糊不清的政策信号降低了政策应具备的规范功能,容易引起机会主义的投机与侥幸,异化政策功能与目标,导致政策资源配置错位,从而增大社会治理的风险。[②] 比如,"县管校聘"究竟如何与城乡教师交流轮岗有机结合,还没有值得推广的非常好的实践案例,B县执行者在模糊性指导下将其视为末位淘汰制。

基于政策的模糊性特征,城乡教师交流轮岗政策执行过程必然经历由抽象到具体的演绎逻辑。也就是说,必须对这一政策做出必要的、符合本土情境的解释。然而,城乡教师交流轮岗政策作为一项二次分配政策,很难完全满足所有人的利益需求,必然隐藏着与实践的潜在冲突,既有与不同组织机构的冲突,也有与学校和教师的冲突,还与大规模的撤点并校改革也存在冲突。对于不同的地方来讲,政策冲突表征与强弱有所区别,会影响基层执行者生成不同的政策态度与采取不同的行动策略。

二、个人认知

在日益复杂的环境中,任何人都可以运用自身的经验和观点参与政策问题的构建,这意味着每个人都是专家,但也都无法完全成为专家。政策问题的构建已经不再是单向度的诉求,不可避免地受人们的切身感受、偏好和主观价值判断的影响。因此,政策问题在一定程度上具有社会性和主观性,不是"客

[①] Matland R. Synthesizing the implementation literature: The ambiguity-conflict model of policy implementation[J]. Journal of Public Administration and Research, 1995(2): 145-174.
[②] 韩志明.政策执行的模糊性及其治理效应[J].湘潭大学学报(哲学社会科学版),2018(4):30-35.

观"存在。基层解释对政策执行方式具有深刻影响,执行者基于自身信念和实践经验对政策进行解释,并且建构出对政策独特的理解,进而影响他们在政策执行中的决策和行动。[①] 当然,这些认知经验可能是执行者在多年基层工作中的亲身经历,也可能是替代性经验。

就前者来讲,比如A县虽然认为城乡教师交流轮岗应该达到双向流动的层面,但在执行过程中仍然采用过去的支教模式。不可否认,城镇教师支援乡村教育确实为乡村学校注入了新鲜的血液,在一定程度上可以起到以城带乡的作用,但同时非常容易造成对城乡教师交流轮岗的思维固化,也就是路径依赖。[②] 在路径依赖的影响下,城乡教师交流轮岗政策在传统教师流动政策的基础上得到渐进式的保守修补,以保持政策的稳定性。虽然城乡教师交流轮岗政策传承了教师流动政策的支教帮扶思维,但对口支援是城乡二元结构思维,不符合城乡一体化治理和公共服务均等化的新形势。[③] 对于A县执行者来讲,在巨大的考核压力下,"不做总比错了好",采用传统的支教方式是一种最为稳妥的策略选择,这样也可以减少变革成本。

除了自身经验带来的认知,城乡教师交流轮岗政策执行也受替代性经验的影响。比如意在破除城乡教师交流轮岗体制障碍的"县管校聘",在实践中被异化理解为一种末位淘汰的交流方式,在教师心中竖起"不好好干就要被淘汰到乡下"的警示。对于"县管校聘"这项政策,A县一直持观望态度,尤其在听闻邻近县实施"县管校聘"后遭遇的负面反馈,为了避免类似制度变革带来的麻烦,便没有在学校层面开展这项改革。

三、组织情境

政策的形成与实施总是发生在一定的组织中,对政策情境的考察其实就是对组织环境的分析。政策执行者长期处于改革一线,更了解社会现实状况,在执行政策的过程中会不自觉地将顶层制度设计与当地改革中存在的问题关

---

① Spillane J. Congnition and policy implementation: District policymakers and the reform of mathematics education[J]. Cognition and Instruction, 2000(2):141-179.
② 仲米领,于宝禄."县管校聘"改革下教师交流轮岗政策对象单一化问题研究[J].教育与经济, 2022(4):90-96.
③ 袁桂林.如何防止城乡教师交流轮岗制度空转[J].探索与争鸣,2015(9):87-90.

联起来,也就是说会对政策问题进行"在地化"理解与诠释,提高政策执行的可能性。以斯科特为代表的新制度主义学派认为,组织环境可以分为技术环境与制度环境,前者要求效率,按最大化原则组织生产;后者要求合法性,虽然这可能降低效率,但是合法性本身能够提高组织的生存能力。在不同的部门中,技术环境与制度环境之间的关系也有很大的差异[①],二者并非一直处于相互排斥的状态,它们实际上在某些时候是可以一致共存的。越来越多的研究证实,教育组织越来越只愿意制定和传播那些被证明是有效率的规则,而不是大量制定那些只有合法性的规则。[②] 就本研究的发现而言,影响城乡教师交流轮岗政策执行的组织情境因素主要包括以下三方面。

一是地区经济发展水平。师资失衡是教育不均衡的表现之一,而不是其原因,造成教育不均衡的关键是区域经济发展水平不均衡。从前文的分析中可以发现,作为城市化水平较高的C县的城乡教师交流轮岗政策运行状况优于A县和B县,位于发达地区的B县的政策执行情况与A县相比又相对有优势。所以,我们不能忽视地区经济发展水平对城乡教师交流轮岗政策的影响,社会经济发展水平会影响教育资源的分配情况。一般来说,发达地区的城市更加繁荣发展,其拥有更加丰富的教育资源,包括教育设施和教师队伍等方面,教育均衡化程度更高,城乡教师交流轮岗相当于锦上添花,接受程度较高,运行阻力相对小。

二是正式制度资源。政策执行过程与结果在很大程度上受制度资源充裕程度的影响。如果没有充足的制度资源,政策的实施是不可能的,其结果一定是非常糟糕的。[③] 研究者常常将造成执行差距的原因归结为权力的碎片化、政府之间的关系、政府自主性等,他们认为在政策执行过程中,地方利益的重要程度可以超越中央,或者地方政府的自主性可能强大到中央难以左右的程度。然而,他们很少思考这些因素发挥作用的前提条件,所以也就没办法解释政策

---

① 闫引堂.新制度主义的发展:领域拓展还是理论深化?——评迈尔和罗万主编的《教育中的新制度主义》[J].北京大学教育评论,2010(2):168-177.
② 陈先哲.学术制度变迁下学术人员的行动逻辑:理论框架与多案例研究[J].教育发展研究,2016(7):9-16,30.
③ 朱玉知.环境政策执行模式研究——基于模糊—冲突模型的比较案例分析[D].上海:复旦大学,2015:67.

执行过程的复杂性和多变性。与 A 县相比，B 县和 C 县拥有更完善的制度资源，比如教育共同体的建设、学区制等，为他们推行城乡教师交流轮岗提供了相对便利的平台与渠道，而缺乏这种制度保障的 A 县在执行城乡教师交流轮岗政策的过程中就显得有些吃力，并且交流轮岗渠道单一，成效甚微。此外，A、B、C 三县都缺乏对城乡教师交流轮岗的评价制度，从而难以激励与制约教师在交流轮岗过程中的表现与行为。

三是作为非正式制度的人情关系。中国社会是一个讲人情、看面子的社会，人情与面子对社会运作产生的影响不可估量，很多人通过这种非正式制度获取社会资源与支持，然而正式制度与规则的权威同时遭到了践踏。① 在人情社会中存在纷繁复杂的关系，这些关系的存在导致人与人的交往互动并非出自本真意愿，在某种程度上可以认为是义务性服从。② 县域内的城乡教师交流轮岗制度运行也处于复杂的关系网中，部分教师可以利用关系选择去不去轮岗或者去哪里轮岗，比如 B 县有落聘教师通过关系逃避去农村学校轮岗。有时候，人情关系的力量甚至会影响教师在交流轮岗学校的表现，直接关乎政策效果。学校往往出于维护关系的需要，选择放弃制度，就像 A 县有校长提到"不敢惹"作为局长夫人的轮岗教师。

第四节　城乡教师交流轮岗政策执行的优化路径

一、完善政策内容

政策执行的第一个环节便是对政策问题的解构，是将政策问题还原为现实问题的过程。著名政策分析专家邓恩说："对问题的建构优先于对问题的解决。"③公共政策问题普遍都要经历"私人问题—社会问题—公共问题"的转化

---

① 翟学伟.人情、面子与权力的再生产——情理社会中的社会交换方式[J].社会学研究,2004(5):48-57.
② 翟学伟.中国人的关系原理:时空秩序、生活欲念及其流变[M].北京:北京大学出版社,2011:70-72.
③ 邓恩.公共政策分析导论[M].4 版.谢明,等译.北京:中国人民大学出版社,2011:166.

过程,在这个转化过程中,不同的群体在其独特的价值观、利益诉求、意识形态等因素的影响下,可能会对同一个问题产生不同的认识,即使面对相同的现象,不同群体间的认知也可能存在巨大差异,并凝结成不同的利益需求,也就是说,对于某些群体比较重要的政策议题,在其他群体看来可能是无足轻重的。① 对政策问题的认识与解构主要来自对政策文本的理解,因而,完善城乡教师交流轮岗政策的内容是今后值得关注的重要课题。

第一,倡导全员轮岗。当前,我国实行的城乡教师交流轮岗以城区教师向乡村学校流动为主,很大程度上是为了满足部分教师职称评审中基层服务年限的需要。这种情况下的交流轮岗虽然在一定程度上可以增强乡村教师队伍实力,缓解乡村教师短缺的问题,但是由于交流轮岗时间短、个人目的性强,无法从根本上改善乡村教师队伍建设。同时,由于缺乏乡村教师"向城性"流动政策,很难实现乡村教师地域性资本的再生产,这导致乡村教师流失,给乡村学校带来实质性的不公平。要转变少部分人的交流轮岗为全员轮岗模式,实施城乡双向交流,将全员交流轮岗变为常态化的工作,促进城乡师资的均衡配置,并且最大限度地满足教师资本再生产的需求。

第二,完善"县管校聘"政策。"县管校聘"旨在打破教师校际交流的体制性阻隔,该项制度的有效实施有利于教师定期交流制度的顺利运行。但是,现有政策中对"县管校聘"的具体实施细则不详,表述模糊,缺乏可操作性。到目前为止,"县管校聘"政策均是零散地分布在各种文件之中,缺乏精准性和可操作性。基层教育部门工作人员和专任教师对政策缺乏深入了解,实施者存在理解偏差,使政策落实存在问题。有些地区甚至出现政策扭曲,如 B 县将"县管校聘"改革直接理解为末位淘汰,违背了改革初衷。然而,B 县的做法只是众多县域的代表之一,如果不规避其中的风险,最终"良心政策"极有可能会沦为"凉心政策"。所以,应当尽快完善"县管校聘"政策,对交流轮岗教师的编制设置、薪酬待遇、职级晋升、教研培训、评价激励以及督导等制度做出规范性说明,减少政策目标模糊性对基层政策制定者和执行者的负面影响。

第三,完善城乡教师交流轮岗评价制度。虽然 A、B、C 三县以多种方式开

---

① 高远飞.我国民办高等教育政策系统的优化研究——基于公共政策过程的分析[D].昆明:云南大学,2020:50.

展城乡教师交流轮岗工作,但是均缺少对于交流轮岗评价指标的规定,往往以交流人数作为政策执行的评估标准。其实,这样的评价方式仅仅是对城乡教师交流轮岗"有和无"的简单判断,而无法衡量政策结果是否达到预期目标以及在多大程度上实现了预期目标,不利于科学地评判与改进城乡教师交流轮岗政策执行。合理完善的评价制度可以在一定程度上为政策行动提供有效保障,对城乡教师交流轮岗政策执行的评价应该是一项科学严谨、细致严密的工作。[1] 针对目前评价机制不完善的实际,建议今后研制科学可行的评价指标体系,从交流轮岗教师到学校,再到教育行政部门,实施全程、全面、全员监测,不断完善城乡教师交流轮岗的评估、激励和问责机制。同时,通过分析评价结果,进行及时反馈与有效应用,将评价环节转化为推动城乡教师交流轮岗顺利运行的关键举措。

二、关注基层执行者

政策执行的好坏在很大程度上依赖政策执行者,身处一线的基层执行者深刻地影响着政策目标的达成。[2] 政策执行者作为具有极高主观能动性的人,在面对一项新政策时,他们并不能完全且快速地进入政策设计者制定的"彼时"状态,更不是机械地执行政策,而是从自己的脚本出发对政策制定者的意图进行诠释与理解。斯皮兰认为,一个人先前的知识与经验,包括对世界如何运作的默认期望和信念,是作为一个透镜存在的,其可以影响个人在环境中注意到的事物如何被处理、编码、组织与解释等系列活动。在政策执行过程中,执行者个人的经历与经验在选择执行策略的决策中占更大的比重,他们更倾向选择与他们已有的信仰和价值观相一致的解释,A、B、C三县政策执行者的行动策略均体现了这一特征。

在政策执行过程中,政策文本不可能传达单一的信息与意图,每个政策行动者都会从政策文本中捕获到不同的信息,也就是必然会发生政策解构,这意味着政策行动者基于自身的认知情况解读政策,形成自己的行动策略。那么,

---

[1] 李奕,赵兴龙.新时代教师交流轮岗的新发展[J].教育研究,2022(9):130-137.
[2] 刘鹏,刘志鹏.街头官僚政策变通执行的类型及其解释——基于对H县食品安全监管执法的案例研究[J].中国行政管理,2014(5):101-105.

政策制定者原先在政策文本中建构的思想在执行过程中可能受到"摧毁"与获得重建。在城乡教师交流轮岗政策运行过程中,基层本土认知逻辑与国家建构逻辑之间常常存在相互抵触的情况。在这种情况下,不能只强调政策文本的解读和执行,而应该从各方利益出发,承认他们对政策文本的不同解构方式。关键问题是要在充分研究和理解基层解构政策逻辑的基础上,在政策制定和完善过程中将国家和基层的理念融合起来,深入剖析基层执行者与目标群体、政策是如何互动的,思考如何通过实践策略实现政策再塑,让更多的主体受益,加强政策与基层组织之间的联系,从而产出更好的政策效果。今后,需要进一步将视线放在基层执行者对文本的解构过程上,只有了解了他们如何解构与重构政策,才能更好地理解城乡教师交流轮岗运行过程与结果。

三、优化组织环境

政策执行与其周围的社区甚至整个城市有着密不可分的联系,这种相互依赖意味着在政策运行过程中,需要在一个更大的、跨系统的区域场景中进行思考。为了促进城乡教师交流轮岗的制度化运行,需要关注组织环境的支持,今后应注重从以下三方面改进。

第一,营造持续性的改革氛围。在调研过程中,研究者经常听到被访者这样讲:"支教工作已经做了很久了,算是我们的常规工作,不是现在的重点任务。"实际上,这反映了基层执行者的运动式行动逻辑。目前,基层政府的工作以"运动"为主,而常规工作分量较轻。他们最常用的术语是"中心工作",而各部门的常规工作则被视为"业务工作"。中心工作往往就是"运动",而"业务工作"则必须服从"中心工作"的安排。① 有研究者指出,如果一项改革得不到政府的持续性支持就很难持久地开展下去,改革很可能因为政府经费的撤离而失去活力,进而影响政策执行的实际水平。② 事实上,改革氛围在很大程度上影响执行者的态度与积极性。为了扭转基层执行者对城乡教师交流轮岗"可有可无"的态度,应定期加强政策宣传与学习,调动执行者的参与积极性,营造

---

① 赵树凯.乡镇治理与政府制度化[M].北京:商务印书馆,2010:272-273.
② 屠莉娅.课程改革政策过程:概念化、审议、实施与评价——国际经验与本土案例[D].上海:华东师范大学,2009:201.

良好的环境氛围。

第二,处理好与其他政策的关系,减少执行冲突。在调研中发现,各地都存在城区学校从乡村学校选聘教师的做法,从某种程度上讲,这种招聘方式会动摇乡村教师安心从教的决心,进而对乡村教师队伍建设产生不良影响。乡村学校被视为师资实习与培训基地,很多新手教师在这里得到锻炼与成长,然而他们一旦发展成熟,就会被城区中小学争相挖掘,这将加剧城乡师资不均衡与教育不公平。同时,这样的做法也和城乡教师交流轮岗相矛盾,对教师轮岗和城乡教育一体化建设产生消极影响。政策冲突带来的可预见性的后果,不得不引起管理部门的注意。处理好政策之间的关系,在统筹协作中最大限度地发挥各项政策的作用是今后值得注意的地方,尤其是教师编制、招聘等政策与城乡教师交流轮岗政策的对接与优化。

第三,构建教育共同体,搭建交流轮岗平台。当前的城乡教师交流轮岗是一种不彻底的交流,教师并未真正实现从"学校人"向"系统人"身份的转变,比如C县所呈现的结果。要想实现"系统人"的身份观念,需要一定的制度保障,比如"人走关系动"。然而,推行教师"人走关系动"会面临多方阻力,所以执行者不愿选择虽然政策效率高但很可能受到政治对抗的政策工具。相反,他们比较倾向于那些相对容易的执行工具,虽然政策效果可能不理想,但是可以在很大程度上避免政策对象的抵抗以及潜在的政治风险。从目前的实践效果来看,集团(学区)内学校的交流轮岗效果相对较好,这也是B县和C县的执行力度远远大于A县的重要原因。今后,应大力推行教育共同体建设,将其作为推进义务教育优质均衡发展的主要形式与国家基础教育改革发展的重要举措,减少城乡教师交流轮岗的制度障碍,为顺利推动制度运行提供平台与渠道。

第七章 乡村教师政策执行的经验与反思

第四章、第五章、第六章对三类典型的乡村教师政策——乡村教师补充政策、乡村教师待遇政策、城乡教师交流轮岗政策的执行情况进行了不同程度的考察,用案例的形式呈现了这三类乡村教师政策执行的成效、问题及可能存在的原因,在对这些问题形成一定认知和理解的基础上,提出相应的对策建议。为了回答本书开篇所提的问题,研究者将在本章基于对前面三类具体的乡村教师政策执行情况的实地考察,力求超越案例研究碎片化与个性化的局限,全面总结近年来乡村教师政策执行取得的总体成效,同时对政策运行过程中出现的问题进行深层反思,就如何推动乡村教师政策有效执行提出相对可行的对策建议。同时,结合时代发展特征与要求对乡村教师政策执行提出展望,进一步升华研究主题的一般性意义。

第一节 乡村教师政策执行成效

《国家中长期教育改革和发展规划纲要(2010—2020年)》明确提出以农村教师为重点,提高中小学教师队伍整体素质;对长期在农村基层和艰苦边远地区工作的教师,在工资、职务(职称)等方面实行倾斜政策,完善津贴补贴标准;建设农村艰苦边远地区学校教师周转宿舍;对在农村地区长期从教、贡献突出的教师给予奖励等政策要求,在该纲要的总体部署下,国家发布系列政策文件与规章制度,比如《乡村教师支持计划(2015—2020年)》《中共中央、国务院关于全面深化新时代教师队伍建设改革的意见》《教育部等六部门关于加强新时代乡村教师队伍建设的意见》等,乡村教师队伍建设的顶层设计不断优化,政策内容得到不断完善和扩展。在系列政策的指引和倡导下,国家进一步抽丝剥茧、层层深入,将注意力逐步下移到村庄学校、教学点教师队伍建设,聚焦最薄弱地区的乡村教师队伍建设,通过重点加强师资补充、强化工资待遇保障、激活管理和不断提高质量等途径,有效缓解了乡村教师"下不去""教不好""留不住"的问题,促进乡村教师队伍建设体系的不断完善。可以说,我国乡村教师政策实践已经取得阶段性成果,城乡师资差距进一步缩小,教师队伍正向结构优化、专业提升的内涵式、高质量发展的方向与重心转变。

一、培养培训体系不断健全

首先,乡村教师培养体系不断健全。针对乡村教师数量不多、质量不高等问题,国家相继出台了多个政策文本,乡村教师补充渠道得到极大丰富与拓宽,培养方式得到进一步完善,培养质量得到提高。2022年教育部统计数据表明,已有215所师范院校、500多所非师范院校进行教师培养。[1] 与之相应地,乡村教师培养规模也进一步扩大。近年来,我国已建立起统筹规划、统一选拔的乡村教师补充机制,例如第四章提到的"特岗计划"、"三支一扶"、公费师范生、定向师范生等,以基于乡村、面向乡村、服务乡村的本土化、全科型、公费培养作为乡村小学教师补充的主渠道,为乡村学校输送大量有乡土意识和乡土情怀的教师做出了有益探索,在很大程度上促进了乡村教师队伍整体面貌的改观。其中,定向培养政策利用契约机制、本地化机制吸引高校毕业生到岗留任,通过地缘关系增强乡村教师对本乡本土的地域认同和文化认同,从而增强其在乡村任教的稳定性和教育质量适应性。基于这一政策现实基础的显著优势,教育部直属师范大学与地方师范院校不断加大定向师范生的培养力度,从源头上改善中西部欠发达地区中小学教师队伍质量。[2] 近年来,湖南、江西、广

---

[1] 任友群,杨晓哲.新时代乡村教育的强师之路[J].中国电化教育,2022(7):1-6,15.
[2] 教育部等九部门关于印发《中西部欠发达地区优秀教师定向培养计划》的通知[EB/OL].(2021-08-02)[2024-01-26].http://www.moe.gov.cn/srcsite/A10/s7011/202108/t20210803_548644.html.

东等地先后出台相关政策,由省级、市级地方政府与师范院校合作,实施定向招生、定向培养、定向分配的师范生培养模式,取得了良好效果,积累了宝贵经验。① 2021年7月,教育部等九部门联合推出的《中西部欠发达地区优秀教师定向培养计划》,每年为832个脱贫县和中西部陆地边境县定向培养近万名本科层次师范生。报考该计划的考生十分踊跃,生源质量良好,85所培养院校的26个专业在2021年招录师范生总数达9530人。② 这一结果不仅说明乡村教师职业的吸引力不断增强,还表明近年来乡村教师培养政策实施取得显著成效。

其次,乡村教师培训体系不断健全。乡村教师培训是促进乡村教师专业发展的重要手段。从2010年的《国家中长期教育改革和发展规划纲要(2010—2020年)》到2013年的《教育部关于深化中小学教师培训模式改革全面提升培训质量的指导意见》,再到2015年的《乡村教师支持计划(2015—2020年)》、2020年的《教育部等六部门关于加强新时代乡村教师队伍建设的意见》等一系列教育政策看,从"深化中小学教师培训模式改革"到"按照乡村教师实际需求改进培训方式",再到"长期跟踪、终身支持乡村教师专业成长",体现出国家以提高乡村中小学教师质量为整体思路,以提高乡村教师的能力素质为重点,以改进乡村教师培训方式为抓手,最终促进乡村教师实现可持续专业发展。数据显示,2015—2018年,中央财政共投入86亿元,培训教师785万余人次,各级地方政府也开展了多种形式的乡村教师培训,培训规模和实效性不断提高,92.69%的调查对象对远程培训以外的培训内容给予积极评价。③ 针对乡村教师的短板和弱项,国家在2010年启动"国培计划",将乡村小规模学校教师培训列为单项,即"中西部农村骨干教师培训项目",包含置换脱产研修、短期集中培训和远程培训等形式,从此开始有计划地组织乡村小规模学校教师进行全员培训。"国培计划"实施以来,国家层面陆续提出若干相关培训

---

① 庞丽娟,金志峰,吕武.全科教师本土化定向培养——乡村小学教师补充的现实路径探析[J].教师教育研究,2017(6):41-46.
② 任国平,程路.以高质量教师队伍支撑高质量教育体系建设——访教育部教师工作司司长任友群[J].人民教育,2022(5):29-32.
③ 李廷洲,陆莎,尚伟伟,等.社会网络建构下的乡村教师政策执行研究[J].中国教育学刊,2020(7):50-55.

方案，极大地补充和丰富国培体系。有研究显示，2018年、2019年两年"国培计划"在促进乡村地区教师知识、技能、能力、教育观念等专业发展维度方面取得较明显的成效，且四个维度的所有指标在2019年比2018年均有显著的增长，表明国培项目在促进乡村教师专业发展方面取得显著成效。[①] 2020年，国家结合实际情况及时调整"国培计划"策略，《教育部办公厅、财政部办公厅关于做好2020年中小学幼儿园教师国家级培训计划组织实施工作的通知》在培训内容方面强调要"因地制宜开展在线教学培训。实施教师在线教学能力提升行动，已经或计划开展在线教学的省（区、市），要通过线上培训帮助教师掌握所选用平台的使用方法，加强教师在线教学方法和信息技术应用研修。设置心理疏导调适、疫情防控知识、健康卫生教育、信息安全、学生视力保护等培训专题。将家校合作纳入教师培训内容，推进生命教育、感恩教育、责任教育融入家庭教育"。总的来看，在"国培计划"的示范引领下，目前我国基本上形成了国培、省培、市培、县培以及校本培训五级完整的培训体系，有机融合线下培训、在线培训、混合式培训等多种形式，推进乡村教师培训逐渐向精准化、内涵式发展迈进，有效地提高了乡村教师队伍的业务能力和整体素质。

最后，培养培训一体化的完善。教师专业发展理论强调，教师作为持续发展的专业群体，必然经历一个由逐渐成熟到自主发展的漫长成长过程，这一过程集连续性、动态性与终身性于一体，需要在具体分析各专业发展阶段存在的现实问题与实际需求的基础上进行教师教育的整体规划和一体化设计。[②] 缺乏有效衔接的职前培养和职后培训严重制约着乡村教师专业发展，建立切合乡村教师实际发展需求的培养培训体系，是实现乡村教师"能发展"和"发展好"的关键。[③] 其实，在21世纪初我国就已经强调将教师教育一体化作为教师队伍建设的指导思想，但彼时一体化建设的重点在于加强思想的统一认识以及教师职前培养机构的扩展，总体来讲还停留在较为粗浅的层面，乡村教师教育一体化同样存在诸多不够完善之处。近年来，各地加大多元主体协同力度，

---

① 冯晓英，林世员，骆舒寒，等.教师培训助力教师专业成长提质增效——基于国培项目的年度比较研究[J].中国电化教育，2021(7):128-135.
② 陈时见，李培彤.教师教育一体化的时代内涵与实现路径[J].教师教育研究，2020(2):1-6.
③ 白亮，王爽，武芳.乡村教师发展支持体系研究[J].中国教育学刊，2019(1):18-22,57.

普遍建立区域教师发展机构，U-G-S（大学—政府—学校）合作、协同育人已经成为乡村教师队伍建设的共识。在此共识下，冠以某某地区的"卓越乡村小学教师培养联盟""卓越乡村中学教师培养联盟"之类的组织不断涌现。[①] 高校与中小学在机构、课程实践、教学平台、师资等方面的融合联通程度得到极大提高，加强乡村教师职前培养与职后培训的密切联系，在很大程度上缓解了乡村教师培养和培训长期各自为政、缺乏沟通导致脱节的尴尬境地，乡村教师教育一体化体制机制不断健全。

二、待遇保障体系更加完善

待遇是一种外在的权利保障，是个体职业尊严的重要基础，若个体没有外在权利的保障，作为一种道德价值的尊严是极为脆弱的。[②] 乡村教师待遇保障可以反映乡村教师的政治、社会、职业地位，体现其作为人民教师和国家公职人员的职业专业性，也体现对其在乡村特殊环境和条件下工作生活的保障、支持、补偿和奖励，包括社会地位、工资收入、专业发展通道、职业荣誉制度、社会保障和福利待遇等，这些待遇保障能够充分突出他们对教育、对国家、对社会的贡献，并补偿乡村相对较弱的外部条件处境对乡村教师的影响。[③] 党的十八大以来，乡村教师待遇不断改善，为提升乡村教育质量提供坚实保障。《乡村教师支持计划（2015—2020年）》《中共中央、国务院关于全面深化新时代教师队伍建设改革的意见》《教育部等六部门关于加强新时代乡村教师队伍建设的意见》等逐步深入贯彻习近平总书记对乡村教师的待遇和期许，明确了乡村教师待遇中存在的诸多问题。在相关政策的指引下，各地各部门协同并进、综合施策，乡村教师待遇改善工作取得显著成效。

第一，完善乡村教师生活基本保障机制。工资收入、生活补助、住房保障、社会保险和医疗保障等都是乡村教师生活的基本保障，其中，工资收入是生活

---

① 戴水姣，刘玉红.新时代卓越乡村教师培养的价值取向与实践路径[J].湘潭大学学报（哲学社会科学版），2022（6）：176-181.
② 刘晶.乡村教师日常生活中的尊严及其结构性困局[J].清华大学教育研究，2020（2）：83-91，111.
③ 庞丽娟，杨小敏，金志峰，等.构建综合待遇保障制度 提升乡村教师职业吸引力[J].中国教育学刊，2021（4）：34-40.

保障的主体部分,也是影响教师离职意愿的首要因素。[①] 近年来,从中央到地方通过加大经费投入、优化资金调度、调整支出结构、专项督导、重点督促等一系列举措,全力保障义务教育教师工资按时足额发放,确保落实"教师平均工资水平不低于国家公务员的平均工资水平"的政策目标。截至2021年,全国2846个区县均实现了该目标,并正式建立了义务教育教师待遇保障的长效机制及工资收入随当地公务员待遇调整的联动机制[②],全国所有区县首次落实了《中华人民共和国义务教育法》《中华人民共和国教师法》等提出的教师平均工资水平政策要求。[③] 自乡村教师生活补助政策提出以来,截至2021年底,中央累计安排约250.1亿元用于补贴乡村教师生活,覆盖中西部22个省份725个区县约7.6万所乡村学校的130万名教师。[④] 在奖补政策的辐射带动下,部分地方政府投入生活补助资金实现跨越式增长,如陕西、重庆和甘肃等地对生活补助政策的资金投入,分别较该政策实施初期增加23.05倍、12.98倍和1.98倍。2020年全国有1056个非连片特困地区县也积极实施了地方性奖补政策,总投入高达141.8亿元。[⑤] 国家不断加大财政教育经费投入力度,多次提高特岗教师工资性补助标准,2012—2018年,西部地区由人均年2.7万元提高至3.82万元,中部地区由人均年2.4万元提高至3.52万元。统计数据显示,当前乡村教师平均津补贴达到了人均656.51元/月。[⑥] 同时,截至2022年底,已累计安排中央投资超过269亿元,用于支持边远艰苦地区建设约61.6万套农村学校教师周转宿舍,累计入住教师超过85万人次。截至2021年底,全国有26万名乡村教师通过公租房保障解决了住房困难问题。

[①] 李宁,李中国.乡村教师生活待遇政策效应研究——基于政策工具的视角[J].教育学术月刊,2023(1):98-105.

[②] 田祖荫.出台《教育督导问责办法》为督导"长牙齿"提供有力制度保障[EB/OL].(2021-09-01)[2023-08-06].http://www.jyb.cn/rmtzcg/xwy/wzxw/202109/t20210901_616757.html.

[③] 于发友.聚力打造高素质专业化创新型教师队伍——党的十八大以来我国教师队伍建设的成就经验[J].人民教育,2022(17):6-10.

[④] 何淼.我国教师队伍发展"这十年":打造党和人民满意的"大国良师"[EB/OL].(2022-09-06)[2023-08-06]. http://www.moe.gov.cn/fbh/live/2022/54805/mtbd/202209/t20220906_658925.html.

[⑤] 中华人民共和国教育部.2021教育金秋系列发布会第六场[EB/OL].(2021-09-08)[2023-08-06].http://www.moe.gov.cn/fbh/live/2021/53730/.

[⑥] 李廷洲,陆莎,尚伟伟,等.社会网络建构下的乡村教师政策执行研究[J].中国教育学刊,2020(7):50-55.

第二,建立乡村教师职业发展倾斜机制。罗尔斯认为,"正义的对象是社会的基本结构——即用来分配公民的基本权利和义务、划分由社会合作产生的利益和负担的制度,主要包含两个基本原则:一是平等自由原则,二是机会的公正平等原则和差别原则"①。乡村教师职称倾斜制度作为分配中小学教师职称利益的重要方式,通过遵循正义原则中的公正平等和差别原则来体现其正义性。近年来,国家陆续出台有关中小学教师职称改革的政策,强调中小学教师职称评聘向乡村学校倾斜。尤其是2015年颁布《乡村教师支持计划(2015—2020年)》后,乡村教师职称倾斜制度的政策关注度越来越高,几乎每年都会在相关政策中强调职称评审向乡村教师倾斜。目前,我国乡村教师职称制度在岗位比例、评价、激励等方面都取得了明显成效。乡村教师专业技术岗位不仅实现与城镇的基本统一,而且乡村中高级职称教师比例得到进一步提高。例如,北京市规定,乡村小学副高级教师职称比例高于10%,中高级职称总计不能低于75%;乡村中学副高职称占比不能低于30%,中高级职称合计不得低于80%,乡村教师中高级职称比例大幅提高。② 甘肃省出台政策明确规定,乡村教师职称评定不受指标限制,单独给乡村教师分配正高级教师岗位指标等。很多地方在取消对乡村教师职称评审中外语、论文刚性要求的同时,进一步放宽了其他方面的限制条件,比如上海、广东等地取消了计算机成绩要求,安徽、河南等地降低对优质课、课题立项等的级别、层次要求。此外,部分地区还缩短了乡村教师参评高级职称的任教年限,只要其达到相应的条件与资格,便可不受岗位设置限制参评,并且尽量实现即评即聘,切实减少了乡村教师职称评审方面可能受到的阻力,消除乡村教师的职业发展障碍。

第三,优化乡村教师社会荣誉激励机制。单纯的物质激励只能作为外在的保障措施,不足以增强乡村教师的职业认同感和社会认可度,更稳定、更持久的执教信念还是要通过增强内心获得感来实现。国际社会普遍重视以制度化和仪式化手段赋予教师职业荣誉,教师荣誉旨在提高教师的职业荣誉感和认同感,营造全社会尊师重教的文化氛围,是一种国家和社会对教师辛勤付出和获得成就的肯定和赞扬方式。近年来,一系列关于乡村教师队伍建设的政

---

① 罗尔斯.正义论[M].何怀宏,何包钢,廖申白,译.北京:中国社会科学出版社,2009:627.
② 王红,邬志辉.乡村教师职称改革的政策创新与实践检视[J].中国教育学刊,2019(2):42-47.

策文件相继出台,其关注重点逐步由工资待遇等物质性保障转向荣誉表彰等内生性激励。2015年,国务院办公厅印发的《乡村教师支持计划(2015—2020年)》明确提出要"建立乡村教师荣誉制度",对在乡村学校从教30年以上的教师按照有关规定颁发荣誉证书。2018年,《中共中央、国务院关于全面深化新时代教师队伍建设改革的意见》提出,要加大教师表彰力度,营造尊师重教良好社会风尚,真正让教师成为令人羡慕的职业。2020年,《教育部等六部门关于加强新时代乡村教师队伍建设的意见》进一步提出完善荣誉制度,对长期在乡村学校任教的优秀教师给予物质奖励、培训机会和荣誉表彰。目前,国家面向广大中小学教师实施的荣誉类别主要包括"人民教育家""全国教书育人楷模""全国优秀教师""全国模范教师""特级教师"以及乡村教师从教30年荣誉表彰等。截至2019年,于漪、卫兴华、高铭暄等获得"人民教育家"国家荣誉称号;连续开展11届"全国教书育人楷模"推选,百余名教师获此殊荣;2019年集中表彰全国优秀教师1432名、全国模范教师718名;教育部对教育系统涌现出的杰出教师授予"全国优秀教师"荣誉称号,进行常态化宣传表彰,如黄大年、李保国、钟扬、张玉滚、张桂梅等先进典型均获此殊荣;各地经常性地进行特级教师评选表彰,国家颁发特级教师证书,并采用多种形式宣传特级教师的优秀事迹,推广特级教师的先进经验;乡村教师从教30年荣誉表彰于2016年启动,截至2019年已发放410多万人;地方为在乡村学校从教20年、10年的教师发放荣誉证书。[①] 近年来,对乡村教师坚守岗位、默默奉献的崇高精神的大力宣传与表彰,对提升乡村教师荣誉感发挥了重要作用,在全社会营造了关心支持乡村教师的浓厚氛围。

三、管理考核体系普遍建立

激活管理考核是《国家中长期教育改革和发展规划纲要(2010—2020年)》实施以来乡村教师队伍建设的重要创新,一系列创新之举为吸引优秀人才到乡村学校任教的政策可操作、可持续以及为不断提高乡村教师素质能力创造

[①] 中华人民共和国教育部.对十三届全国人大三次会议第2956号建议的答复[EB/OL].(2020-10-30)[2023-08-06].http://www.moe.gov.cn/jyb_xxgk/xxgk_jyta/jyta_jiaoshisi/202012/t20201203_503246.html.

了良好的管理环境。

第一,建立城乡统一、倾斜乡村的教师编制管理制度。《国家中长期教育改革和发展规划纲要(2010—2020年)》提出"逐步实行城乡统一的中小学编制标准,对农村边远地区实行倾斜"的政策要求,2014年,中央编办、教育部、财政部联合出台《关于统一城乡中小学教职工编制标准的通知》,统一部署城乡中小学教职工编制标准,即"高中教职工与学生比为1∶12.5、初中为1∶13.5、小学为1∶19"。为解决小规模乡村学校面临的实际问题,编制向乡村小规模学校倾斜,并且进一步细化乡村小规模学校编制分配,采用生师比与班师比相结合的方式进行核编,对寄宿制学校则根据教学、管理实际需要,通过统筹现有编制资源、加大调剂力度等方式适当增加编制。针对村庄小学、教学点等小规模学校教师短缺的情况,各地提倡按照生师比和班师比相结合的方式核定教师编制,福建、江西等地对班师比做出具体的规定,平均标准为1∶1.8。在编制标准上实行城乡统一以及向乡村学校倾斜的同时,各地通过编制动态管理、教师管理制度改革、政府购买服务以及后勤社会化等方式加强编制管理、盘活存量,增加专任教师的有效供给,进一步缓解乡村教师存在的结构性矛盾。此外,非教学人员编制逐步压缩,政府购买服务方式成为很多地方采用的有效管理措施。统计发现,有40.6%的省和50.4%的市县计划将教学辅助岗、部分管理岗、工勤岗纳入社会化服务改革。[1]

第二,建立"县管校聘"教师流动机制。为引导优秀校长和教师到乡村学校交流支教,近年来各地逐渐采取多种途径和方式推动教师流动,比如定期交流、跨校竞聘、学校联盟、对口支援、乡镇中心学校教师走教等。目前,几乎所有地区都明确规定了城镇乡村教师交流比例,少则5%(如潍坊市),多则30%(如三亚市),平均交流比例11.1%。为了打破教师交流轮岗管理体制障碍,"县管校聘"作为重大人事管理变革恰逢其时的出台,创新了义务教育教师管理机制。"县管校聘"是由县级教育行政部门对县域内教师编制、人事进行统

---

[1] 冯卫国.《乡村教师支持计划》成效研究——政策文本分析的视角[J].教师教育论坛,2020(3):19-26.

一管理,实现教师在城乡之间、学校之间均衡配置[①],为县级教育行政部门统筹配置师资,尤其是为优化乡村教师配置提供了制度保障。截至2019年底,已有23个省份明确了"县管校聘"的实施路径[②],在省级层面实现全面扩散。各地在改革的过程中往往会结合实际情况凸显地区的改革特色,如浙江省浦江县的改革特色在于组织教师"适岗竞聘",广西壮族自治区荔浦市的改革特色在于推行校长职级制及中层领导和班主任津贴制,山东省潍坊市的改革特色在于探索建立学校自主分配制度。[③]

第三,建立师德师风建设长效机制。近年来,师德建设得到空前重视,各地通过宣传教师模范、开展特色师德建设活动、严厉督查教师违规行为等方式加强师德建设,成效显著。各地开展了多种形式的师德教育,把教师职业理想、职业道德、法治教育、心理健康教育等融入职前培养、职业准入、职后培训和管理的全过程。落实教育、宣传、考核、监督与奖惩相结合的师德建设长效机制,建立健全乡村中小学教师师德监督机制,将师德师风作为评价教师队伍素质的第一标准,强化师德考评,严格执行师德"一票否决制"。采取多种形式宣传优秀乡村教师的先进事迹,引导乡村中小学教师提高职业素养,模范践行教师职业道德规范,使乡村中小学教师的思想政治素质和师德水平得到整体提高。乡村中小学教师对于职业的认同感以及责任感大大提高,体罚、辱骂学生的现象几乎消失,教师与学生平等的交流、教师关心学生成长已蔚然成风。[④]

总的来看,2010年以来,是我国建设义务教育基本均衡的关键时期,目前已进入义务教育优质均衡阶段。基本均衡阶段的均衡主要表现为一种"看得见"的均衡,往往以硬件"物化"资源配置为主,可量化程度比较高。优质均衡阶段的均衡则主要表现为一种"体验得到"的均衡,"物化"的资源配置指标占

[①] 侯洁,李睿,张茂聪."县管校聘"政策的实施困境及破解之道[J].中小学管理,2017(10):29-32.

[②] 中华人民共和国教育部.义务教育教师"县管校聘"管理改革工作情况介绍[EB/OL].(2019-11-29)[2023-08-07].http://www.moe.gov.cn/fbh/live/2019/51594/sfcl/201911/t20191129_410019.html?ivk_sa=1023197a.

[③] 赵垣可,刘善槐."县管校聘"管理改革推进中的问题分析及对策探讨[J].中国电化教育,2021(11):124-131.

[④] 付卫东.改革开放40年我国农村中小学教师队伍建设:举措、成效及经验[J].教育与经济,2018(4):22-29.

比不断下降,均衡程度已经不能单纯通过直观数据评价,"更多的是定性、主观性评估"[①]。义务教育优质均衡是在初步均衡基础上的嬗变与建构,其更关注教育品质的优化,强调对弱势群体的支持与补偿,力求实现优质与均衡的融合,注重资源均衡基础之上追求教育品质的提升、教育内涵的丰富,实现区域内所有成员公平享有高水平高质量的义务教育。[②] 但无论是基本均衡还是优质均衡,义务教育均衡发展的主要表现都是城乡教育均衡发展,而城乡均衡的关键则是师资的均衡配置,尤其是乡村教师队伍建设质量的提高。从前面的分析可以看出,近年来乡村教师队伍建设体系逐步得到优化,乡村教师补充渠道、补充数量等基本满足乡村学校需要,乡村教师学历、综合素质素养相比以前有很大程度的提高,城乡师资差异进一步缩小,均衡程度进一步提高,为义务教育优质均衡提供了相对坚实的师资保障。

第二节 乡村教师政策执行反思

一、乡村立场不够坚定

乡村教师政策理应指向"乡村"、指向"乡村教师",然而无论是政策文本、还是执行者与政策对象,即广大乡村教师,都在一定程度上与"乡村"存在疏离,脱离乡村教育情境。

在乡村教师政策文本方面,当前乡村教师政策的设计依然存在较多攸关乡村教师切身发展的空白点,成为困扰乡村教师长期坚持在乡村从教的最实际的问题,而这些问题在政策文本中鲜有具体体现。例如,乡村教师培养的课程方案、培养模式、培养内容等缺少乡土情怀教育与体验,为乡村教师流失问题埋下隐患;乡村教师培训内容与实际的乡村教育情境脱钩,忽视乡村教学的

---

① 吴建涛.我国县域义务教育优质均衡发展的主要困难与对策研究[J].教育科学,2019(3):75-82.

② 刘玮.义务教育优质均衡发展政策执行考察:以苏南W市B区为例[M].北京:中国社会科学出版社,2017:239.

独特性等。① 乡村教师政策方案与乡村教育现状脱节，导致政策方案对现实问题的解决不具备针对性，从而造成政策执行无法达到预期目标。

对于政策执行者和执行对象而言，他们在城镇化进程中具有明显的"向城性"倾向。就前者而言，政策执行者一般是县域内教育行政部门的工作人员，他们始终工作、生活在城区，缺少对乡村和乡村教育的本土性感受与认识，在执行政策时很难真切地从乡村立场出发考虑乡村教师队伍建设中存在的问题。同时，他们工作的成就感很大程度上来自城区教育的优异成绩，在一定程度上对乡村学校表现为无奈与消极的情绪，因此本身对乡村教师政策不抱有多大期望，主动放弃乡村立场。就后者而言，与传统社会中乡村教师作为乡村社会文化象征与知识权威的身份不同，当前的乡村新入职教师身上展现出来的"乡村"元素越来越少，对乡村以及乡村教育认识狭隘，缺少"乡村"内核②，容易导致对乡村教师身份产生认同危机。

总的来讲，乡村教师政策执行缺少"乡村"立场，无论是政策本身，还是政策执行者，或者是政策对象，对乡村环境都比较疏离与陌生，从根本上导致乡村教师政策执行缺少思想认同与支持。

二、执行系统沟通不畅

教育部部长怀进鹏在 2022 年全国教育工作会议上强调"必须跳出教育看教育"。③ 作为社会系统的子系统之一，教育问题不仅是教育内部的问题，其还折射出盘根错节的社会问题，要解决教育问题就不能仅仅囿于教育系统的改革，而是一场牵一发动全身的系统行动。同样，要解决长期困扰乡村教师队伍建设中存在的"下不去""留不住""教不好"的问题，必须有效调动教育系统以外的其他社会系统的力量，如乡村政府、广大家长、新闻媒体等，只有获得他们普遍的协调、配合与支持，乡村教师队伍改革才有可能成功。

---

① 林一钢,张书宁.进入 21 世纪以来我国乡村教师政策文本的话语分析[J].现代教育管理,2022(1):66-74.
② 杜亚丽,丁娟.优质均衡发展视域下城乡教师专业成长的三重困境与路径突破[J].中国教育学刊,2021(2):93-97.
③ 中华人民共和国教育部.加快教育高质量发展[EB/OL].(2022-01-17)[2023-08-07].http://www.moe.gov.cn/jyb_zzjg/huodong/202201/t20220117_594937.html.

在乡村教师政策执行的实践过程中,教育行政部门与各部门之间的沟通协调存在诸多困难,严重阻碍了乡村教师政策的有效实施,导致乡村教师队伍建设缓慢且艰难。这主要是因为我国基础教育采用条块分割、以块为主的管理模式。在这种管理模式之下,基层教育行政部门出于事业指导和信息传达的需要,在职责规定和事业内容上呈现自上而下的同构特征,是以"条"为主;而教育行政部门的职权任命和工作评价则以"块"为主,取决于地方政府,导致县教育行政部门执行教育政策所需要的财政、人事等同时源自两个上级。[①] 教育改革通常被认为是"高成本、低回报、慢回报"的活动,出于理性人的考虑,县政府部门容易忽视乡村教师队伍建设需求,在合法性权威的缺位之下,其他部门一般不会主动配合教育改革,这种现实特征严重阻碍了教育行政部门与其他部门之间的顺畅沟通。更为严峻的是,作为顶层设计的乡村教师政策从源头上对畅通执行系统的行政指示还不够。有研究显示,人社部门管总量、教育部门管调配的格局尚未完全形成,虽然财政、人事、编办等部门参与制定乡村教师队伍建设政策,但并不是政策直接制定主体,而是在教育部颁发政策基础上的"间接性协同"。[②] 如此一来,基层教育行政部门在"呼吁""提倡"声中难以获取其他部门的支持,容易陷入无法行动的"孤岛困境"。

总的来讲,乡村教师政策执行靠教育系统的"单打独斗"是绝对行不通的,与人事、财政、编办等部门缺少协调与沟通是阻碍乡村教师队伍建设的重要因素。

三、社会环境支持有限

乡村教师队伍建设与乡村振兴、共同富裕相互影响。一方面,前者是实现乡村振兴、共同富裕的举措之一。因为乡村教师政策可以通过解决乡村教师队伍中存在的问题,发挥乡村教师的人力资本优势,提高乡村教育质量,最终促进乡村社会的发展。另一方面,优良的乡村社会环境是推进乡村教师队伍建设的重要保障条件。"到基层去,到农村去,到祖国最需要的地方去!"这句口号虽然耳熟能详,但我们不可否认,对高质量物质生活的追求也是乡村教师

---

① 林小英.县中的孩子:中国县域教育生态[M].上海:上海人民出版社,2023:21.
② 李玲,李伟.乡村教师队伍建设政策协同性评价研究[J].南京师大学报(社会科学版),2020(1):43-54.

作为普通人的正常诉求。从近些年的改革成效来看,我国乡村振兴取得显著效果,乡村交通基础设施建设改变了地域的乡村性,网络的普及改变了信息的封闭,但是城乡发展不均衡、乡村发展不充分的问题成为新时代的矛盾。乡村是相对城镇而言的,其具有经济以农业为主相对不发达、人口以分散居住为主相对偏远的区域特性,乡村的经济条件、交通状况、区域位置、教学条件、教育对象、学生家长等方面大多不如城镇,诸如经济水平、基础设施等作为乡村发展的最关键与最基础的保障性因素,仍然严重制约着乡村教育改革。乡村社会的根本问题不解决,那么乡村教师"下不去""留不住""教不好"的痼疾便无法得到根治。如此一来,乡村教师政策缺乏具有保障性的执行环境,这就决定了有些政策措施根本不具备落实的条件,不可避免出现梗阻问题。

同时,虽然各地乡村教师政策执行主要发生在自上而下的科层制体制中,但我国国土辽阔,区域之间存在发展不平衡的问题,导致乡村教师政策在各地的执行程度、效果参差不齐,甚至会发生"马太效应"——经济越发达的地区,乡村教师政策执行效果越好,乡村教育质量越高;而经济发展水平受限的地区,由于各种保障措施无法及时跟进、对政策的理解不准确等,乡村教师政策无法得到有效实施。这样的后果便是乡村教育在区域间的差距逐步拉大,这与我国教育优质均衡发展的目标是相悖的。

此外,文化氛围作为重要的社会发展指标之一,也是影响乡村教师政策执行的社会环境因素之一。2018年出台的《中共中央、国务院关于全面深化新时代教师队伍建设改革的意见》和2020年出台的《教育部等六部门关于加强新时代乡村教师队伍建设的意见》指出了乡村教师履行国家公共服务的职责,强化了乡村教师新乡贤的角色,乡村教师被赋予挖掘、传承和创新乡村优秀传统文化的职责,积极参与乡风文明建设和乡村社会治理。这样可以促进乡村教师切实参与乡村事务,服务乡村发展,有利于加强乡村教师与乡村文化的融合,使其更好地投入乡村教育工作。然而,现实中这种文化氛围尚未形成,乡村教师很少有机会参与乡村事务,仅仅作为"乡村里的陌生人"在此工作。这种情况下,乡村教师缺少理解乡村风俗与习惯的渠道,无法真切体会乡村的乡土性和乡村教育的特殊性,乡村教师和乡村社会处于一种相对割裂的状态,加大了相关政策文件的落实难度。

第三节 乡村教师政策执行建议

一、加强乡村建设,厚植乡土情怀

解决乡土情怀的缺失与空洞问题,是畅通乡村教师政策执行之路的先决思想条件。而乡土情怀的培育不是靠几句简单的鼓励与倡导就能实现的。现代人对乡村观念的改变,是一个复杂而艰难的工程。

首先,在现代化语境下,"乡村"与"城市"形成了鲜明对比,"乡村"似乎成了落后的代名词,大量务工人员进城更是加剧了乡村的"凋敝"与"落寞"。[①] 教育行政部门工作人员、政策执行者、乡村教师等主要的生活场域在城市,他们接受城市先进文化的滋养,这使他们与乡村文化之间似乎有一道屏障。基于此,需要在政策话语上加大对乡村建设的支持力度与广度,给予乡村建设更多财政、制度等方面的合法性支撑,挖掘乡村特有的文化魅力,增强乡村地区对社会大众的吸引力。制定乡村教师政策时要注意增加乡村教师的话语权,从乡村教育的规律出发,考虑乡村学校、乡村教师、乡村学生、乡村家长等的特殊性,提出符合并且能满足乡村教育发展所需的要求,增强乡村教师政策的"乡土性"。

其次,在乡村教师职前培养阶段,注意培植职前教师的乡土情怀。一方面,加大乡村定向师范生的培养规模与力度。乡村定向师范生是从生源地选拔的具有从教意愿的优质学生,由于他们具有从教育入口着手破解长久以来形成的"城挤、乡弱、村空"难题的优势[②],成为近年来国家和地方相对青睐的一项乡村教师支持政策。为应对乡村教师队伍建设的顽疾问题,未来应加大乡村定向师范生的培养规模与力度,补充乡村师资缺口。另一方面,完善乡村教师职前培养模式。为避免乡村教师的同质化,应该完善师范生培养方案,增设乡村教育相关课程,并且应将其列为师范生必修科目,从理论上引导师范生形成对乡村教育的基本认识。同时,加强师范生培养院校与乡村学校的联系,建

[①] 石娟.新世纪以来我国乡村教师政策的审思[J].教师教育学报,2022(2):39-45.
[②] 林小英.县中的孩子:中国县域教育生态[M].上海:上海人民出版社,2023:136.

立师范生见习、实习联系,从实践层面增强师范生对乡村教育、乡村学校、乡村学生等的感知与理解。总的来讲,在乡村教师职前培养阶段,应该重点加强定向师范生的培养,在理论与实践方面都应密切与乡村教育的联系,培养师范生的乡土情怀,促进他们的乡土文化认同。

最后,在乡村教师职后培训方面,切实提高乡村教师的文化自觉。费孝通先生认为:"直接靠农业来谋生的人是黏着在土地上的。"[①]与以农业为生的农民不同,乡村教师作为乡村社会中可能是唯一的脑力劳动者,他们虽在乡村的土地上工作,但是与这片土地之间横亘着难以跨越的认知鸿沟。要想增强乡村教师对乡村的认知,就需要乡村教师去了解乡村的历史、语言以及文化等,建立乡土自信,而职后培训便是提高乡村教师文化自觉的重要渠道。在乡村教师职后培训中,应该充分发挥培训应有的作用与价值,突出乡村教师与教学的特殊性,根据乡村教师的需求提高培训的针对性。同时,需要重视对乡村教师的在地化培训,不仅要加强乡村教师对乡村教育和乡村社会的整体理解,还应该增进其对当地乡土文化与教育特征的了解,提高他们的乡土认知与认同。

二、畅通沟通机制,加强执行监督

乡村教师政策执行是一个"牵一发而动全身"的系统过程,其不仅需要教育系统内部从上到下认真理解、贯彻政策精神,各部门有序配合推进政策的落地实施,还需要教育系统以外的其他社会系统如人事、财政、编办等部门的倾力支持。府际网络中的多元主体分别掌管着建设乡村教师队伍的资源,但他们对于乡村教师队伍建设这一工作的价值判断存在差异,利益诉求各不相同,很容易产生博弈行为,造成乡村教师政策的执行乏力。基层政府部门作为府际网络的关键节点,在沟通、协调各部门的过程中具有重要权威,是构建乡村教师政策执行沟通机制的关键所在。为此,首先,强调各部门的"政治人"身份,跳出博弈关系、情理关系,寻求与建立合作关系,用长远发展的眼光看待乡村教师队伍建设的公共价值。其次,基层政府应坚定"国之大计,教育为本,教师为先"的信念,认识并理解乡村教育、乡村教师对于乡村建设的重要作用,要

---

① 费孝通.乡土中国[M].上海:三联书店,1985:3.

加强对乡村教师政策执行的总体规划,防止主体行为边界模糊以及出现相互之间的推诿、扯皮现象。当部门沟通出现矛盾时,需要基层政府发挥公信力,在各部门间进行协调,并为教育行政部门的合理诉求积极争取资源。最后,推进"县管校聘"改革,加强教育行政部门统筹乡村教师资源配置的权限,编制部门和人社部门要为推动实现统筹分配城乡学校教职工编制和岗位提供政策支持,突破带编乡村教师与所属学校形成捆绑的局面,使教师成为教育系统的教师,而不是学校的教师,进而使教育行政部门有权限在学校之间调配乡村教师,减少部门之间潜在的矛盾。

法国政治学家孟德斯鸠曾说:"一切有权力的人都容易滥用权力,这是一条万古不易的经验。有权力的人们使用权力一直遇到有界限的地方才停止。"[①]美国行政学家奥斯特罗姆(Ostrom)也认为:"在每一个群体中,都有不顾道德规范只要一有可能便采取机会主义行为的人,在很多时候,也都存在采取机会主义行为的情况,其潜在收益是如此之高,以至于极守信用的人也会偶尔违反规范,有了行为规范也不可能完全消除机会主义行为。"[②]为切实解决乡村教师政策执行"最后一公里"难题,防止执行偏差,必须加大政策监督力度。所谓监督,不仅包括杜绝政策执行过程人情压制法理的情况,还包括对政策执行成效的及时监测与评价。就前者而言,一方面,要在政策制定过程中广泛征求基层政策执行者和政策对象(即乡村教师)的意见和建议,提高他们的政策参与程度与话语权,增强政策的科学性与可执行性,避免在执行过程中出现由于对政策的不理解甚至排斥而采取特殊手段消解政策的现象;另一方面,增强政策执行的透明度,明确权责奖罚,减少政策变通发生的机会,建立社会监督机制。就后者而言,定期对乡村教师政策执行效果进行动态评估,比如利用大数据、公共服务、教育资源等平台监测政策执行的进度、效果、问题等,基于评估结果调整政策执行方向、力度、标准、方式等。

三、完善支持系统,优化执行环境

政策执行不是发生在真空中的,它是政策文本向社会实践的延伸,是与政

[①] 孟德斯鸠.论法的精神[M].张雁深,译.北京:商务印书馆,1978:154.
[②] 奥斯特罗姆.公共事物的治理之道——集体行动制度的演进[M].余逊达,陈旭东,译.上海:上海译文出版社,2012:103.

策环境中各种影响因素相互作用的动态过程。一项好的政策要想成功执行无法脱离现实环境,环境中的各种因素会不断地影响政策执行者的行动[①],政策执行必须与特定的政策环境相适应。正如美国著名的行政学家里格斯(Riggs)所言:"要了解一个国家的公共行政,就不应该仅仅局限于行政系统本身,而应该跳出行政系统,从社会这个大系统来考察行政,即考察一国的行政与该国社会环境的关系。"[②]因此,需要完善乡村教师支持系统,构建优良的政策执行环境,为乡村教师队伍建设打造坚实的基础。具体来讲,需要进一步加强乡村的"硬环境"与"软环境",全面推动乡村发展,拉近与乡村教师的空间距离,减小乡村教师的心理落差。

就"硬环境"来讲,首要的便是保障乡村教师的基本生活条件。教师的衣食住行是生活之本,政府和学校应持续改善乡村学校办学条件,提供乡村教师公寓,优化教师办公设施条件,关注乡村教师的心理空间适应与再造,增进其对乡村的空间归属感。同时,乡村行政机构应赋予乡村教师参与乡村公共事务管理的机会,提升其公共理性和参与乡村公共生活的能力。比如,加强乡村社区与乡村学校的联系,重构乡村教师与地方社区的和谐互动关系,使乡村教师更主动地接近乡村教育资源;村民和村委会要积极支持学校工作,创造乡村教师融入乡村社会的条件,增进教师与村民间的积极互动等。

就"软环境"来讲,要营造积极的文化氛围,提升乡村教师的文化地位与权威。一方面,应该大力培育文明乡风、良好家风和淳朴民风,继承和弘扬传统乡村文化的积极价值,要引入新的现代文明,不断提高乡村社会的文明程度,并且使其充分融入乡村学校课程体系和课堂教学,从而为建设美丽乡村提供教育维度的支撑。另一方面,弘扬尊师重教的社会风尚,提高乡村教师的社会地位,树立乡村教师的文化权威,推崇师道尊严,让乡村教师感受到其应有的职业成就感、自豪感和幸福感,吸引优秀人才到乡村学校从教,并提高乡村教师从教稳定性。

---

① 袁振国.教育政策学[M].南京:江苏教育出版社,2001:306.
② 丁煌.西方行政学说史[M].武汉:武汉大学出版社,2004:285.

参考文献

《中国教育年鉴》编辑部编.中国教育年鉴(1985—1986)[M].长沙:湖南教育出版社,1988.
安雪慧,杨银付.中国义务教育学校教师交流政策分析[J].中国教育科学,2016(4):115-139,114,235-236.
奥斯特罗姆.公共事物的治理之道——集体行动制度的演进[M].余逊达,陈旭东,译.上海:上海译文出版社,2012.
白亮,王爽,武芳.乡村教师发展支持体系研究[J].中国教育学刊,2019(1):18-22,57.
鲍尔.教育改革——批判和后结构主义的视角[M].侯定凯,译.上海:华东师范大学出版社,2002.
毕正宇.教育政策执行模式研究[D].武汉:华中师范大学,2006.
蔡英辉.我国斜向府际关系初探[J].北京邮电大学学报(社会科学版),2008(2):40-45.
操太圣.推进"大面积、大比例"校长教师轮岗交流的策略选择[J].人民教育,2022(8):18-21.
陈国权,李院林.论长江三角洲一体化进程中的地方政府间关系[J].江海学刊,2004(5):92-98.
陈家建,边慧敏,邓湘树.科层结构与政策执行[J].社会学研究,2013(6):1-20,242.
陈琳.义务教育阶段教师交流政策制定与实施的连续性问题研究[D].上海:华东师范大学,2012.
陈庆云.公共政策分析[M].2版.北京:北京大学出版社,2011.
陈时见,李培彤.教师教育一体化的时代内涵与实现路径[J].教师教育研究,2020(2):1-6.
陈先哲.学术制度变迁下学术人员的行动逻辑:理论框架与多案例研究[J].教育发展研究,2016(7):9-16,30.
陈先哲.学术锦标赛制下大学青年教师的制度认同与行动选择[M].广州:广东人民出版社,2017.
陈向明.质的研究方法与社会科学研究[M].北京:教育科学出版社,2000.
陈孝记,谯延富.陕南山区乡村中小学教师专业化成长的困境与对策[J].安康学院学报,2019(4):87-91.
陈学飞,林小英,茶世俊.教育政策研究基础[M].北京:人民教育出版社,2011.
陈永明.教师教育研究[M].上海:华东师范大学出版社,2003.

陈振明.公共政策分析[M].北京:中国人民大学出版社,2002.

陈振明.政策科学——公共政策分析导论[M].2版.北京:中国人民大学出版社,2004.

陈正华,范海燕.教师轮岗制的问题与政策建议[J].教学与管理,2009(34):9-11.

程程.集团化办学背景下教师轮岗交流的困境及成因研究[D].上海:华东师范大学,2019.

戴水姣,刘玉红.新时代卓越乡村教师培养的价值取向与实践路径[J].湘潭大学学报(哲学社会科学版),2022(6):176-181.

丹哈特.公共组织理论[M].项龙,译.北京:华夏出版社,2002.

邓恩.公共政策分析导论[M].4版.谢明,等译.北京:中国人民大学出版社,2011.

邓亮,赵敏.我国乡村教师队伍建设政策执行困境与突破路径——基于多重制度逻辑的视角[J].教育理论与实践,2019(34):42-46.

翟学伟.人情、面子与权力的再生产——情理社会中的社会交换方式[J].社会学研究,2004(5):48-57.

翟学伟.中国人的关系原理:时空秩序、生活欲念及其流变[M].北京:北京大学出版社,2011.

丁煌,定明捷.国外政策执行理论前沿评述[J].公共行政评论,2010(1):119-148,205-206.

丁煌.西方行政学说史[M].武汉:武汉大学出版社,2004.

杜亚丽,丁娟.优质均衡发展视域下城乡教师专业成长的三重困境与路径突破[J].中国教育学刊,2021(2):93-97.

段伟丽,汪安冉.回顾与展望:新中国成立70年来乡村教师教育政策变迁[J].中国成人教育,2020(5):90-96.

范埃弗拉.政治学研究方法指南[M].陈琪,译.北京:北京大学出版社,2006.

范国睿,孙闻泽.改革开放40年教育体制机制改革的历史与逻辑分析[J].教育研究,2018(7):15-23,48.

范先佐.乡村教育发展的根本问题[J].华中师范大学学报(人文社会科学版),2015(5):146-154.

费尔巴哈.费尔巴哈哲学著作选集(上卷)[M].荣震华,李金山,译.北京:商务印书馆,1984.

费孝通.江村经济[M].上海:上海人民出版社,2013.

费孝通.乡土中国[M].上海:三联书店,1985.

费孝通.乡土中国生育制度[M].北京:北京大学出版社,1998.

冯卫国.《乡村教师支持计划》成效研究——政策文本分析的视角[J].教师教育论坛,2020(3):19-26.

冯晓英,林世员,骆舒寒,等.教师培训助力教师专业成长提质增效——基于国培项目的年度比较研究[J].中国电化教育,2021(7):128-135.

付昌奎.县城教师为什么不愿到乡村学校交流?——基于对全国18省35县的调查分析[J].中国教育学刊,2022(2):59-64.

付卫东.改革开放40年我国农村中小学教师队伍建设:举措、成效及经验[J].教育与经济,2018(4):22-29.

甘甜.街头官僚责任控制研究:争议与评述[J].公共行政评论,2019(5):176-197,216.

高举中国特色社会主义伟大旗帜　为全面建设社会主义现代化国家而团结奋斗——在中国共产党第二十次全国代表大会上的报告[N].人民日报,2022-10-26(1).

高鹏,和学新.教育研究中内容分析法的应用:路径、问题与改进[J].当代教育与文化,2018(4):80-85.

高庆蓬.教育政策评估研究[D].长春:东北师范大学,2008.

高远飞.我国民办高等教育政策系统的优化研究——基于公共政策过程的分析[D].昆明:云南大学,2020.

国家统计局.统计上划分城乡的规定[EB/OL].(2008-07-12)[2023-06-09].https://www.stats.gov.cn/sj/tjbz/gjtjbz/202302/t20230213_1902742.html.

国务院办公厅关于加快中西部教育发展的指导意见[EB/OL].(2016-05-11)[2023-12-10].https://www.gov.cn/zhengce/content/2016-06/15/content_5082382.htm.

国务院办公厅关于全面加强乡村小规模学校和乡镇寄宿制学校建设的指导意见[EB/OL].(2018-04-25)[2023-12-15].http://www.moe.gov.cn/jyb_xxgk/moe_1777/moe_1778/201805/t20180502_334855.html.

国务院办公厅关于印发乡村教师支持计划(2015—2020年)的通知[EB/OL].(2015-06-01)[2023-11-20].http://www.moe.gov.cn/jyb_xxgk/moe_1777/moe_1778/201506/t20150612_190354.html.

国务院关于加强教师队伍建设的意见[EB/OL].(2012-08-20)[2023-11-17].https://www.gov.cn/gongbao/content/2012/content_2226134.htm.

国务院关于进一步加强农村教育工作的决定[EB/OL].(2003-09-17)[2024-02-03].https://www.gov.cn/gongbao/content/2003/content_62440.htm.

国务院关于统筹推进县域内城乡义务教育一体化改革发展的若干意见[EB/OL].(2016-07-02)[2023-11-18].https://www.gov.cn/gongbao/content/2016/content_5095494.htm.

韩志明.街头官僚及其行动的空间辩证法——对街头官僚概念与理论命题的重构[J].经济社会体制比较,2011(3):108-115.

韩志明.政策执行的模糊性及其治理效应[J].湘潭大学学报(哲学社会科学版),2018(4):30-35.

何东昌.中华人民共和国重要教育文献(1949—1997)[M].海口:海南出版社,1998.

何东昌.中华人民共和国重要教育文献(1976—1990)[M].海口:海南出版社,2003.

何东昌.中华人民共和国重要教育文献(1998—2002)[M].海口:海南出版社,2003.

何菊玲,赵小刚.新中国乡村教师队伍建设政策演进的历史逻辑与优化策略——基于政策文本的分析[J].陕西师范大学学报(哲学社会科学版),2021(4):71-91.

何茜,顾静.建党百年乡村教师队伍政策演进的逻辑与启示[J].教育研究,2022(2):44-56.

河南省教育厅办公室关于组织开展2019年河南省教育系统先进集体和先进个人评选工作的预通知[EB/OL].(2019-08-15)[2023-06-15].https://jyt.henan.gov.cn/2019/08-15/1604969.html.

河南省教育厅等七部门印发《关于加强和改进新时代师德师风建设的实施意见》的通知[EB/OL].(2022-01-19)[2023-06-15].https://jyt.henan.gov.cn/2022/02-22/2402542.html.

河南省教育厅关于印发河南省进一步提高义务教育学校教育教学质量的实施方案的通知[EB/OL].(2021-11-17)[2023-11-14].https://jyt.henan.gov.cn/2021/11/19/2349999.html?eqid=c5495e19000013b4000000026437ad55.

河南省教育厅关于组织实施"国培计划(2021)"——河南省中小学幼儿园教师培训项目的通知[EB/OL].(2021-08-20)[2023-06-17].https://jyt.henan.gov.cn/2021/08/20/2297795.html.

河南省人力资源和社会保障厅.关于进一步做好我省中小学教师职称工作有关问题的通知[EB/OL].(2015-09-07)[2023-06-18].https://hrss.henan.gov.cn/2016/06-23/1577936.html.

河南省人力资源和社会保障厅关于进一步做好基层专业技术人员职称工作的通知[EB/OL].(2020-10-13)[2023-12-12].https://hrss.henan.gov.cn/2020/10-13/1821161.html.

河南省人力资源和社会保障厅关于印发《河南省中小学高级教师任职资格评审讲课答辩工作规则(试行)》的通知[EB/OL].(2014-11-06)[2023-06-17].https://hrss.henan.gov.cn/2015/09-07/1576629.html.

河南省人力资源和社会保障厅关于印发《河南省中小学教师职称评价标准》的通知[EB/OL].(2018-08-24)[2023-06-17].https://hrss.henan.gov.cn/2019/06-26/1576465.html.

河南省人民政府办公厅关于加快推进乡村小规模学校和乡镇寄宿制学校建设的意见[EB/OL].(2018-12-06)[2023-06-17].https://www.henan.gov.cn/2018/12-21/727126.html.

河南省人民政府办公厅关于印发河南省乡村教师支持计划(2015—2020年)实施办法的通知[EB/OL].(2015-12-24)[2023-06-15].https://www.henan.gov.cn/2015/12-29/247492.html.

河南省人民政府关于加快推进县域内城乡义务教育一体化改革发展的意见[EB/OL].(2018-05-13)[2023-06-14].https://www.henan.gov.cn/2018/06-08/658691.html.

河南省人民政府关于进一步完善城乡义务教育经费保障机制的通知[EB/OL].(2016-05-03)[2023-07-10].https://www.henan.gov.cn/2016/06-02/239478.html.

河南省人民政府关于全面加强教师队伍建设的意见[EB/OL].(2013-09-18)[2023-06-14].https://www.henan.gov.cn/2013/10-28/238723.html.

河南省人民政府关于印发河南省"十四五"教育事业发展规划的通知[EB/OL].(2021-12-31)[2023-06-14].http://m.henan.gov.cn/2022/01-21/2386257.html?eqid=9b563d0100d2454100000000364312966.

亨利.公共行政与公共事务[M].项龙,译.北京:华夏出版社,2002.

洪哲.论教师流动[J].教育理论与实践,1995(3):28-30.

侯洁,李睿,张茂聪."县管校聘"政策的实施困境及破解之道[J].中小学管理,2017(10):29-32.

胡春梅.教育政策的行政执行过程之偏差分析[J].教育理论与实践,2009(13):24-26.

胡耀宗,童宏保.义务教育教师绩效工资政策执行中的问题及解决策略[J].教师教育研究,

2010(4):34-38.

湖南省教育厅.关于做好2016年初中起点专科层次农村小学男教师公费定向培养计划招生工作的通知[EB/OL].(2016-09-21)[2023-10-09]. http://jyt.hunan.gov.cn/jyt/sjyt/xxgk/zcfg/gfxwj/201609/t20160921_3990792.html.

黄牧乾.乡村教师话语权的失落与重建[J].教学与管理,2021(20):11-13.

江宏,江楠,李志辉.乡村教师专业发展政策支持困境调查研究——以重庆市乡村教师支持计划实施为例[J].教育理论与实践,2021(13):51-54.

姜超,高海军.义务教育教师交流的实践类型及其特征——基于天增县的田野考察[J].基础教育,2021(1):51-58,91.

姜翰,金占明,焦捷,等.不稳定环境下的创业企业社会资本与企业"原罪"——基于管理者社会资本视角的创业企业机会主义行为实证分析[J].管理世界,2009(6):102-114.

姜金秋,陈祥梅.《乡村教师生活补助政策》实施背景下师范生乡村从教意愿及影响因素分析——基于西部贫困地区15所院校的调查[J].教师教育研究,2019(1):43-50.

姜金秋,田明泽.乡村教师生活补助政策对教师留任意愿的影响——基于连片贫困地区三个县的实证研究[J].教育科学研究,2019(4):28-34.

蒋蓉,等.坚守与希望:乡村教师发展实证研究[M].南京:南京大学出版社,2019.

蒋亦华.乡村教师政策供给评价尺度刍议[J].教育发展研究,2021(8):61-68.

蒋亦华.新世纪我国乡村教师政策获得感的调查与分析[J].教育研究与实验,2020(5):47-52.

蒋亦华.新世纪我国乡村教师政策文本的多维审视[J].教育发展研究,2019(20):53-60.

蒋园园.复杂理论视阈下的教育政策执行研究[D].上海:华东师范大学,2010.

教育部、财政部、人力资源和社会保障部关于推进县(区)域内义务教育学校校长教师交流轮岗的意见[EB/OL].(2014-08-15)[2024-01-26]. http://www.moe.gov.cn/srcsite/A10/s7151/201408/t20140815_174493.html.

教育部、人力资源社会保障部关于向乡村学校从教30年教师颁发荣誉证书的决定[EB/OL].(2016-09-05)[2023-11-23]. http://www.moe.gov.cn/srcsite/A10/s7000/201609/t20160919_281506.html.

教育部、中央编办、国家发展改革委、财政部、人力资源社会保障部关于大力推进农村义务教育教师队伍建设的意见[EB/OL].(2012-09-20)[2024-01-27]. http://www.moe.gov.cn/srcsite/A10/s3735/201211/t20121108_145538.html.

教育部:23省份已明确"县管校聘"实施路径 要做到"五个坚持"[EB/OL].(2019-11-29)[2024-01-29]. http://www.moe.gov.cn/fbh/live/2019/51594/mtbd/201912/t20191203_410640.html.

教育部2005年工作要点[EB/OL].(2005-01-04)[2024-02-03]. http://www.moe.gov.cn/jyb_sjzl/moe_164/201001/t20100128_5090.html.

教育部办公厅、财政部办公厅关于做好2020年中小学幼儿园教师国家级培训计划组织实施工作的通知[EB/OL].(2020-03-04)[2023-08-06]. https://www.gov.cn/zhengce/zhengceku/2020-03/17/content_5492287.htm.

教育部办公厅关于2018年乡村教师生活补助实施情况的通报[EB/OL].(2019-03-26)

［2023-09-22］. http：//www. moe. gov. cn/srcsite/A10/s7030/201904/t20190404_376664. html.

教育部等八部门关于印发《新时代基础教育强师计划》的通知［EB/OL］. (2022-04-02)［2024-01-26］. https：//www. gov. cn/zhengce/zhengceku/2022-04/14/content_5685205. htm.

教育部等九部门关于印发《中西部欠发达地区优秀教师定向培养计划》的通知［EB/OL］. (2021-08-02)［2024-01-26］. http：//www. moe. gov. cn/srcsite/A10/s7011/202108/t20210803_548644. html.

教育部等六部门关于加强新时代乡村教师队伍建设的意见［EB/OL］. (2020-07-31)［2023-11-21］. http：//www. moe. gov. cn/srcsite/A10/s3735/202009/t20200903_484941. html.

教育部等五部门关于印发《教师教育振兴行动计划（2018—2022年）》的通知［EB/OL］. (2018-03-22)［2023-11-20］. http：//www. moe. gov. cn/srcsite/A10/s7034/201803/t20180323_331063. html.

教育部关于进一步推进义务教育均衡发展的若干意见［EB/OL］. (2005-05-25)［2024-01-27］. http：//www. moe. gov. cn/srcsite/A06/s3321/200505/t20050525_81809. html.

教育大辞典编纂委员会. 教育大辞典（第2卷）［M］. 上海：上海教育出版社，1990.

金娣，王钢. 教育评价与测量［M］. 2版. 北京：教育科学出版社，2007.

金东日，蒍超. 政策执行研究新范式：体制与机制视角［J］. 长白学刊，2017（3）：51-58.

金太军. 公共政策执行梗阻与消解［M］. 广州：广东人民出版社，2005.

金志峰，吕武. 我国农村教师补充政策：变迁、困境及路径选择［J］. 学习与探索，2017（9）：57-62.

柯政. 理解困境：课程改革实施行为的新制度主义分析［M］. 北京：教育科学出版社，2011.

柯政. 中国大陆课程政策实施研究：以制度理论视角探讨"研究性学习"政策在A市的实施状况［D］. 香港：香港中文大学，2008.

科斯，阿尔钦，诺斯. 财产权利与制度变迁：产权学派与新制度学派译文集［M］. 刘守英，等译. 上海：上海人民出版社，1994.

拉格曼. 一门捉摸不定的科学：困扰不断的教育研究的历史［M］. 花海燕，等译. 北京：教育科学出版社，2006.

雷冬玉. 基础教育课程改革预期目标的偏离与调控研究［D］. 长沙：湖南师范大学，2010.

李德显，刘辉. 乡村教师政策激励"低效化"的困境与超越［J］. 教育文化论坛，2021（5）：50-55.

李锦琼，王德慧，李丽慧. "米特—霍恩"模型视角下校园足球发展政策执行问题研究［J］. 体育研究与教育，2018（5）：63-67.

李景治. 共同富裕是中国特色社会主义现代化建设的根本奋斗目标［J］. 党政研究，2021（1）：5-13.

李静美. 当前我国乡村教师补充的核心问题探讨［J］. 教育理论与实践，2020（4）：50-54.

李玲，陈宣霖，蒋洋梅. 教育政策执行研究的三种视角及其比较［J］. 外国教育研究，2018（12）：89-99.

李玲,李伟.乡村教师队伍建设政策协同性评价研究[J].南京师大学报(社会科学版),2020(1):43-54.

李茂森.中国城乡教师交流政策的梳理与反思[J].当代教育论坛,2020(5):113-121.

李宁,李中国.乡村教师生活待遇政策效应研究——基于政策工具的视角[J].教育学术月刊,2023(1):98-105.

李宁.乡村教师生活待遇政策执行研究——基于政策工具的视角[D].长春:东北师范大学,2019.

李普塞特.政治人:政治的社会基础[M].张绍宗,译.上海:上海人民出版社,1997.

李涛,邬志辉.让乡村教师职业"香"起来[N].光明日报,2014-10-21(15).

李廷洲,陆莎,尚伟伟,等.社会网络建构下的乡村教师政策执行研究[J].中国教育学刊,2020(7):50-55.

李文维.农村地区义务教育教师队伍补充机制问题研究——基于对山西省X县的调查[D].重庆:西南大学,2013.

李新翠,黄露.基于中小学教师工作现实场景的减负策略[J].教学与管理,2021(6):24-28.

李新翠.区县教师培训课程体系现状及反思[J].中国教育学刊,2019(2):76-81.

李兴洲,唐文秀.乡村教师政策靶向瞄准优化策略研究[J].国家教育行政学院学报,2020(6):35-42.

李宜江.城乡教师交流政策实施中问题与对策——基于对安徽省A县的调研分析[J].中国教育学刊,2011(8):5-8.

李奕,赵兴龙.新时代教师交流轮岗的新发展[J].教育研究,2022(9):130-137.

李允杰,丘昌泰.政策执行与评估[M].北京:北京大学出版社,2008.

林小英.县中的孩子:中国县域教育生态[M].上海:上海人民出版社,2023.

林一钢,张书宁.进入21世纪以来我国乡村教师政策文本的话语分析[J].现代教育管理,2022(1):66-74.

蔺海沣,王孟霞.乡村青年教师获得感如何影响其留岗意愿——生活满意度的中介效应[J].湖南师范大学教育科学学报,2022(2):59-75.

刘常娟.南京市小学教师待遇研究(1927—1937)[D].南京:南京大学,2012.

刘复兴.教育与共同富裕——建设促进共同富裕的高质量教育体系[J].教育研究,2022(8):149-159.

刘华锦,叶正茂.人类学视角下的乡村教师文化研究[J].现代大学教育,2019(1):104-110.

刘培林,钱滔,黄先海,等.共同富裕的内涵、实现路径与测度方法[J].管理世界,2021(8):117-129.

刘鹏,刘志鹏.街头官僚政策变通执行的类型及其解释——基于对H县食品安全监管执法的案例研究[J].中国行政管理,2014(5):101-105.

刘善槐,李梦琢,朱秀红.乡村教师综合待遇的劳动定价、差异补偿与微观激励研究[J].东北师大学报(哲学社会科学版),2018(4):183-189.

刘圣中.公共政策学[M].武汉:武汉大学出版社,2008.

刘玮.义务教育优质均衡发展政策执行考察:以苏南W市B区为例[M].北京:中国社会科学出版社,2017.

刘晶.乡村教师日常生活中的尊严及其结构性困局[J].清华大学教育研究,2020(2):83-91,111.

刘亚荣,陈粤秀,黄永军,等.我国地(市)、县级教育行政体制条块分割现状研究[J].国家教育行政学院学报,2007(8):65,74-79.

刘阳.史密斯模型视角下乡村教师支持政策执行问题研究——以山东省T市为例[D].大连:辽宁师范大学,2019.

刘毅玮,张云晶,封文波.乡村教师队伍建设中的困境与突破——基于乡村教师对政策感知与态度的调查[J].中国教育学刊,2020(6):95-100.

刘英杰.中国教育大事典(1840—1949)[M].杭州:浙江教育出版社,2001:133.

刘悦,姚建龙.教师荣誉制度法定功能的缺憾及其制度完善[J].湖南师范大学教育科学学报,2022(1):116-122.

柳卫.江津区中小学教师交流轮岗政策执行研究[D].重庆:西南大学,2019.

龙奕帆.新中国成立以来农村教师政策演进研究[D].长春:东北师范大学,2021.

陆学艺.研究社会流动的意义[J].中国党政干部论坛,2004(8):20-22.

罗尔斯.正义论[M].何怀宏,何包钢,廖申白,译.北京:中国社会科学出版社,2009.

罗森布鲁姆,克拉夫丘克.公共行政学:管理、政治和法律的途径[M].张成福,等译.北京:中国人民大学出版社,2002.

吕银芳,李威,祁占勇.改革开放40年乡村教师政策的变迁逻辑与未来走向[J].现代基础教育研究,2018(3):21-27.

马多秀.我国乡村教师队伍本土化培养及其实践路径[J].中国教育学刊,2019(1):93-96.

马焕灵,景方瑞.地方中小学教师轮岗制政策失真问题管窥[J].教师教育研究,2009(2):61-64.

马用浩,谷莎.城乡教师交流轮岗制度运行的困境与对策[J].北京教育学院学报,2016(5):1-6.

马云鹏.教育科学研究方法[M].长春:东北师范大学出版社,2001.

麦瑞尔姆.质化方法在教育研究中的应用:个案研究的扩展[M].于泽元,译.重庆:重庆大学出版社,2008.

毛果.广州市老年教育政策执行研究——基于霍恩—米特模型视角的分析[D].桂林:广西师范大学,2021.

毛泽东选集(第一卷)[M].北京:人民出版社,1991.

孟德斯鸠.论法的精神[M].张雁深,译.北京:商务印书馆,1978.

孟令,马香莲.梁漱溟乡村教师观及其当代价值[J].继续教育研究,2022(5):36-41.

米尔斯.社会学的想象力[M].陈强,张永强,译.北京:生活·读书·新知三联书店,2001.

木其坚."十二五"节能减排政策执行研究——基于"目标绩效—政策工具—政策网络"研究框架的分析[D].昆明:云南大学,2019.

宁骚.公共政策学[M].2版.北京:高等教育出版社,2011.

庞丽娟,金志峰,吕武.全科教师本土化定向培养——乡村小学教师补充的现实路径探析[J].教师教育研究,2017(6):41-46.

庞丽娟,金志峰,杨小敏.新时期乡村教师队伍建设政策研究[J].中国行政管理,2017(5):

109-113.

庞丽娟,杨小敏,金志峰,等.构建综合待遇保障制度 提升乡村教师职业吸引力[J].中国教育学刊,2021(4):34-40.

庞丽娟.统筹推进城乡义务教育一体化发展[J].教育研究,2020(5):16-19.

钱梦兰.职业教育扶贫政策演变趋势研究——基于政策文本分析法[D].武汉:中南民族大学,2018.

钱再见,金太军.公共政策执行主体与公共政策执行"中梗阻"现象[J].中国行政管理,2002(2):56-57.

秦文雨.我国农村教师支持政策变迁研究(1978—2022)[D].长春:东北师范大学,2023.

邱芸婕.惠阳区非物质文化遗产政策执行有效性研究[D].广州:华南理工大学,2017.

曲铁华,姜涛.高等师范教育改革70年:演进、成就与展望[J].教育研究,2019(8):24-32.

曲一琳.房宁:足音中的家国情[N].光明日报,2015-06-25(16).

人民网.教育部:15年来累计招聘95万特岗教师 覆盖3万多所中西部农村学校[EB/OL].(2020-09-04)[2024-01-29].http://edu.people.com.cn/n1/2020/0904/c1006-31849757.html.

任国平,程路.以高质量教师队伍支撑高质量教育体系建设——访教育部教师工作司司长任友群[J].人民教育,2022(5):29-32.

任胜洪,黄欢.乡村教师政策70年:历程回顾与问题反思[J].吉首大学学报(社会科学版),2019(6):41-50.

任友群,杨晓哲.新时代乡村教育的强师之路[J].中国电化教育2022(7):1-6,15.

萨瓦特尔.政治学的邀请[M].魏然,译.北京:北京大学出版社,2009.

陕西师范大学教育研究所.陕甘宁边区教育资料(小学教育部分上册)[M].北京:教育科学出版社,1981.

邵学伦.关于中小学教师流动问题的思索[J].山东教育科研,2002(8):13-14.

沈伟.中国大陆教育质量保障系统中的教研员:H市教研员的角色、身份与能动性变迁的研究[D].香港:香港中文大学,2012.

石娟.新世纪以来我国乡村教师政策的审思[J].教师教育学报,2022(2):39-45.

石连海,田晓苗.我国乡村教师队伍建设政策的发展与创新[J].教育研究,2018(9):149-153.

石长林.中国教师政策研究——基于教育政策内容的视角[D].武汉:华中师范大学,2005.

斯蒂尔曼二世.公共行政学:概念与案例[M].7版.竺乾威,等译.北京:中国人民大学出版社,2004.

斯科特.制度与组织:思想观念、利益偏好与身份认同[M].4版.姚伟,等译.北京:中国人民大学出版社,2020.

孙刚成,汶莎莎.乡村小学全科教师定向的现实需求与在地化培养策略[J].现代教育论丛,2020(6):2-10.

孙刚成,徐艺心.百年乡村教师政策演进:历程、逻辑与取向[J].现代教育论丛,2023(1):54-66.

孙绵涛,等.教育政策论——具有中国特色的社会主义教育政策研究[M].武汉:华中师范大学出版社,2002.
檀慧玲,刘艳.乡村教师政策发展的特点、问题及建议[J].教学与管理,2016(16):13-15.
檀慧玲,王晶晶.近十年我国教师教育政策的调整及未来发展趋势[J].湖南社会科学,2012(4):204-208.
唐松林.理想的寂灭与复燃:重新发现乡村教师[J].中国教育学刊,2012(7):28-31.
田健.如何吸引并留住乡村教师[N].中国教师报,2020-12-23(3).
田祖萌.出台《教育督导问责办法》为督导"长牙齿"提供有力制度保障[EB/OL].(2021-09-01)[2023-08-06].http://www.jyb.cn/rmtzcg/xwy/wzxw/202109/t20210901_616757.html.
王安全.西部农村教师政策的发展与改进研究[M].北京:科学出版社,2018.
王福生.政策学研究[M].成都:四川人民出版社,1991.
王甫勤.西方社会流动研究综述[J].兰州学刊,2008(8):203-205.
王国明.农村教师队伍建设支持性政策的现状与问题研究[J].教师教育学报,2019(2):77-83.
王红,邬志辉.乡村教师职称改革的政策创新与实践检视[J].中国教育学刊,2019(2):42-47.
王红蕾,吕武.改革开放以来我国农村教师政策的演进与改革路径[J].现代教育管理,2017(5):81-87.
王慧,刘睿.新中国乡村教师政策的变革、实践困境及优化策略[J].河北师范大学学报(教育科学版),2023(5):35-45.
王吉康,吉标."乡村教师支持计划"实施现状及对策研究——基于甘肃省G县的调查分析[J].广西社会科学,2019(6):179-184.
王佳佳.关于街头官僚自由裁量权的综述[J].西昌学院学报(社会科学版),2010(2):73-76.
王丽娟,唐智松.乡村教师缘何屡补屡缺——基于编制政策执行偏差的分析[J].中国教育学刊,2021(11):55-60.
王爽,刘善槐,房婷婷.面向2035的乡村教师队伍需求结构预测与建设规划[J].中国教育学刊,2021(10):1-7.
王爽,刘善槐.乡村教师生活补助政策评估与优化——基于东中西部8省8县的调查分析[J].华中师范大学学报(人文社会科学版),2019(4):178-184.
王卫,郑友训.教师轮岗制度的问题、困境及路径选择[J].教学与管理,2016(1):4-6.
王晓芳.教育政策执行过程中的偏差现象及其原因分析——以"禁止公办高中举办复读班"为例[J].上海教育科研,2014(1):16-19.
王玄武.政治观教育通论[M].北京:高等教育出版社,1999.
王宇珍,程良宏,韩光明.从知识传递者走向文化建设者:新时代乡村教师的角色审思[J].当代教育科学,2021(4):88-95.
王中华,余莎.义务教育教师资源配置建设的成就、问题及建议[J].现代中小学教育,2023(11):47-50,62.
魏姝.政策过程阶段论[J].南京社会科学,2002(3):64-69.
邬志辉.如何提高乡村教师职业吸引力[N].光明日报,2014-09-02(11).

吴建涛.我国县域义务教育优质均衡发展的主要困难与对策研究[J].教育科学,2019(3):75-82.

吴克昌,唐煜金.权衡于奖惩之间:多任务情境下基层部门政策执行策略的选择逻辑[J].公共行政评论,2022(6):42-62,197.

吴明隆.SPSS统计应用实务[M].北京:中国铁道出版社,2000.

希尔,休普.执行公共政策[M].黄健荣,等译.北京:商务印书馆,2011.

希尔斯曼.美国是如何治理的[M].曹大鹏,译.北京:商务印书馆,1986.

习近平.在省部级主要领导干部学习贯彻党的十八届五中全会精神专题研讨班上的讲话[N].人民日报,2016-05-10(2).

肖林,郑智勇,宋乃庆.嵌入性理论视域下乡村教师培训动力机制探赜[J].东北师大学报(哲学社会科学版),2022(4):128-136.

肖云岭,陈钢.井冈山革命根据地文化建设史[M].南昌:江西人民出版社,2007.

肖正德,林正范,等.农村教师的发展状况和保障机制研究[M].杭州:浙江大学出版社,2014.

谢明.公共政策概论[M].北京:中国人民大学出版社,2010.

谢庆奎,杨宏山.府际关系的理论与实践[M].天津:天津教育出版社,2007.

谢延龙,李爱华.我国教师流动政策:困境与突破[J].当代教育与文化,2013(5):88-92.

薛正斌.从史密斯模型反观乡村教师生活补助政策的偏差与矫正[J].教师教育研究,2021(1):45-50.

薛正斌.乡村教师生活补助政策执行研究[J].教育理论与实践,2021(5):11-14.

闫引堂.新制度主义的发展:领域拓展还是理论深化?——评迈尔和罗万主编的《教育中的新制度主义》[J].北京大学教育评论,2010(2):168-177.

杨成伟,唐炎,张赫,等.青少年体质健康政策的有效执行路径研究——基于米特—霍恩政策执行系统模型的视角[J].体育科学,2014(8):56-63.

杨宏山.府际关系论[M].北京:中国社会科学出版社,2005.

杨卫安.乡村小学教师补充政策演变:70年回顾与展望[J].教育研究,2019(7):16-25.

姚翔,刘亚荣.优化乡村小规模学校师资队伍结构的路径分析[J].湖南师范大学教育科学学报,2017(4):23-27.

姚晓丹,刘博超.教师轮岗,能否做到扎实轮岗、真轮岗[N].光明日报,2021-10-12(16).

叶怀凡.义务教育教师绩效工资政策的执行偏差与矫正[J].中国教育学刊,2016(4):31-36.

伊娟,马飞.新生代乡村教师乡土文化缺失的现实表征与重塑策略[J].当代教育科学,2021(5):72-79.

殷.案例研究:设计与方法[M].3版.周海涛,李永贤,张蘅,译.重庆:重庆大学出版社,2004.

于发友.聚力打造高素质专业化创新型教师队伍——党的十八大以来我国教师队伍建设的成就经验[J].人民教育,2022(17):6-10.

于维涛,杨乐英.县域教师发展支持体系建设研究[M].北京:北京师范大学出版社,2020.

于珍.主要矛盾转化教育如何适应[EB/OL].(2017-10-23)[2024-05-20].http://www.moe.gov.cn/jyb_xwfb/xw_zt/moe_357/jyzt_2017nztzl/2017_zt11/17zt11_bd/201710/

t20171023_317181.html.

袁顶国.从两极取向到有机整合:主题式教学研究[D].重庆:西南大学,2008.

袁桂林.如何防止城乡教师交流轮岗制度空转[J].探索与争鸣,2015(9):87-90.

袁振国.教育政策学[M].南京:江苏教育出版社,2001.

约克奇.SPSS其实很简单[M].刘超,吴铮,译.北京:中国人民大学出版社,2010.

张聪.基础教育促进共同富裕:内涵诠释、价值意蕴与作用机制[J].中国教育学刊,2023(1):1-6,19.

张国庆.现代公共政策导论[M].北京:北京大学出版社,1997.

张金马.公共政策分析:概念·过程·方法[M].北京:人民出版社,2004.

张金马.政策科学导论[M].北京:中国人民大学出版社,1992.

张紧跟.组织间网络理论:公共行政学的新视野[J].武汉大学学报(哲学社会科学版),2003(4):480-486.

张乐天.我国农村教育政策30年的演进与变迁[J].南京师大学报(社会科学版),2008(6):80-85,146.

张茂聪,张雷.公平与均衡:义务教育管理体制改革及制度保障[M].济南:山东教育出版社,2013.

张妍,曲铁华.中国共产党百年农村教师政策回眸与前瞻[J].现代教育管理,2021(6):10-17.

张毅强.风险感知、社会学习与范式转移:突发性公共卫生事件引发的政策变迁[M].上海:复旦大学出版社,2011.

张源源,邬志辉.我国农村青年教师的社会来源与职业定位研究——基于全国东中西9省18县的调查分析[J].教师教育研究,2015(4):40-45.

赵树凯.乡镇治理与政府制度化[M].北京:商务印书馆,2010.

赵垣可,刘善槐."县管校聘"管理改革推进中的问题分析及对策探讨[J].中国电化教育,2021(11):124-131.

赵垣可,刘善槐.新中国70年农村教师政策的演变与审思——基于1949—2019年农村教师政策文本的分析[J].西南大学学报(社会科学版),2019(5):14-23.

赵忠平,秦玉友.农村小规模学校的师资建设困境与治理思路[J].教师教育研究,2015(6):33,34-38.

中共河南省委、河南省人民政府关于全面深化新时代教师队伍建设改革的实施意见[EB/OL].(2019-05-17)[2023-06-14].https://www.henan.gov.cn/2019/05-17/793823.html.

中共中央、国务院关于全面深化新时代教师队伍建设改革的意见[EB/OL].(2018-01-20)[2024-01-27].https://www.gov.cn/xinwen/2018-01/31/content_5262659.htm.

中共中央办公厅、国务院办公厅关于印发《关于进一步减轻义务教育阶段学生作业负担和校外培训负担的意见》[EB/OL].(2021-07-24)[2023-11-10].https://www.gov.cn/zhengce/2021-07/24/content_5627132.htm?eqid=e86d237c000b897a000000036479e1e.

中共中央办公厅、国务院办公厅印发《关于加快推进乡村人才振兴的意见》[EB/OL].

（2021-02-23）［2024-01-26］．https：//www. gov. cn/xinwen/2021-02/23/content_5588496. htm？eqid＝bcec1548001992d9000000026468dd13．

中共中央办公厅、国务院办公厅印发《关于深化教育体制机制改革的意见》[EB/OL]．（2017-09-25）［2023-12-24］．http：//www. moe. gov. cn/jyb_xwfb/s6052/moe_838/201709/t20170925_315201. html．

中共中央马克思恩格斯列宁斯大林著作编译局. 马克思恩格斯选集（第三卷）[M]．北京：人民出版社，1995．

中华人民共和国教育部. 2021教育金秋系列发布会第六场[EB/OL]．（2021-09-08）［2023-08-06］．http：//www. moe. gov. cn/fbh/live/2021/53730/．

中华人民共和国教育部. 对十三届全国人大三次会议第2956号建议的答复[EB/OL]．（2020-10-30）［2023-08-06］．http：//www. moe. gov. cn/jyb_xxgk/xxgk_jyta/jyta_jiaoshisi/202012/t20201203_503246. html．

中华人民共和国教育部. 加快教育高质量发展 2022年全国教育工作会议召开[EB/OL]．（2022-01-17）［2023-08-07］．http：//www. moe. gov. cn/jyb_zzjg/huodong/202201/t20220117_594937. html．

中华人民共和国教育部. 我国教师队伍发展"这十年"：打造党和人民满意的"大国良师"[EB/OL]．（2022-09-06）［2023-08-06］．http：//www. moe. gov. cn/fbh/live/2022/54805/mtbd/202209/t20220906_658925. html．

中华人民共和国教育部. 义务教育教师"县管校聘"管理改革工作情况介绍[EB/OL]．（2019-11-29）［2023-08-07］．http：//www. moe. gov. cn/fbh/live/2019/51594/sfcl/201911/t20191129_410019. html？ivk_sa＝1023197a．

中华人民共和国中央人民政府. 国家中长期教育改革和发展规划纲要（2010-2020年）[EB/OL]．（2010-07-29）［2024-02-03］．https：//www. gov. cn/jrzg/2010-07/29/content_1667143. htm．

仲米领,于宝禄."县管校聘"改革下教师交流轮岗政策对象单一化问题研究[J]．教育与经济,2022(4):90-96．

周程. 论政府机关的借调现象——编制背后的利益博弈[J]．法制与社会,2011(9):198,200．

周君佐,咸春龙."双万计划"执行的现实困境及其突破路径——基于米特—霍恩模型的分析框架[J]．高教探索,2021(11):25-33．

周昆. 关于以教育领域供给侧改革助推乡村教师专业发展的思考[J]．课程·教材·教法,2017(12):91-96．

周险峰,彭礼,吴泽峰,等. 农村教师政策执行绩效问题研究[M]．武汉:华中科技大学出版社,2020．

周晔,徐好好. 乡村教师在乡村振兴中的应为与可为[J]．苏州大学学报（教育科学版）,2022(1):10-19．

朱秀红,刘善槐,王爽. 乡村振兴背景下农村教师队伍建设的政策理路、执行陷阱与改革逻辑[J]．华东师范大学学报（教育科学版）,2022(6):16-30．

朱旭东,赵英. 为建设教育强国提供"第一资源"[N]．中国教育报,2019-11-21(6)．

朱亚鹏.公共政策过程研究:理论与实践[M].北京:中央编译出版社,2013.

朱亚鹏.公共政策研究的政策网络分析视角[J].中山大学学报(社会科学版),2006(3):80-83.

朱永新.切实提高地位待遇 增强教师职业吸引力[J].中国教育学刊,2018(4):1-4.

Allison G. Essence of Decision: Explaining the Cuban Missile Crisis[M]. Boston: Little Brown and Company, 1971.

An X. Teacher salaries and the shortage of high-quality teachers in China's rural primary and secondary schools[J]. Chinese Education & Society, 2018(2): 103-116.

Anderson W. Intergovernmental Relations in Review[M]. Minneapolis: University of Minnesota Press, 1960.

Berman P. The study of macro- and micro- implementation[J]. Public Policy, 1978(2): 157-184.

Bogdan R, Biklen S. Qualitative Research for Education: An Introduction to Theories and Methods[M]. 5th ed. Boston: Pearson Education, 2007.

Brodkin E. Accountability in street-level organizations[J]. International Journal of Public Administration, 2008(3): 317-336.

Buffat A. Street-level bureaucracy and e-government[J]. Public Management Review, 2015(1): 149-161.

Cárdenas S, Ramires de la Cruz E. Controlling administrative discretion promotes social equity? Evidence from a natural experiment[J]. Public Administration Review, 2017(1): 80-89.

Coburn C. Framing the problem of reading instruction: Using frame analysis to uncover the microprocesses of policy implementation[J]. American Educational Research Journal, 2006(3): 343-379.

Collins R. Is 1980s sociology in the doldrums? [J]. American Journal of Sociology, 1986(6): 1336-1355.

Corbin J, Strauss A. Grounded theory research: Procedures, canons and evaluative criteria [J]. Qualitative Sociology, 1990(1): 3-21.

Crabtree B, Miller W. Doing Qualitative Research [M]. Thousand Oaks: Sage Publications, 1999.

Creswell J, Miller D. Determining validity in qualitative inquiry[J]. Theory into Practice, 2000(3):124-130.

Cuervo H. Enlarging the social justice agenda in education: An analysis of rural teachers' narratives beyond the distributive dimension[J]. Asia-Pacific Journal of Teacher Education, 2012(2): 83-95.

Denzin N. The Research Act: A Theoretical Introduction to Sociological Methods[M]. New York: Praeger, 1973.

Firestone W. Alternative arguments for generalizing from data as applied to qualitative research[J]. Educational Research, 1993(4): 16-23.

Fontana A, Frey J. Interviewing: The art of science[M]//Denzin N, Lincoln Y. Handbook of Qualitative Research. Thousand Oaks: Sage Publications, 1994.

Fulbeck E. Teacher mobility and financial incentives: A descriptive analysis of Denver's ProComp[J]. Educational Evaluation and Policy Analysis, 2014(1):67-82.

Goggin M, Bowman A, Lester J, et al. Implementation Theory and Practice: Toward a Third Generation[M]. New York: Harper Collins, 1990.

Golafshani N. Understanding reliability and validity in qualitative research[J]. The Qualitative Report, 2003(4):597-607.

Grantham A. How networks explain unintended policy implementation outcomes: The case of UK rail privatization[J]. Public Administration, 2001(4): 851 – 870.

Hall P, Taylor R. Political science and the three new institutionalisms[J]. Political Studies, 1996(5): 936-957.

Honig M. New Directions in Education Policy Implementation: Confronting Complexity [M]. Albany: State University of New York Press, 2006.

Howlett M, Ramesh M. Studying Public Policy: Policy Cycles and Policy Subsystems[M]. London: Oxford University Press, 1995.

Lasswell H. The Decision Process: Seven Categories of Functional Analysis[M]. College Park: University of Maryland, 1956.

Lester J, Bowman A, Goggin M, et al. Public policy implementation: Evolution of the field and agenda for future research[J]. Review of Policy Research, 1987(1): 200-216.

Linder S, Peters B. A design perspective on policy implementation: The fallacies of misplaced prescription[J]. Review of Policy Research, 1987(3): 459-475.

Lindner J. Institutional stability and change: Two sides of the same coin[J]. Journal of European Public Policy, 2003(6): 912-935.

Lipsky M. Street-level Bureaucracy: Dilemmas of the Individual in Public Services[M]. New York: Russell Sage Foundation, 1980.

Lipsky M. Toward theory of street-level bureaucracy[C]. 1969 Annual Meeting of the American Political Science Association, 1969:48-69.

Lowndes V. Institutionalism[M]//March D, Stoker G. Theory and Methods in Political Science. 2nd ed. London: Palgrave Macmillan, 2002.

March J, Olsen J. The logic of appropriateness[M]//Goodin R, Moran M, Rein M. The Oxford Handbook of Public Policy. Oxford: Oxford University Press, 2009.

Matland R. Synthesizing the implementation literature: The ambiguity-conflict model of policy implementation[J]. Journal of Public Administration Research and Theory, 1995 (2): 145-174.

McCool D. Public Policy Theories, Models and Concepts: An Anthology[M]. Englewood: Prentice Hall, 1995.

Merriam S. Qualitative Research: A Guide to Design and Implementation[M]. San Francisco: Jossey-Bass, 2009.

Meyers M, Vorsanger S. Street-level bureaucracy and the implementation of public policy [M]//Peters B, Pierre J. The SAGE Handbook of Public Administration. London: Sage, 2003.

Nakamura R, Smallwood F. The Politics of Policy Implementation[M]. New York: St. Martin's Press, 1980.

Nakamura R. The textbook policy process and implementation research[J]. Review of Policy Research, 1987(1): 142-154.

Nelson R. Public policy: An introduction to the theory and practice of policy analysis[J]. Journal of Policy Analysis and Management, 1997(1): 176-178.

O'Toole L, Hanf K, Hupe P, et al. Managing implementation processes in networks[J]. Wiley-InterScience, 1997: 137-151.

O'Toole L. Research on policy implementation: Assessment and prospects[J]. Journal of Public Administration Research and Theory, 2000(2): 263-288.

O'Toole L. Treating networks seriously: Practical and research-based agendas in public administration[J]. Public Administration Review, 1997(1): 45-52.

Peters G. American Public Policy: Promise and Performance[M]. Hampshire: Macmillan, 1986.

Piore M. Beyond markets: Sociology, street-level bureaucracy, and the management of the public sector[J]. Regulation and Governance, 2011(1): 145-164.

Rothstein B. Just Institutions Matter: The Moral and Political Logic of the Universal Welfare State[M]. Cambridge: Cambridge University Press, 1998.

Sabatier P. Top-down and bottom-up approaches to implementation research: A critical analysis and suggested synthesis[J]. Journal of Public Policy, 1986(1): 21-48.

Saetren H. Facts and myths about research on public policy implementation: Out-of-fashion, allegedly dead, but still very much alive and relevant[J]. Policy Studies Journal, 2005(4): 559-582.

Saetren H. Implementing the third generation research paradigm in policy implementation research: An empirical assessment[J]. Public Policy and Administration, 2014(2): 84-105.

Schofield J. Time for a revival? Public policy implementation: A review of the literature and an agenda for future research[J]. International Journal of Management Review, 2001(3): 245-263.

Schroeder A. Building implementation networks: Building multi-organizational, multi-sector structures for policy implementation[D]. Blacksburg: Virginia Polytechnic Institute and State University, 2001.

Scott R. Institutions and Organizations: Theory and Research[M]. 2nd ed. Thousand Oaks: Sage Publications, 2001.

Smith T. The policy implementation process[J]. Policy Sciences, 1973(2): 197-209.

Spillane J. Cognition and policy implementation: District policymakers and the reform of mathematics education[J]. Cognition and Instruction, 2000(2): 141-179.

Stake R. The Art of Case Study Research[M]. Thousand Oaks: Sage Publications, 1995.

Stever J. Adapting intergovernmental management to the new age of terrorism[J]. Administration & Society, 2005(4): 379-403.

Stewart J, Hedge D, Lester J. Public Policy: An Evolutionary Approach[M]. Stanford: Cengage Learning, 2004.

Thompson F. Bureaucratic discretion and the national health service corps[J]. Political Science Quarterly, 1982(3): 427-445.

Van Meter D, Van Horn C. The policy implementation process: A conceptual framework [J]. Administration & Society, 1975(4):445-488.

Weible C, Sabatier P. Comparing policy networks: Marine protected areas in California[J]. The Policy Studies Journal, 2005(2): 181-201.

Wright D. Intergovernmental relations: An analytical overview[J]. The Annals of the American Academy of Political and Social Science, 1974(1): 1-16.

附 录

附录一 乡村教师补充政策执行情况调查问卷

尊敬的老师：

您好！为了充分了解本地区乡村教师补充政策执行情况，促进乡村教师队伍建设政策落实、推进城乡教育均衡发展，我们设计了相关问题，麻烦您依据真实情况作答。本问卷采用无记名的方式，每个问题并无正确与错误之分，我们承诺将予以保密。感谢您的支持与参与！

注：本问卷中"乡村教师补充政策"指支持乡村教师补充进入乡村的相关政策。

第一部分 个人基本信息

1. 您的性别是 （ ）
   A. 男　　　　　B. 女
2. 您的教龄是 （ ）
   A. 1—5年　　B. 6—10年　　C. 11—20年　　D. 21年及以上
3. 您的学历是 （ ）
   A. 专科及以下　　B. 本科　　C. 研究生
4. 您任教的学段为 （ ）
   A. 小学　　　　　B. 初中

5. 您的职称是　　　　　　　　　　　　　　　　　　（　　）

　　A. 未定级　　　　　B. 三级（原小学二级、三级和初中三级）

　　C. 二级（原小学一级和初中二级）

　　D. 一级（原小学高级和初中一级）

6. 您现任职务为　　　　　　　　　　　　　　　　　（　　）

　　A. 普通教师　　　B. 学校中层及以上领导

第二部分　乡村教师补充政策执行现状

7. 您了解的乡村教师补充渠道有哪几种？（可多选）　（　　）

　　A. 公开招聘　　　B. 特岗计划　　　C. 免（公）费师范生定向分配

　　D. 轮岗交流制　　E. 支教　　　　　F. 顶岗实习　　G. 其他_____

　　H. 都不了解

8. 近几年,您的同事都是通过以下哪（几）种渠道补充成为一名乡村教师？
　（可多选）　　　　　　　　　　　　　　　　　　（　　）

　　A. 公开招聘　　　B. 特岗计划　　　C. 免（公）费师范生定向分配

　　D. 轮岗交流制　　E. 支教　　　　　F. 顶岗实习　　G. 其他_____

9. 您是通过什么样的渠道补充成为一名乡村教师的？　（　　）

　　A. 特岗计划　　　B. 免（公）费师范生定向分配

　　C. 轮岗交流制　　D. 公开招聘　　　E. 其他_____

第10—12题均是针对第9题中您选择的补充渠道进行问答。

10. 您认为该种补充渠道的政策规定是否合理？　　　（　　）

　　A. 合理　　　B. 比较合理　　　C. 一般　　　D. 比较不合理

　　E. 不合理

11. 您认为该补充渠道政策存在的问题是_____（可多选）　（　　）

　　A. 政策内容模糊不清　　　B. 政策规定没有公开透明

　　C. 政策规定可操作性不强　D. 政策规定不满足乡村学校的实际需求

　　E. 政策执行缺少有效监管　F. 其他_____

12. 您通过什么途径知晓该补充渠道相关政策？　　　（　　）

　　A. 身边人介绍　　B. 媒体网络　　　C. 政府宣传　　D. 学校宣传

13. 您现在教授几科课程？　　　　　　　　　　　　　　　（　　）

　　　A. 一科　　　　B. 两科　　　　C. 三科　　　　D. 三科以上

14. 您任教学科与所学专业是否一致？　　　　　　　　　（　　）

　　　A. 是　　　　　B. 否　　　　　C. 不清楚

15. 您所在学校哪（几）个学科教师紧缺？（可多选）　　（　　）

　　　A. 语文　　　　B. 数学　　　　C. 英语　　　　D. 音乐

　　　E. 体育　　　　F. 美术　　　　G. 信息技术　　H. 其他_____

16. 学校目前是否能对紧缺学科及时补充教师？　　　　　（　　）

　　　A. 是　　　　　B. 否　　　　　C. 不清楚

17. 您所在的学校教师数量充足吗？　　　　　　　　　　（　　）

　　　A. 很充足　　　B. 充足　　　　C. 说不清　　　D. 不太充足

　　　E. 很不充足

18. 学校是否能根据自身需要的数量引进教师？　　　　　（　　）

　　　A. 是　　　　　B. 否　　　　　C. 不清楚

19. 近年来是否有定向培养的全科教师补充进入您所在学校？（　　）

　　　A. 有　　　　　B. 没有　　　　C. 不清楚

20. 您目前从事教育教学工作的主要困难是_____（可多选）（　　）

　　　A. 教育教学知识匮乏　　　　　B. 学科专业知识不充足

　　　C. 教学实践能力不足　　　　　D. 学校环境差、设备短缺

　　　E. 自身从教意愿低　　　　　　F. 人际关系不好

　　　G. 其他_____

21. 您认为近年来新补充教师的素质能力能否胜任乡村教育教学？

　　　　　　　　　　　　　　　　　　　　　　　　　　（　　）

　　　A. 完全能胜任　　B. 比较能胜任　　C. 一般能胜任

　　　D. 比较不能胜任　E. 完全不能胜任

22. 您认为乡村教师在本地区的社会地位如何？　　　　　（　　）

　　　A. 非常高　　　B. 比较高　　　C. 不清楚　　　D. 比较低

　　　E. 非常低

23. 您到乡村学校任教的动机是什么？　　　　　　　　　（　　）

　　A. 浓烈的乡土情怀　　B. 评职称有乡村学校任教经历的可以优先

　　C. 乡村任教有补助，可以增加收入　　D. 无奈之选，自己并不想去

24. 您在乡村任教过程中是否可以实现职称的即评即聘？　　（　　）

　　A. 能　　　　　　B. 否　　　　　　C. 不清楚

25. 近年来您认为职称评聘的机会是否向乡村学校倾斜？　　（　　）

　　A. 是　　　　　　B. 否　　　　　　C. 不清楚

26. 您每个月的工资是否能够按时足额发放？　　　　　　　（　　）

　　A. 按时足额发放　　　　　　B. 虽按时但不能足额发放

　　C. 常常推迟发放　　　　　　D. 很难保证按时足额发放

27. 您每月实发工资大约为_____　　　　　　　　　　　（　　）

　　A. 2000 元以下　　B. 2001—3000 元　　C. 3001—4000 元

　　D. 4001—5000 元　E. 5001 元以上

28. 您目前平均工资收入水平与本地区公务员平均工资收入水平相比

　　　　　　　　　　　　　　　　　　　　　　　　　　　（　　）

　　A. 高很多　　　　B. 高一些　　　　C. 持平　　　　D. 低一些

　　E. 低很多

29. 您的工资待遇包括哪些内容？（可多选）　　　　　　　（　　）

　　A. 基本工资　　　B. 乡镇工作补贴　　C. 乡村教师生活补助

30. 您每月乡村生活补助大约为_____　　　　　　　　　（　　）

　　A. 200 元以下　　B. 201—400 元　　C. 401—600 元　D. 601—800 元

　　E. 801—1000 元　F. 1001 元以上

31. 您现有住房类型为_____　　　　　　　　　　　　　（　　）

　　A. 自购房　　　　B. 自租房　　　　C. 自建房

　　D. 学校提供的教师宿舍　　　　　E. 其他_____

32. 学校提供的社会保险（障）包括（即是否有"五险一金"）_____（可

　　多选）　　　　　　　　　　　　　　　　　　　　　　（　　）

　　A. 养老保险　　B. 医疗保险　　C. 生育保险　　D. 失业保险

　　E. 工伤保险　　F. 住房公积金　　G. 无社会保险和住房公积金

第三部分　态度认知

33.您关注乡村教师补充政策的落实吗？　　　　　　　　　　　（　　）
　　A.完全关注　　　B.比较关注　　　C.一般关注　　　D.比较不关注
　　E.完全不关注

34.您对乡村教师补充渠道的政策规定满意吗？　　　　　　　　（　　）
　　A.非常满意　　　B.比较满意　　　C.一般满意　　　D.比较不满意
　　E.非常不满意

35.您对乡村教师补充类型(即补充教师的素质、任教学科等)的政策规定满意吗？　　　　　　　　　　　　　　　　　　　　　　　　（　　）
　　A.非常满意　　　B.比较满意　　　C.一般满意　　　D.比较不满意
　　E.非常不满意

36.您对乡村教师待遇保障的政策规定满意吗？　　　　　　　　（　　）
　　A.非常满意　　　B.比较满意　　　C.一般满意　　　D.比较不满意
　　E.非常不满意

37.您认为目前乡村教师补充最大的问题是＿＿＿＿＿(可多选)　（　　）
　　A.社会重视程度不够　　　　　　　B.补充渠道单一化
　　C.常态化持续化的补充渠道未形成　D.补充数量不足
　　E.难以补充到符合学校需求的优质教师　F.工资待遇低
　　G.住房、医疗等生活待遇低　　　H.职称评聘难　　I.其他＿＿＿＿＿

38.您认为未来乡村教师补充政策的发展趋势如何　　　　　　　（　　）
　　A.非常好　　　B.比较好　　　C.一般　　　D.比较不好
　　E.非常不好

39.如果有可能,我愿意调离乡村学校　　　　　　　　　　　　（　　）
　　A.愿意　　　　B.不愿意　　　C.不清楚

40.请问您对乡村教师补充政策及其执行有什么建议？
　　＿＿＿＿＿＿＿＿＿＿＿＿＿＿＿＿＿＿＿＿＿＿＿＿＿＿＿＿＿＿＿＿

附录二 乡村教师补充政策执行情况访谈提纲

一、对教师的访谈提纲

1. 请问您是通过哪种渠道(方式)补充进入乡村任教的？比如"特岗计划"、轮岗交流等。

2. 请您谈谈对这种补充方式相应的政策了解。您认为政策本身制定是否合理？有什么疏漏吗？您是否认同？政策执行情况如何？执行中遇到了哪些问题和困难？

3. 您认为自己对乡村学校教育教学工作的适应情况如何？

4. 您目前所在学校主要以什么方式补充新教师？您对新补充的教师整体印象如何？您感觉他们的教学质量怎么样？

5. 您目前的待遇保障情况怎样？您觉得哪些地方亟须改进？

6. 您所在学校及地方教育行政部门对乡村教师补充是否重视？为什么会这样？

二、对校领导的访谈提纲

1. 您知道当前关于乡村教师补充方面，国家和本地区出台了哪些政策吗？这些政策在您所在地区执行情况如何？执行中遇到了哪些问题和困难？

2. 近年来，您所在地区乡村学校的师资短缺吗？如果短缺，在哪些方面短缺，比如整体数量短缺、某些学科短缺、教育教学素质不高等。

3. 近年来，您所在地区乡村学校补充教师的主要来源是什么？这些补充方式效果如何？您对新补充的教师整体印象如何？您感觉他们的教学质量怎么样？

4. 新补充的教师对乡村学校教育教学工作适应的情况如何？

5. 目前新补充教师的待遇保障情况如何？您觉得哪些地方亟须改进？

6.您认为本地乡村教师与其他地区乡村教师在师资补充上的差距大吗？您觉得有哪些影响因素？

7.您认为，要解决本校和本地区乡村教师补充问题，除了前面我们讨论的，还有哪些问题是需要解决的？对于建立长效的乡村教师补充机制，您对教育行政部门有哪些意见和建议？

三、访谈提纲（教育行政部门）

1.当前本地区正在执行的乡村教师补充政策有哪些文件？本地区是否有针对乡村教师补充的专项实施方案或规划？

2.您所在地区义务教育阶段乡村教师补充情况如何，有哪些问题亟须解决？

3.您所在地区主要靠哪些渠道补充乡村教师？

4.您所在地区有"特岗计划"/定向培养/交流轮岗教师吗？您对"特岗计划"/定向培养/交流轮岗补充进入乡村学校的教师整体印象如何？这项政策实施有哪些需要改进的地方？

5.您认为本地乡村教师与其他地区乡村教师在师资补充上的差距大吗？您觉得有哪些影响因素？

6.教育主管部门是否对中央政策及地方实施方案内容进行宣传与追踪调查？具体是如何开展的？

7.教育主管部门是否设有专门人员及机构负责乡村教师师资补充保障及管理？是否有电子档案记录？

8.您认为，要解决本地区乡村教师补充问题，除了前面我们讨论的，还有哪些问题是需要解决的？对于建立长效的乡村教师补充机制，您有哪些意见和建议？

附录三　乡村教师待遇政策执行情况调查问卷

尊敬的老师：

　　您好！感谢您在百忙之中接受本次调查。此调查旨在了解乡村教师待遇政策执行的成效、问题及其成因，为保障广大乡村教师获得公平合理的待遇提出改进建议。此次调查以匿名形式进行，所得资料仅用于学术研究，不会泄露个人信息，更不会对您及所在单位造成不良影响。您的回答对乡村教师待遇政策成效的达成非常重要，希望您能如实填写。再次感谢您的信任与协助，祝您生活愉快！

　　注：乡村教师待遇政策是指2010年以来国家及地方出台的关涉乡村教师生活保障（工资待遇和社会保障）、职业发展（教师培训和职称评聘）、荣誉激励（荣誉评选和荣誉奖励）的相关政策规定。

　　答题说明：请您根据实际情况在符合的选项上打"√"或填写。

第一部分　个人基本信息

1. 您的性别是　　　　　　　　　　　　　　　　　　　　　　（　　）
   A. 男　　　　　　B. 女
2. 您的年龄是　　　　　　　　　　　　　　　　　　　　　　（　　）
   A. 35岁及以下　　B. 36—45岁　　C. 46—55岁　　D. 56岁及以上
3. 您的学历是　　　　　　　　　　　　　　　　　　　　　　（　　）
   A. 专科及以下　　B. 本科　　　　C. 研究生
4. 您目前所在的学校是　　　　　　　　　　　　　　　　　　（　　）
   A. 村庄小学　　　B. 乡中心小学　　C. 乡初级中学
5. 您的教龄是　　　　　　　　　　　　　　　　　　　　　　（　　）
   A. 不满10年　　　B. 10—19年　　C. 20—29年　　D. 30年及以上
6. 您的职称是　　　　　　　　　　　　　　　　　　　　　　（　　）
   A. 三级教师　　　B. 二级教师　　C. 一级教师　　D. 高级教师

7. 您目前所教的科目是_____（可多选）　　　　　　　　（　　）

　　A. 数学　　　　　B. 语文　　　　　C. 英语　　　D. 科学（物化生）

　　E. 历史　　　　　F. 地理　　　　　G. 艺术（音美）　H. 综合实践

　　I. 信息技术　　　J. 体育　　　　　K. 心理健康

　　L. 品德或道德与法治

8. 您目前担任的职务为_____　　　　　　　　　　　　（　　）

　　A. 普通教师　　　B. 班主任＋普通教师　　C. 中层领导＋普通教师

　　D. 中层领导＋班主任＋普通教师　　　E. 校级领导＋普通教师

　　F. 校级领导＋班主任＋普通教师

第二部分　乡村教师待遇政策执行现状

注：工资收入是任教期间所获得的基本工资、绩效工资、各项津贴补、住房公积金和各类保险金等各项薪酬总计。

9. 从任教期间的各项薪酬总计看，您全年平均月收入大约为　　（　　）

　　A. 不足 3000 元　　　　　　　B. 3001—4000 元

　　C. 4001—5000 元　　　　　　D. 5001 元及以上

10. 从任教期间的各项薪酬总计看，目前您的月平均工资水平与当地公务员相比　　　　　　　　　　　　　　　　　　　　　　　　（　　）

　　A. 低很多　　B. 低一些　　C. 基本持平　　D. 高一些

　　E. 高很多

11. 从任教期间的各项薪酬总计来看，目前您的月平均工资水平与城镇同职级教师相比　　　　　　　　　　　　　　　　　　　　（　　）

　　A. 低很多　　B. 低一些　　C. 基本持平　　D. 高一些

　　E. 高很多

12. 您的各项津贴补助与发放时间是：（勾选并连线）

　　□乡镇工作补贴　　　　　　　每月/次

　　□乡村教师生活补助

　　□班主任补贴　　　　　　　　两个月/次

　　□教龄津贴

　　　　□寄宿制学校补贴　　　　　　　　三个月/次

　　　　□住房补贴

　　　　□延时服务补贴　　　　　　　　　半年/次

　　　　□其他（请说明）_____

13. 您的津贴补助总额度平均每月大约为　　　　　　　　　　（　　）

　　A. 不足 800 元　　　　　　　　　B. 801—1000 元

　　C. 1001—1200 元　　　　　　　　D. 1201 元及以上

14. 您所在学校的教师周转宿舍建设情况是　　　　　　　　（　　）

　　A. 全部未完工　　B. 部分完工　　C. 全部完工

15. 当地乡村教师到城镇购房时，是否享有特别优惠？　　　（　　）

　　A. 是　　　　　B. 不清楚　　　　C. 否

16. 您是否定期参加教师体检？　　　　　　　　　　　　　（　　）

　　A. 是　　　　　B. 不清楚　　　　C. 否

17. 您所在乡域内是否建立了保障教师心理健康发展的心理辅导中心？

　　　　　　　　　　　　　　　　　　　　　　　　　　　（　　）

　　A. 是　　　　　B. 不清楚　　　　C. 否

18. 您享有的社会保障有（即是否有"五险一金"，可多选）　（　　）

　　A. 养老保险　　B. 医疗保险　　　C. 工伤保险　　D. 失业保险

　　E. 生育保险　　F. 住房公积金

19. 近年来，您的培训机会是否有所增加？　　　　　　　　（　　）

　　A. 是　　　　　B. 不清楚　　　　C. 否

20. 您参加教师培训的意愿如何　　　　　　　　　　　　　（　　）

　　A. 非常低　　　B. 比较低　　　　C. 不确定　　　D. 比较高

　　E. 非常高

21. 乡村教师培训的首要内容是否为师德教育？　　　　　　（　　）

　　A. 是　　　　　B. 不清楚　　　　C. 否

22. 当前的教师培训内容是否符合您的实际需求？　　　　　（　　）

　　A. 是　　　　　B. 不清楚　　　　C. 否

23. 您认为教师培训在提升教师教育教学水平方面的作用如何 （   ）

  A. 非常低　　　　B. 比较低　　　　C. 不确定　　　D. 比较高

  E. 非常高

24. 在申报职称时，对乡村教师的评价标准是否会在城市标准的基础上适当降低？ （   ）

  A. 是　　　　　　B. 不清楚　　　　C. 否

25. 在职称评审中，乡村教师是否会和城镇教师分开评审？ （   ）

  A. 是　　　　　　B. 不清楚　　　　C. 否

26. 当前的职称评审环节中，是否提高了教育教学实际业绩的评价权重？

  （   ）

  A. 是　　　　　　B. 不清楚　　　　C. 否

27. 乡村小学教师在参加职称评聘时，是否会受所学专业限制？ （   ）

  A. 是　　　　　　B. 不清楚　　　　C. 否

28. 职称评审通过的教师通常多久可以得到聘任 （   ）

  A. 即评即聘　　　B. 半年以内　　　C. 半年至一年　　D. 一年以上

29. 学校通常采取何种方式进行教师荣誉评选（可多选、可补充） （   ）

  A. 上级政府指定　B. 学校领导决定　C. 民主投票　　　D. 考核评定

  E. 其他：＿＿＿＿＿＿＿＿

30. 在当地的教师评优评先、表彰奖励工作中，指标是否会向乡村教师倾斜？ （   ）

  A. 是　　　　　　B. 否　　　　　　C. 不清楚

30. 任教以来，您获得过几项县级及以上荣誉 （   ）

  A. 0 项　　　　　B. 1—2 项　　　　C. 3—4 项　　　D. 5 项及以上

31. 您获得的最高荣誉称号是哪个级别 （   ）

  A. 无　　　　　　B. 县级　　　　　C. 市级　　　　　D. 省级

  E. 国家级

32. 获奖的乡村教师可以得到的奖励有（可多选） （   ）

  A. 荣誉证书　　　B. 宣传表彰　　　C. 发放奖金　　　D. 职级晋升

  E. 给予培训机会

33. 学校或政府部门通常采用何种方式对获奖教师的事迹进行宣传（可多选，可补充） （　　）

　　A. 举行表彰仪式　　B. 张贴公告　　C. 网络宣传或媒体报道

　　D. 其他：_____

第三部分　乡村教师对政策执行的认知与评价

34. 乡村教师各项待遇政策在本地的宣传力度较大　　　　（　　）

　　A. 非常不符合　　B. 比较不符合　　C. 不确定　　D. 比较符合

　　E. 非常符合

35. 本地乡村教师对乡村教师待遇政策的相关规定有深入了解　（　　）

　　A. 非常不符合　　B. 比较不符合　　C. 不确定　　D. 比较符合

　　E. 非常符合

36. 本地乡村教师待遇政策执行后，您在乡村从事教育教学的意愿和以前相比　　　　　　　　　　　　　　　　　　　　　　（　　）

　　A. 下降了很多　　B. 下降了一些　　C. 基本没变化　　D. 提升了一些

　　E. 提升了很多

37. 整体来看，您对本地的各项乡村教师待遇政策执行现状的满意度为

（　　）

　　A. 非常不满意　　B. 比较不满意　　C. 不确定　　D. 比较满意

　　E. 非常满意

38. 您认为乡村教师待遇政策执行中还存在什么问题？对此，您有什么建议？

附录四　乡村教师待遇政策执行情况教师访谈提纲

一、基本信息

所在乡域：_____　　性别：_____　　学校类型：_____

所教学科：_____　　教龄：_____　　职称：_____

二、访谈问题

1.请问您当前的工资构成及其水平是？

2.请谈一谈您的各项津补贴的额度及发放情况，对此您是否满意？

3.请介绍下您所在学校的教师周转宿舍建设、分配和使用情况。

4.您或您的同事在城镇购买住房时能否享受到一定的优惠？

5.请介绍下您所在学校的教师体检安排情况。您对当前的医疗保障是否满意？

6.近年来您的培训机会是否有所增加？您通常参加哪些级别的教师培训？

7.针对教师培训的内容、形式、参与情况、实际效果等方面，请谈一谈您的看法。

8.当地乡村教师在职级晋升方面可享受哪些倾斜政策？

9.当地通常按什么标准或程序对乡村教师进行荣誉评选？

10.入职以来您获得过哪些荣誉？是否有相应的附加奖励？

11.您了解现行的乡村教师待遇政策吗？如若了解，您是通过何种途径知晓的？

12.当地乡村教师待遇政策执行中取得的哪些成效比较令您满意？

13.当地乡村教师待遇政策在哪些方面执行效果不佳？您认为是什么原因造成的？请从政策质量、政策资源、政策执行组织、政策执行者、乡村教师自身、政策环境等方面谈一谈您的看法。

附录五　乡村教师待遇政策执行情况校长访谈提纲

一、基本信息

乡域及学校：_____　　性别：_____　　职务：_____

任教科目：_____　　教龄：_____　　职称：_____

二、访谈问题

1. 本乡总共有多少所中小学？其中乡中、乡小、村小各有多少所？
2. 本乡总共有多少位教师？长期在编在岗的教师大概有多少位？
3. 请介绍下贵校教师的整体情况，如性别比例、任教科目、补充与流失情况等。
4. 请介绍下贵校教师工资待遇的基本情况，如收入水平、教师各项津补贴的额度及发放情况等。
5. 请介绍下贵校教师住房保障情况，如周转房的建设、分配和使用情况，城镇购房的优惠情况，住房公积金的缴纳情况等。
6. 请介绍下贵校教师医疗保障情况，如体检安排、医疗报销、重大疾病救助、教师心理辅导中心建设情况等。
7. 请介绍下贵校教师的在职培训情况，如培训类型、参与人数和意愿、培训效果、薄弱学科教师的培训情况等。
8. 请介绍下贵校教师职称评聘情况，如绿色通道、流程、评聘结合情况等。
9. 请介绍下贵校教师荣誉制度建设情况，从荣誉评选标准与流程、荣誉证书发放、荣誉奖励力度方面展开。
10. 在提升乡村教师各项待遇上，贵校还有哪些工作难以开展？存在什么问题？面临的具体困难有哪些？您希望如何解决？
11. 您平常能接触到哪些乡村教师待遇政策？对此请简要说明您的理解或看法。

12.本地乡村教师的各项待遇分别由哪些政府部门负责落实？各部门在分工、合作方面情况如何？

13.本地乡村教师待遇政策由哪些人员负责执行？您认为其对政策的认知度、认可度、政策执行能力和效率如何？

14.当地乡村教师的各项待遇是否按照政策要求得到如期落实？还有哪些方面未达到理想效果？您认为是什么原因导致的？对此您的建议是？

附录六 乡村教师待遇政策执行情况教育行政部门访谈提纲

一、基本信息

部门：_____   职务：_____

性别：_____   工龄：_____

二、访谈问题

1. 本县总共有多少所乡村学校？其中乡中、乡小、村小各有多少所？

2. 请介绍下贵县乡村教师在性别比例、规模结构、补充与流失等方面的基本情况。

3. 近年来，本地乡村教师有哪些待遇发生了明显的改善？贵县在提升乡村教师待遇方面有哪些宝贵的经验？

4. 本地乡村教师哪些待遇的提升效果还不显著？面临的困难是什么？

5. 本地现行的乡村教师待遇政策有哪些？本地出台的专项政策文件有哪些？

6. 贵县由哪些部门负责乡村教师待遇政策的执行工作？具体是如何分工的？在政策执行过程中各部门之间的沟通、合作情况如何？

7. 贵县乡村教师待遇政策执行工作具体分配给了哪些人员？政策执行人员对政策熟知度如何？

8. 贵县是如何考核乡村教师待遇政策执行成效的？依照哪些标准？是否有相应的奖惩机制？

9. 在乡村教师待遇政策的执行过程中，本地政策资源有哪些？政策资源的供应是否充足、及时、有效？

10. 贵县通常会以何种方式对乡村教师待遇政策进行宣传？宣传效果如何？

11.贵县乡村教师对待遇政策的认知度和认可度如何？在政策执行过程中，乡村教师是否会积极支持执行人员的工作？

12.本县的社会环境（经济、传统观念等）是否有利于乡村教师待遇政策执行？

附录七　城乡教师交流轮岗政策执行访谈提纲

一、访谈对象资料

姓名：_____　性别：_____　年龄：_____　教龄：_____

婚否：_____　学科：_____　职务：_____　最高学历：_____

二、背景性问题

1. 请您介绍一下本县的教育概况，包括但不限于办学水平、师资水平、学生培养质量等方面。您认为本县的教育具有什么优势？存在什么问题？这些年进行了哪些教育改革？教育面貌有哪些改变？教育发展有哪些制约因素？（访谈对象为教育行政部门工作人员与学校相关负责人）

2. 请介绍一下学校的大概情况，比如发展历程、教师与学生的数量、师资水平、学生质量等。学校有什么特色与优势？存在什么困难与问题？（访谈对象为学校相关负责人）

3. 请您介绍一下自己的工作经历。这些经历对您目前的工作有什么影响？您对自己目前从事的职业有什么看法？您如何看待教师这份职业？您认为教师职业和其他职业有什么区别？（访谈对象为学校相关负责人与教师）

三、城乡教师交流轮岗政策执行情况

1. 县域层面的城乡教师交流轮岗情况。何时开始实施城乡教师交流轮岗政策？有哪些交流轮岗的方式？目前已经有多少教师参与了城乡交流轮岗？交流轮岗的时间多长？如何选择交流轮岗教师？对于交流轮岗教师的住房、交通、工资补贴、职称评审、教学、管理与评价等方面采取了哪些支持与保障措施？（访谈对象为教育行政部门工作人员）

2. 学校层面的教师交流轮岗情况。本校平均每年有几位教师交流进来、有几位教师交流出去？交流周期多长？对于交流轮岗教师的住房、交通、工资

补贴、职称评审、教学、管理与评价等方面采取了哪些支持与保障措施？（访谈对象为学校相关负责人）

3. 教师的交流轮岗经历。通过什么渠道了解到城乡交流轮岗的？交流轮岗过几次？分别在什么时候？分别交流轮岗了多久？为什么参加交流轮岗？交流轮岗期间在住房、交通、工资补贴、职称评审、教学、管理与评价等方面是否有支持与保障措施？有哪些具体保障措施？这些保障措施能否满足您的需要？您在参加交流轮岗期间有什么顾虑与困难？是否得到解决？交流轮岗期间的人事关系在哪里？关系变动与否对您参加交流有何影响？在交流轮岗期间有什么印象深刻的事情吗？（访谈对象为教师）

4. 执行（参与）城乡教师交流轮岗政策的主要影响因素有什么？（访谈对象为教育行政部门工作人员、学校相关负责人与教师）

四、对城乡教师交流轮岗政策执行的评价

1. 您觉得目前城乡教师交流轮岗取得了哪些突出效果？面临哪些问题？对此，您认为造成这种情况的原因何在？（访谈对象为教育行政部门工作人员、学校相关负责人与教师）

2. 请谈一谈您对"县管校聘"的理解，并回答"县管校聘"与城乡教师交流轮岗之间有何关系。"县管校聘"是否为推进城乡教师交流轮岗带来了便利？有何表现？获得了哪些经验？又有什么突出困难或阻力？为什么会存在这些困难或获得这些经验？（访谈对象为教育行政部门工作人员与校长）"县管校聘"是否对您或其他教师参加交流轮岗产生影响？有哪些具体表现？（访谈对象为教师）

五、对完善城乡教师交流轮岗有何建议（访谈对象为教育行政部门工作人员、学校相关负责人与教师）

后　记

本书系国家社会科学基金教育学一般课题"近十年我国农村教师队伍建设政策执行情况研究"(BHA200137)的主要研究成果,浙江省哲学社会科学重点培育研究基地"浙江师范大学高质量教育发展研究院"成果。

2010年,我国召开了21世纪第一次全国教育工作会议,颁布了《国家中长期教育改革和发展规划纲要(2010—2020年)》。以该纲要的颁布为起点,乡村教师队伍建设得到前所未有的重视。相关政策的落实情况直接影响我国未来乡村教师队伍建设的内容与方向,深入考察乡村教师政策执行情况,不仅有助于系统梳理我国乡村教师政策执行得失,还可为未来乡村教师队伍建设提供借鉴和参考。与同类型研究乡村教师政策的书籍比较,本书具有以下特点。

第一,在越来越关注政策执行的社会背景下,本书既拓展了政策执行概念与理论框架在教育研究中的应用,又关注乡村教师政策执行的议题,可深化对乡村教师队伍建设的进一步思考。第二,本书为理解乡村教师政策提供新的视角与框架。近年来,关于乡村教师政策的研究明显呈上升趋势,但已有研究多局限于从教育学、管理学、经济学等视角展开研究,关注文本内容分析与理论建构。本书从基层执行者的视角出发,在相关理论框架的指导下,采取实证研究的方式对乡村教师政策的设计与执行进行深度剖析与挖掘,根据真实的政策执行情况反推政策设计的不足,进而为乡村教师政策研究提供新视角、新思路。第三,已有乡村教师政策研究多是对某一具体政策的分析,本书从政策执行的视角对乡村教师政策进行系统研究。具体而言,本书采用文本分析法、调查研究法、案例研究法等,对三类典型的乡村教师政策——乡村教师补充政策、乡村教师待遇政策、城乡教师交流轮岗政策进行了不同程度的考察,用案例的形式呈现了这三类政策执行的成效、问题及原因,并且提出相应的对策建议。同时,本书力求超越案例研究的现实场景,全面总结乡村教师政策执行取得的总体成效,对政策执行中出现的问题进行反思,就如何推动乡村教师政策有效执行提出相对切实的对策建议。

本书按照"总—分—总"的思路,将研究内容分为以下七部分:第一章阐明了乡村教师政策执行的研究背景、研究问题、研究意义与价值;第二章梳理了乡村教师政策执行相关研究成果,包括政策文本、执行现状、执行困境、对策建议;第三章系统阐述了乡村教师政策执行相关理论;第四章至第六章为三个案例研究,分别剖析了乡村教师补充政策、乡村教师待遇政策、城乡教师交流轮岗政策的执行情况;第七章对乡村教师政策执行进行了经验总结,并提出反思建议。

本书是课题组成员集体讨论和分工合作的成果,具体分工如下:第一章由林一钢撰写;第二章和第三章由林一钢、王换芳撰写;第四章由林一钢、张书宁(南京师范大学)撰写;第五章由林一钢、段玉静(长江职业学院)撰写;第六章和第七章由林一钢、王换芳撰写;本书由林一钢统稿完成。

最后,感谢为本研究提供宝贵资料的所有调研对象,出于研究匿名和保密的伦理关照,请原谅此处无法一一道出各位老师的姓名。感谢徐尚品与谢莉莉参与书稿的校对工作。感谢浙江大学出版社的大力支持。鉴于时间紧迫与能力有限,书中难免有疏失和不当之处,还望读者谅解,敬请批评指正。